Le Volum'

Institutions et acteurs de l'action sociale

Marie-Christine Parriat-Sivré
IA-IPR de sciences et techniques médico-sociales, et biotechnologies santé-environnement

Gwladys Benmoussa
Professeur certifiée en STMS

Vincent Chevreux
Professeur agrégé de sciences médico-sociales, formateur en ESF

Élisabeth Mutzig
Professeur certifiée en STMS, formatrice en ESF

FOUCHER

ISBN 978-2-216-13381-9 (Nouvelle édition)
ISBN 978-2-216-12055-0

AVANT-PROPOS

Le secteur sanitaire et social connaît de profondes mutations. À l'heure où l'Europe s'interroge sur l'amélioration générale des services d'intérêt général, où la France consacre une partie substantielle de son budget aux politiques de santé et de solidarité, on constate paradoxalement une remise en cause du « modèle social » français.

Comment aider les étudiants engagés dans un parcours de formation de niveau III, ancré dans le secteur sanitaire et social (BTS ESF, BTS SP3S, DUT carrières sociales, DECESF, DEASS, DEES, licences professionnelles dans des registres aussi variés que l'insertion, l'intervention sociale, la médiation…) à comprendre les débats actuels sur les inégalités de santé, sur la dépendance, sur l'avenir des retraites… ? Comment contribuer à leur donner des repères synthétiques et accessibles, au contenu lisible, pour qu'ils puissent aller de l'information, de la compréhension à l'approfondissement ? Comment poser les fondations des connaissances essentielles leur permettant par la suite de construire, individuellement, leur jugement critique sur ce qui est non seulement leur futur champ d'activité professionnelle, mais aussi l'une des bases essentielles de l'inclusion dans notre société ?

Cet ouvrage a pour ambition de répondre avec pragmatisme à ces questionnements. Une équipe de formateurs soucieux de la qualité de la formation professionnelle de leurs étudiants propose, sous forme de fiches, les jalons des connaissances et repères institutionnels essentiels, nécessaires à toute formation sanitaire et sociale de niveau III. Ces fiches constituent des « outils supports » de base destinés :
- aux étudiants de BTS ESF ou SP3S puisque le contenu des fiches correspond aux exigences du référentiel concernant les fondements sur lesquels s'appuient les institutions du secteur sanitaire et social ;
- aux étudiants en travail social (licence professionnelle et écoles de travail social) ;
- aux étudiants préparant des concours d'entrée dans les écoles de travail social.

Ces outils peuvent être utilisés à tout moment de la formation : avant, pendant ou après un stage de formation, lors d'une expérience professionnelle dans le cadre d'une action professionnelle, d'un TPVE, pour aider à décrypter le réel. Ils constituent également un précieux support de cours, utilisable bien au-delà de la préparation des examens.

Ces contenus peuvent également être d'une utilité inestimable pour les bénévoles fortement impliqués dans la nébuleuse sanitaire et sociale. Qu'il s'agisse d'un président d'association, d'un correspondant associatif dans un centre communal d'action sociale ou d'un membre permanent de comité de représentant d'usagers, ces présentations synthétiques leur permettront, tout comme aux étudiants, d'accéder rapidement aux clés de compréhension des institutions et réseaux, des dispositifs et acteurs de l'action sanitaire et sociale.

C'est pourquoi, bien que destiné principalement à l'usage des étudiants, cet ouvrage peut permettre à tout acteur impliqué dans le secteur sanitaire et social d'avoir une vue synoptique et panoramique des institutions et acteurs de ce secteur.

Marie-Christine Parriat-Sivré
IA-IPR de sciences et techniques médico-sociales
et biotechnologies santé-environnement

SOMMAIRE

SOMMAIRE

PARTIE 5 *Le département*

PARTIE 6 *La commune*

PARTIE 7 *La Sécurité sociale*

PARTIE 8 *La protection sociale complémentaire*

PARTIE 9 Les établissements et services sociaux et médico-sociaux

PARTIE 10 Droits et place de l'usager

PARTIE 11 Le secteur associatif

PARTIE 12 Le travail en réseau et le partenariat

Les repères juridiques essentiels

1

1 Qu'est-ce que le droit ?

Le droit répond à plusieurs fonctions essentielles. Il permet d'une part d'organiser les relations sociales entre les individus et d'autre part de poser un cadre au fonctionnement général de la vie en société. Ainsi, le droit de la famille définit l'ensemble des droits et obligations des parents vis-à-vis de leurs enfants. Le droit intervient également, par exemple, pour fixer des règles en matière de circulation routière.

1 Le droit objectif et les droits subjectifs

A Le droit objectif

Le droit objectif correspond à l'ensemble des règles de droit qui sont applicables dans un État donné comme c'est le cas en France. Ce sont des règles de droit impersonnelles, c'est-à-dire qu'elles concernent l'ensemble de la société et s'appliquent à tous. Ainsi, le code de la route appartient au droit objectif car chacun doit s'y soumettre dès lors qu'il circule au volant d'une voiture par exemple. Autre exemple : le droit civil, qui définit les conditions de la responsabilité juridique des individus, constitue un ensemble de règles générales et applicables à chacun.
Le droit objectif est habituellement présenté au travers de différentes branches. On se limitera au droit national.

1. Première branche

C'est la branche du droit public. Elle concerne les relations entre les individus et les pouvoirs publics et le fonctionnement des pouvoirs publics. Elle est composée de plusieurs droits :
- **droit pénal** : ce sont les sanctions liées aux infractions. Par exemple, la conduite en état d'ivresse relève du code pénal ;
- **droit constitutionnel** : il concerne le fonctionnement des institutions, par exemple le vote de la loi ;
- **droit fiscal** : ce sont les règles liées à l'imposition ;
- **droit administratif** : il traite de l'organisation des rapports entre l'administration et les particuliers. Par exemple, la délivrance d'un permis de construire par la mairie.

2. Seconde branche

C'est la branche du droit privé. Elle concerne les rapports entre les particuliers :
- **droit civil** : il régit les relations entre les personnes privées, c'est-à-dire les individus. Ainsi, l'autorité parentale évoquée en introduction en la rattachant au droit de la famille relève d'un droit plus vaste, le droit civil. C'est notamment dans le code civil que l'on trouve les règles relatives à l'autorité parentale ;
- **droit du travail** : il organise les relations entre salariés et employeurs ;
- **droit commercial** : ce sont les règles applicables au commerce.

B Les droits subjectifs

Les droits subjectifs correspondent à des prérogatives dont les particuliers peuvent se prévaloir soit sur une chose, soit sur une autre personne. Les individus sont titulaires de droits subjectifs qui découlent du droit objectif et qui doivent être exercés dans le respect du droit objectif. Contrairement au droit objectif, les droits subjectifs sont liés à une situation précise dans laquelle se trouve une personne, qui peut exiger l'application d'une règle de droit en sa faveur.

C'est le cas du propriétaire d'un appartement qui loue cet appartement à un locataire : Il est qualifié de bailleur par le droit. En tant que bailleur, il peut exiger auprès de la justice le paiement des loyers tel que le contrat de bail le définit si le locataire ne remplit pas ses obligations pour le paiement. Il exerce une prérogative (exiger le paiement des loyers) dans le cadre du droit civil qui précise les droits du bailleur. C'est bien sa situation personnelle de bailleur qui lui permet d'exercer ce droit. Les droits subjectifs sont donc bien liés à une situation personnelle précise.

2 Les sources du droit

Évoquer les sources du droit, c'est parler de l'origine du droit, c'est-à-dire répondre à la question suivante : d'où proviennent les règles de droit ? Mais c'est aussi se poser une autre question : les règles de droit sont-elles toutes de même niveau hiérarchique ? Autrement dit, certaines sont-elles supérieures à d'autres ?

A Les différentes sources du droit

Le droit applicable en France a différentes origines :
- **la Constitution** : elle a été approuvée par référendum en 1958. Elle définit l'organisation des pouvoirs publics ;
- **les traités internationaux** : ce sont les accords passés entre la France et d'autres États ;
- **la loi** : c'est l'acte voté par le Parlement, constitué de l'Assemblée nationale et du Sénat ;
- **les ordonnances** : ce sont des décisions prises par le gouvernement qui, en principe, relèvent du pouvoir du Parlement et auraient donc dû prendre la forme de lois. Cette possibilité est encadrée de façon stricte par la Constitution ;
- **les décrets et les arrêtés** : c'est ce qu'on appelle le « pouvoir réglementaire ». Ce sont des décisions prises notamment par les ministres. Il existe également les arrêtés municipaux qui sont les décisions prises par les maires ;
- **le droit communautaire** : ce sont les règles de droit qui proviennent de l'Union européenne et sont applicables sur le territoire national ;
- **la doctrine** : ce sont les opinions émises par des juristes en ce qui concerne l'interprétation d'une loi et qui peuvent avoir une influence sur les décisions rendues par la justice ;
- **la jurisprudence** : elle correspond à l'ensemble des décisions rendues par les tribunaux. Ces décisions, selon l'interprétation des juges, orientent le droit dans une direction ou une autre. La jurisprudence évolue sur certains aspects du droit et fait évoluer le droit ;
- **la coutume** : ce sont des règles non écrites qui se sont imposées avec le temps. Elles sont relativement peu nombreuses en droit français.

B La hiérarchie des règles de droit

La hiérarchie des règles de droit induit qu'il existe des règles supérieures sur le plan hiérarchique que les règles inférieures doivent respecter.

Dans l'ordre hiérarchique, on trouve : la Constitution ; les traités internationaux et le droit européen ; les lois ; les décrets et les arrêtés ; la jurisprudence ; la coutume.

3 L'organisation judiciaire

En France, la justice est organisée de façon très schématique en deux ordres.

A L'ordre administratif

Il s'agit des tribunaux compétents pour trancher les litiges entre les particuliers et les pouvoirs publics. C'est le cas quand un particulier conteste un permis de construire et souhaite son annulation. Les tribunaux de l'ordre administratif sont : le tribunal administratif, la cour administrative d'appel (examine les éventuels appels de la décision du tribunal administratif) et le Conseil d'État (examine les éventuels recours contre la décision de la cour administrative d'appel).

B L'ordre judiciaire

Il s'agit des tribunaux compétents dans les autres litiges :
- sur le plan **pénal**, il s'agit du tribunal de police, du tribunal correctionnel ou de la cour d'assises selon la nature de l'infraction ;
- sur le plan **civil**, il s'agit des tribunaux d'instance et des tribunaux de grande instance en fonction du litige ;
- les litiges liés au **travail** sont de la compétence du tribunal des prudhommes.

L'ensemble de ces tribunaux sont appelés « tribunaux de première instance ». D'une façon générale, l'appel est possible, il est alors formulé devant une cour d'appel. Enfin, la contestation d'une décision rendue par la cour d'appel peut se faire devant la Cour de cassation. On parle alors de « pourvoi en cassation ».

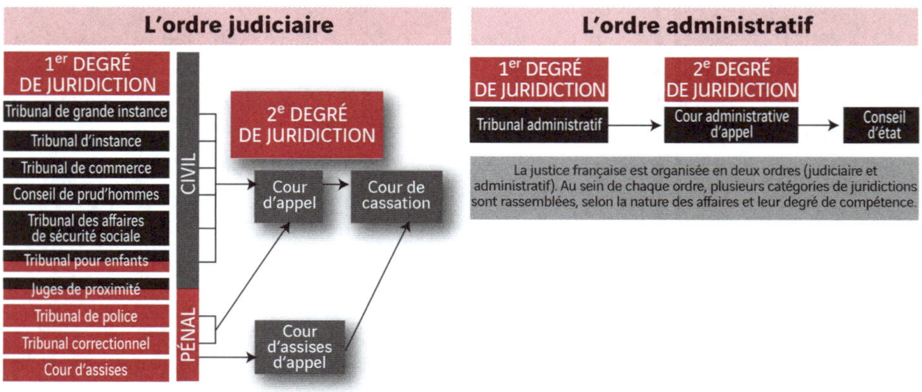

Ministère de la Justice.

Figure 1.1 Schéma de l'organisation judiciaire

2 La personnalité juridique

La reconnaissance juridique de l'individu et des structures ou des établissements passe par la notion de personnalité juridique. La reconnaissance juridique signifie notamment pour un individu ou une structure comme une association la possibilité d'acheter de vendre ou de louer des biens. Il faut distinguer les personnes physiques et les personnes morales.

1 Les personnes physiques

A Qu'est-ce qu'une personne physique ?

Les individus acquièrent à la naissance le statut de personne physique et le perdent à leur décès. Les individus sont donc reconnus par le droit au travers de leur statut de personne physique. Ce statut que possède tous les individus leur donne des droits, des obligations et leur confère une responsabilité juridique.

B Les éléments d'identification de la personne physique

1. Le nom patronymique

Le nom est le premier élément d'identification d'une personne physique. Il est acquis par la filiation. L'usage fait que l'immense majorité des enfants portent le nom de leur père. Les parents peuvent cependant choisir de transmettre le nom des deux parents ou de l'un des deux au choix.

2. Le domicile

Le domicile est le siège juridique de l'individu. C'est le domicile qui détermine le bureau de vote ou qui permet la perception de prestations.

Tout individu ne peut avoir qu'un domicile. Pour bénéficier de certaines prestations, les sans domicile fixe ont la possibilité de se faire domicilier dans un centre communal d'action sociale.

3. La nationalité

C'est le troisième élément d'identification des individus.

C La capacité juridique

1. Définition

Les individus, en principe, sont dotés d'une capacité juridique, c'est-à-dire qu'ils possèdent des droits et peuvent les exercer. Ces droits leur permettent de participer à la vie juridique (acheter, vendre, louer). Posséder des droits s'appelle la « capacité de jouissance », exercer des droits s'appelle la «capacité d'exercice». Si tous les individus possèdent des droits, tous ne peuvent pas les exercer. On parle alors d'« incapacité ».

2. L'incapacité liée à l'âge

Jusqu'à la majorité, les mineurs ne peuvent pas exercer tous leurs droits. Ce sont leurs parents (le plus souvent) qui prennent les décisions pour eux et ils ne peuvent pas voter. Bien qu'ils possèdent leurs droits, ils ne peuvent cependant pas les exercer.

3. L'incapacité liée à l'altération des capacités personnelles du majeur

Certains majeurs souffrant de troubles mentaux ou de démence sont représentés par un tuteur qui agit à leur place, notamment pour la prise de décisions engageant des sommes d'argent. Les malades d'Alzheimer, par exemple, sont placés le plus souvent sous tutelle.

Celle-ci peut être exercée par un proche ou un professionnel qui agit dans l'intérêt de la personne. La tutelle est donc destinée à protéger le majeur de ceux qui pourraient vouloir profiter de sa faiblesse. La décision de placer une personne sous tutelle ne peut être prise que par un juge.

2 Les personnes morales

Les personnes morales sont généralement définies de la façon suivante : « un groupement de personnes doté de la personnalité juridique, ce qui confère à cette personne morale des droits et des obligations. »

Comme la personne physique, la personne morale est reconnue par le droit, ce qui lui permet de participer à la vie juridique. Ainsi, une personne morale possède un budget propre qui lui permet d'acheter et de vendre des biens et des services. Il lui est également possible de louer des biens et de recruter du personnel. Comme pour les personnes physiques également, les personnes morales sont responsables sur le plan juridique et peuvent mener des actions en justice.

On distingue traditionnellement deux catégories de personnes morales. Les personnes morales de droit public et les personnes morales de droit privé. L'État et les collectivités territoriales sont des personnes morales de droit public alors que les associations ont le statut de personne morale de droit privé. La distinction tient aux règles applicables à ces personnes morales. Les établissements du champ de la santé et du social sont le plus souvent des personnes morales ou sont gérées par des personnes morales : c'est le cas de nombreux établissements médico-sociaux, gérés par des associations. Des usagers ou des professionnels peuvent donc agir en justice contre un établissement ou l'association qui le gère, pour demander réparation d'un dommage qu'ils prétendent avoir subi et dont ils imputent la responsabilité à l'établissement..

3 La responsabilité juridique

Il faut distinguer la responsabilité civile de la responsabilité pénale.

1 La responsabilité civile

On peut être responsable, sur le plan civil, pour des faits que l'on a commis ou pour des faits commis par des personnes ou des choses dont on a la garde.

A La responsabilité civile du fait personnel

1. La responsabilité civile délictuelle

Ce sont les articles 1382 et suivants du code civil qui définissent la responsabilité civile. L'article 1382 est ainsi libellé : « Tout fait quelconque de l'homme qui cause à autrui un dommage oblige celui par la faute duquel il est arrivé à le réparer ».
Dans le cas de l'article 1382, on parle de « responsabilité civile délictuelle » car il y a une faute intentionnelle à l'origine du dommage, des injures par exemple.

2. La responsabilité civile quasi délictuelle

L'article 1383 du code civil est ainsi libellé : « Chacun est responsable du dommage qu'il a causé non seulement par son fait mais encore par sa négligence ou son imprudence ».
Dans le cadre de l'article 1383, on parle de « responsabilité civile quasi délictuelle » car il y a bien faute, mais celle-ci est non intentionnelle : par exemple, lorsqu'un cycliste renverse un piéton, ce dernier peut ensuite demander la réparation de son dommage.
Il faut noter qu'aujourd'hui, on a pris l'habitude de parler de responsabilité civile délictuelle en englobant la responsabilité civile quasi-délictuelle. Le point suivant concerne donc aussi bien les deux formes de responsabilité.

3. Les conditions de la responsabilité civile délictuelle

La question ici est de savoir comment on peut parvenir en droit à démontrer la responsabilité d'une personne afin d'obtenir une réparation de son préjudice. Trois conditions sont à réunir : une faute à l'origine du dommage subi, un lien de causalité entre la faute et le dommage, un dommage.

B La responsabilité civile du fait d'autrui ou du fait des choses

Le code civil précise que l'on est responsable des dommages des personnes dont on doit répondre et des choses que l'on a sous sa garde. Cette responsabilité est définie dans l'article 1384 du code civil : « On est responsable non seulement du dommage que l'on cause par son propre fait, mais encore de celui qui est causé par le fait des personnes dont on doit répondre, ou des choses que l'on a sous sa garde… » Ainsi, les parents sont responsables (dans certaines conditions) des dommages causés par leurs enfants.

Quant aux choses que l'on a sous sa garde, cela signifie qu'un individu peut être tenu pour responsable des préjudices qu'il aurait causé à une autre personne par le biais d'une chose dont il fait l'usage ou qui lui est personnelle. Il peut s'agir de circonstances dans lesquelles un conducteur provoque, au volant de son véhicule (le véhicule étant une chose qu'il a sous sa garde), des dommages à une autre personne. Mais les tribunaux ont pu considérer le propriétaire d'une maison responsable des dommages subis par une personne suite à une chute provoquée par des feuilles mortes glissantes accumulées devant sa maison. Une marche mal signalée, à l'origine d'une chute dans un magasin, peut également entraîner la responsabilité du responsable du magasin.

Dans ces deux cas, la victime n'a pas à prouver la faute car il y a une présomption de faute.

À noter que la personne qui a la chose sous sa garde, appelée le gardien, peut s'exonérer de sa responsabilité en cas de force majeure ou de faute imputable à la victime.

C La responsabilité contractuelle

Elle suppose l'existence d'un contrat et le non-respect par l'une des parties de l'une de ses obligations. Ainsi, le bailleur et le locataire mettent en jeu leur responsabilité dès lors qu'ils ne respectent pas leurs engagements liés au contrat de bail. Le non-respect d'une obligation contractuelle peut entraîner le paiement de dommages et intérêts.

2 Responsabilité civile et réparation

La responsabilité civile prévoit une réparation du préjudice subi sous forme de dommages et intérêts prononcés par un tribunal et qui seront versés à la victime. La loi oblige parfois les personnes à s'assurer (automobile, occupation d'un logement) car, en cas de survenance d'un préjudice, l'assurance se substitue (sous certaines conditions) au responsable pour assurer la réparation du préjudice dont le montant dépasse souvent les capacités financières de l'auteur du dommage.

3 La responsabilité pénale

La responsabilité pénale naît à l'occasion d'une infraction commise prévue par la loi (contravention, délit, crime). L'auteur doit avoir eu l'intention de commettre l'infraction. C'est le cas du délit d'excès de grande vitesse.

Contrairement à la responsabilité civile, elle ne se répare pas par le biais de dommages et intérêts versés à la victime, mais elle est sanctionnée par une amende ou de la prison. On estime que c'est la société dans son ensemble qui est victime de l'infraction, la sanction est donc celle prévue par la loi en fonction de l'infraction et prononcée par un tribunal pénal. Celle-ci sera prononcée par le tribunal de police pour les contraventions, par le tribunal correctionnel pour les délits et par la cour d'assises pour les crimes.

Néanmoins, les victimes d'une infraction ou les proches d'une victime décédée peuvent se constituer partie civile dans un procès au pénal pour invoquer également le préjudice personnel qu'ils ont subi et obtenir réparation de ce préjudice.

Enfin, contrairement à la responsabilité civile, il n'est pas possible de s'assurer en matière de responsabilité pénale.

4 Les services publics

On parle aujourd'hui très souvent de service public sans toujours savoir précisément de quoi il s'agit. Où commence et où s'arrête le service public ? L'État est-il le seul à pouvoir assurer une mission de service public ? Les collectivités territoriales, les entreprises et les associations peuvent-elles participer à des missions de service public? Autant de questions auxquelles il faut tenter d'apporter des réponses.

1 La notion de service public

Un service public correspond à une activité d'intérêt général assurée par une personne publique ou par une personne privée, mais sous le contrôle d'une personne publique.

Un service public peut donc être assuré par l'État, mais également par les collectivités territoriales ou encore par des entreprises privées ou des associations.

Ce qui est déterminant, c'est la nature de l'activité. Celle-ci doit correspondre à l'intérêt général et n'est pas nécessairement gratuite.

Que doit-on comprendre par « activité d'intérêt général » ? Ce sont des activités utiles à la population de façon générale et au fonctionnement de la société. Ces activités doivent être accessibles au plus grand nombre. On peut citer les exemples des services de santé (hôpitaux, cliniques) participant à un service public, celui de la santé.

En matière de transports, beaucoup d'entreprises privées participent au service public. Il n'y a donc pas d'incompatibilités entre service public et secteur privé. Néanmoins, les pouvoirs publics (État, collectivités territoriales) doivent assurer un contrôle, notamment en matière de sécurité.

2 Les principes du service public

En France, les services publics reposent sur quatre principes essentiels qui déterminent le fonctionnement de ces services.

A Premier principe : le principe de continuité

Ce principe signifie qu'un service public doit, en principe, fonctionner sans défaillance car il répond à un besoin permanent de la population. C'est le cas des transports en commun. Le droit de grève étant inscrit dans la Constitution et permettant à des agents du service public d'interrompre leur travail, cela pose naturellement le problème de la continuité du service public. Il faut noter que certains agents publics ne disposent pas du droit de grève : c'est le cas des policiers.

B Deuxième principe : le principe d'égalité

Ce principe signifie que les usagers doivent pouvoir accéder au service public dans des conditions similaires quand eux-mêmes sont dans les mêmes conditions. Il ne s'agit pas de mettre tout le monde sur un pied d'égalité, cela n'est pas possible. Pour l'accès aux services d'urgences, les habitants de centre-ville sont nécessairement plus favorisés que les populations rurales en milieu isolé.

C Troisième principe : le principe de neutralité

Le service public est par principe neutre sur les plans politiques, religieux ou ethniques. Dans la mesure où les activités du service public s'adressent à tous, la neutralité est indispensable pour respecter l'égalité des citoyens devant le service public.

D Quatrième principe : le principe d'adaptation continue

Pour répondre aux besoins d'une société en mouvement, le service public doit être capable d'évoluer pour continuer de répondre à ces besoins. Ainsi, les conditions de travail vont être amenées à changer.

3 Services publics et Europe

Au niveau de l'Union européenne, la notion de service public « à la française » n'existe pas. On parle de « service d'intérêt général » (SIG) ou de « service d'intérêt économique général » (SIEG). La concurrence étant un principe essentiel de l'Union européenne, certains monopoles liés à des services publics ont été supprimés. C'est le cas des télécommunications et des transports ferroviaires.

5 La protection du consommateur

La protection du consommateur est devenue un enjeu majeur de nos sociétés où la consommation occupe une place centrale. Dans un contexte de mondialisation et de concurrence exacerbée, veiller à la protection du consommateur est un impératif qui nécessite l'intervention des pouvoirs publics et la mobilisation des consommateurs eux-mêmes.

1 La Direction générale de la concurrence, de la consommation et de la répression des fraudes (DGCCRF)

Cette direction qui relève du ministère chargé de l'Économie poursuit trois missions essentielles :

- la régulation concurrentielle des marchés ;
- la protection économique des consommateurs ;
- la protection de la santé et de la sécurité des consommateurs.

La protection du consommateur relève des deux dernières missions.

A La protection économique du consommateur

• La DGCCRF élabore des règles essentielles destinées à protéger le consommateur et à limiter les risques d'abus. Il s'agit notamment des règles relatives à l'étiquetage des produits, à leur dénomination ainsi qu'à leur composition.

• La DGCCRF a également pour mission de soutenir le développement des dispositifs qui cherchent à valoriser la qualité d'un produit. Il s'agit, par exemple, des labels en matière alimentaire. La DGCCRF intervient dans le processus de labellisation en homologuant le cahier des charges précis qui autorise un producteur à faire apparaître le label sur l'emballage du produit vendu.

• La DGCCRF effectue des contrôles et peut constater des infractions ou le non-respect des règles de protection des consommateurs, et transmettre au procureur de la République la constatation des infractions.

• Afin de protéger le consommateur, la DGCCRF met en ligne de nombreuses informations sur son site et réalise également des publications destinées au public.

• Enfin, au niveau des régions et des départements, les directions régionales des entreprises, de la concurrence, de la consommation, du travail et de l'emploi (DIRECCTE) et les directions départementales de la protection des populations (DDPP) ou les directions départementales de la cohésion sociale et de la protection des populations (DDCSPP) sont les relais de la DGCCRF.

B La protection de la santé et de la sécurité du consommateur

Les consommateurs doivent trouver sur le marché des produits et des services qui ne représentent pas de danger ni pour leur santé ni pour leur sécurité. C'est la raison pour laquelle la DGCCRF participe à l'élaboration de règles de sécurité et de protection de la santé. Elle doit cependant faire appel à l'Agence nationale de sécurité sanitaire de l'alimentation, de l'environnement et du travail (Anses) qui, grâce à son expertise, peut délivrer, en matière d'alimentation, des avis scientifiques indispensables. La DGCCRF exerce des contrôles dans de nombreux domaines et, en particulier, en matière alimentaire et dans les domaines à risque comme les sports et loisirs (contrôle d'aires de jeux, par exemple).

La DGCCRF peut, en cas de situation grave, interdire la commercialisation des produits estimés dangereux, ou imposer aux professionnels des modifications de leurs produits.

2 Les associations de consommateurs

- Les associations de consommateurs ont pour missions d'informer le public et de délivrer des conseils en matière de consommation. Les associations agréées au niveau national peuvent également intervenir devant la justice au nom de la protection des consommateurs. Ainsi, en cas d'infraction pénale, et s'il y a atteinte à l'intérêt collectif des consommateurs, les associations agréées ont la possibilité de demander des dommages-intérêts et la cessation des pratiques illicites.
- Dans les litiges de nature contractuelle et en l'absence d'infraction pénale, les associations ne peuvent se substituer au consommateur. Néanmoins, les associations peuvent intervenir en cas de procédure judiciaire pour accompagner et soutenir le consommateur et demander réparation du préjudice subi pour l'intérêt collectif des consommateurs.
- Enfin, les associations agréées peuvent demander devant la justice la suppression des clauses abusives dans des modèles de contrats proposés au consommateur.

6 Les formes de vente

On distingue habituellement la vente au comptant de la vente à crédit. Cette dernière comporte plusieurs formes essentielles.

1 La vente au comptant

La vente au comptant se définit comme une vente pour laquelle le paiement fait au vendeur par l'acheteur, en contrepartie du bien ou du service vendu, est intégral et immédiat. Cette notion s'oppose à celle de la vente à crédit pour laquelle le paiement se fait en plusieurs fcis.

2 Les ventes à crédit : le crédit à la consommation

Le crédit à la consommation se fait à travers plusieurs dispositifs.

A Le crédit affecté

Le crédit affecté est accordé par un établissement de crédit ou une banque. Il concerne l'achat d'un bien comme une voiture ou d'une prestation de services. Au moment de la signature du bon de commande, le consommateur doit préciser que son achat est conditionné à l'obtention d'un crédit et si la vente ne se réalise pas, l'annulation du contrat de crédit est automatique.

Le consommateur a un droit de rétractation qui est la possibilité pour lui de revenir sur sa décision de contracter un emprunt. Le contrat n'est donc valable qu'une fois le délai de rétractation écoulé.

→ Pour les crédits à la consommation, l'emprunteur dispose d'un délai de 14 jours à compter de la date de signature du contrat pour utiliser son droit de rétractation. Le contrat de prêt n'est donc valable qu'une fois ce délai passé.

Les règles des crédits à la consommation doivent être respectées. Le crédit doit débuter par une phase d'information de l'emprunteur par le prêteur, au cours de laquelle le prêteur doit vérifier la solvabilité de l'emprunteur. Il remet ensuite l'offre de crédit à l'emprunteur qui dispose, après sa signature, d'un délai pour se rétracter. Lors de la rédaction de l'offre de crédit affecté, le bien à financer doit être précisé ainsi que son prix au comptant. L'emprunteur dispose d'un document lui indiquant clairement les échéances du crédit, le montant de celles-ci et le taux annuel effectif global (TAEG).

B Le crédit gratuit

Un crédit est gratuit si son taux d'intérêt est nul et que la somme remboursée est égale à la somme empruntée. Ce crédit, souvent proposé dans les magasins, doit respecter les règles des crédits à la consommation (information préalable de l'emprunteur et délai de rétractation).

C Le crédit renouvelable

Ce crédit est aussi appelé « crédit permanent » ou encore « crédit revolving ». Son principe essentiel est de mettre à la disposition de l'emprunteur une réserve d'argent qu'il peut utiliser selon son gré. Cette réserve diminue quand l'emprunteur l'utilise et elle se reconstitue progressivement quand il rembourse son crédit. Il peut être proposé par des banques ou des grandes enseignes.

Une carte est souvent remise au consommateur avec le crédit. Les intérêts que l'emprunteur rembourse ne portent que sur la somme qu'il emprunte effectivement. Comme pour les autres formes de crédit, le prêteur a, vis-à-vis de l'emprunteur, des obligations d'informations qui doivent permettre au consommateur de bien comprendre ce à quoi il s'engage. La durée du contrat de crédit renouvelable est de 1 an et peut être reconduite chaque année.

D La carte privative

Les cartes privatives sont les cartes de crédit distribuées par des enseignes de la distribution et dont l'utilisation est possible uniquement dans les points de vente de la chaîne. La carte permet de régler des achats soit au comptant, soit à crédit. Comme dans tout crédit à la consommation, une information préalable doit être faite à l'emprunteur. La carte permet au titulaire de choisir la façon dont il va régler ses achats. Il peut s'agir d'un règlement au comptant ou à crédit, éventuellement sous forme de crédit renouvelable.

7 Le contentieux de la consommation

Le contentieux de la consommation concerne de très nombreuses circonstances : réparations de véhicules ou d'appareils électroménagers, livraisons de marchandises, mise en œuvre des garanties liées à l'achat d'un bien, etc. Dans tous les cas, deux solutions sont envisageables : la voie amiable ou la voie judiciaire.

1 Les solutions amiables à un litige lié à la consommation

Plusieurs solutions amiables sont envisageables pour le consommateur.

A Entrer en contact avec le professionnel

C'est toujours la première démarche à faire avant de tenter d'autres solutions. Ce contact suffit parfois à régler le litige. Dans le cas contraire, le consommateur doit veiller à garder une trace de ses démarches notamment de ses courriers recommandés avec avis de réception.

B Choisir la médiation

Des médiateurs existent dans de nombreux domaines, mais il faut au préalable avoir tenté une démarche auprès du professionnel.

C Contacter une association de consommateurs agréée

Ces associations informent les consommateurs de leurs droits et peuvent les aider dans leurs démarches auprès du professionnel.

D Recourir au conciliateur de justice

Le consommateur peut le contacter au greffe du tribunal d'instance en dehors de toute procédure judiciaire.
C'est un bénévole nommé par le juge et qui, en dehors de toute procédure judiciaire, a pour mission de régler à l'amiable des litiges opposant un consommateur à un commerçant.

E Choisir la tentative préalable de conciliation par le juge d'instance

Cette procédure est gratuite, elle concerne les litiges n'excédant pas 10 000 euros mais aussi les litiges expressément attribués au tribunal d'instance, dont le crédit à la consommation.

2 Le recours aux procédures judiciaires

Le consommateur a deux modes de recours.

A Le juge de proximité

En matière de consommation, le juge de proximité a souvent l'occasion d'intervenir car il a pour fonction de traiter les litiges d'un montant inférieur à 4 000 euros. Or, beaucoup de litiges liés à la consommation entrent dans ce cadre. Ce juge va notamment s'occuper :

- des litiges qui opposent un particulier à un commerçant ;
- des litiges qui opposent des particuliers à des artisans, par exemple pour des travaux réalisés au domicile du particulier et que ce dernier estime non conformes au regard des engagements pris ;
- des conflits de voisinage quand l'une des parties demande une indemnisation pour le préjudice qu'elle prétend subir.

B Le tribunal d'instance

Le tribunal d'instance a une compétence exclusive dans certains domaines, ce qui signifie qu'il est le seul compétent. Cela concerne notamment :

- les litiges liés aux crédits à la consommation ;
- les litiges liés aux baux d'habitation à l'exception de la question du dépôt de garantie n'excédant pas 4 000 euros qui relève du juge de proximité.

→ D'une manière générale, le tribunal d'instance est donc compétent pour les litiges dont le montant est situé entre 4 000 et 10 000 euros et pour les litiges liés aux deux domaines cités ci-dessus quel que soit le montant car c'est une compétence exclusive. Au-delà de 10 000 euros et en dehors des cas de compétence exclusive, les litiges relèvent du tribunal de grande instance.

Les institutions européennes

2

8 La construction de l'Europe

La construction de l'Union européenne que l'on connaît aujourd'hui a réellement démarré après la Seconde Guerre mondiale. Depuis le traité de Rome, le 25 mars 1957, plusieurs organisations se sont succédées (CECA, CEE et EURATOM) pour aboutir aujourd'hui à l'Union européenne (UE).

1 La notion d'élargissement de l'Europe

On entend par le terme « élargissement » le processus par lequel un pays adhère à l'Union européenne.

Différents critères doivent être réunis pour qu'un pays puisse faire son entrée dans l'Union européenne. Les pays doivent être démocratiques, avoir une situation économique viable et appliquer les décisions prises par l'Union dans ses domaines économiques, politiques, monétaires.

C'est ainsi que l'on est passé de l'Europe des 6 à aujourd'hui 28 pays membres de l'Union européenne.

2 Les principales étapes de l'élargissement

9 mai 1950 : la déclaration de Robert Schuman. Le 9 mai 1950, le ministre français des Affaires étrangères, Robert Schuman, prononce, lors d'une conférence de presse au Quai d'Orsay, une déclaration historique. Il appelle à la mise en commun des productions de charbon et d'acier de la France et de l'Allemagne, au sein d'une organisation ouverte aux autres pays d'Europe.

Son but est d'assurer une paix durable en Europe, grâce au développement d'une solidarité de production entre la France et l'Allemagne, rendant impossible tout affrontement entre ces deux pays. L'organisation souhaitée constituerait la première étape vers une fédération européenne.

1951 : la création de la CECA, Communauté européenne du charbon et de l'acier, entre 6 pays (la RFA, la Belgique, la France, l'Italie, le Luxembourg et les Pays-Bas).

1957 : la création de la CEE, Communauté économique européenne, et de l'EURATOM (Communauté européenne de l'énergie atomique) par la signature du traité de Rome. C'est **l'Europe des 6** : Allemagne (RFA), France, Italie et Benelux (Belgique, Luxembourg, Pays-Bas).

1973 : l'Europe des 9. Premier élargissement, adhésion du Danemark, de l'Irlande et du Royaume-Uni.

1981 : l'Europe des 10. Adhésion de la Grèce.

1985 : la signature des accords de Schengen, qui prévoient la libre circulation des personnes, entraîne la suppression progressive des frontières entre la France, la RFA, la Belgique, les Pays-Bas et le Luxembourg.

1986 : l'Europe des 12. Adhésion de l'Espagne et du Portugal

1992 : la création de l'Union européenne. La CEE devient la CE, par la signature du traité de Maastricht.

1995 : l'Europe des 15. Adhésion de la Suède, de la Finlande et de l'Autriche.
1999 : l'euro devient la monnaie unique de 11 des États membres (Allemagne, Autriche, Belgique, Espagne, Finlande, Irlande, Italie, Luxembourg, Pays-Bas et Portugal).
2004 : l'Europe des 25. Adhésion de la Pologne, de la Hongrie, de la Slovaquie, de la République tchèque, de la Slovénie, des pays baltes (l'Estonie, la Lettonie, la Lituanie).
2007 : l'Europe des 27. Adhésion de la Bulgarie et de la Roumanie.
2013 : l'Europe des 28. Adhésion de la Croatie.

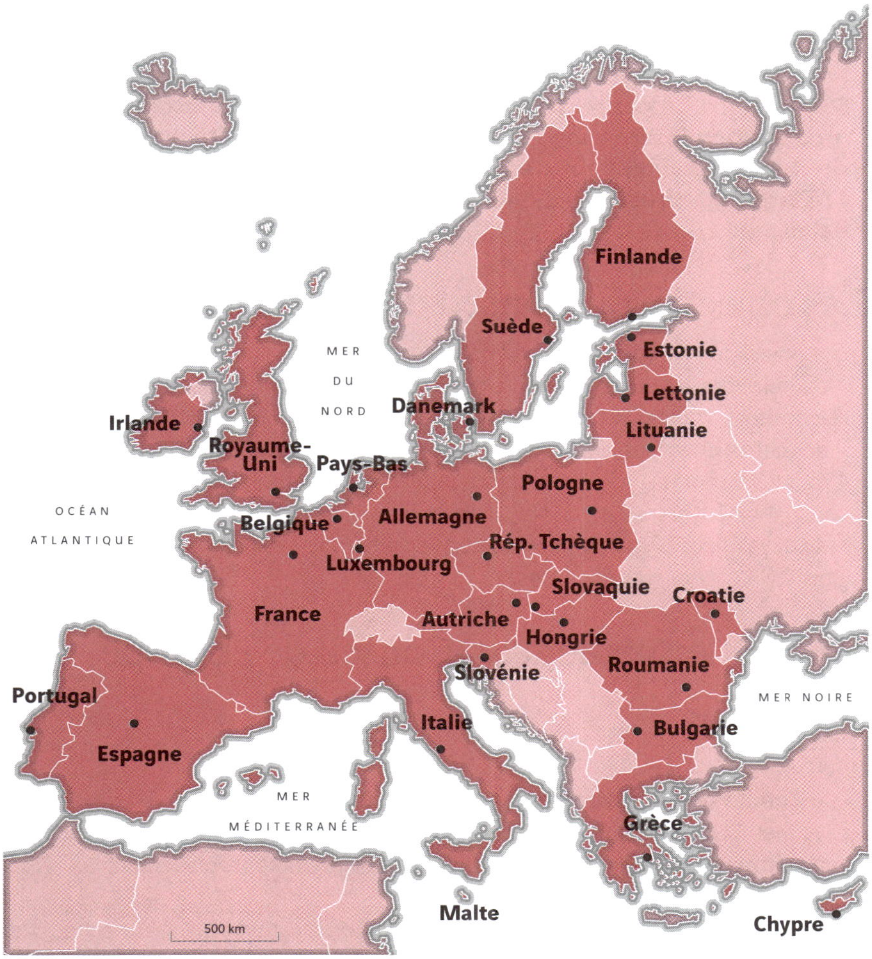

D'après www.diplomatie.gouv.fr

Figure 8.1 L'Europe des 28

9 Le Conseil de l'Europe

Le Conseil de l'Europe est une organisation gouvernementale instituée le 5 mai 1949 par le traité de Londres, signé par 10 États (Belgique, Danemark, France, Irlande, Italie, Luxembourg, Norvège, Pays-Bas, Royaume-Uni, Suède) dans un contexte d'après-guerre et de crise économique. C'est une organisation internationale, dotée d'une personnalité juridique reconnue en droit international public et qui rassemble 800 millions de ressortissants de 47 États membres. Son siège se trouve à Strasbourg ; il est installé dans le Palais de l'Europe.

1 Les objectifs du Conseil de l'Europe

Le Conseil de l'Europe a pour objectif :
- de défendre les droits de l'Homme autour de la Convention européenne des droits de l'Homme et d'autres textes de référence sur la protection de l'individu ;
- de mettre en valeur la notion d'identité culturelle européenne ;
- de rechercher des solutions communes aux divers problèmes de société (violence, discrimination envers les minorités, xénophobie, etc.).
- de développer la stabilité démocratique en Europe en soutenant les réformes politiques, législatives et constitutionnelles.

2 Le fonctionnement du Conseil de l'Europe

A Les institutions

Aujourd'hui, le Conseil de l'Europe comprend :
- le **Comité des ministres** : il se compose des 47 ministres des Affaires étrangères des pays membres. C'est l'organe décisionnel de l'organisation ;
- l'**Assemblée parlementaire**, qui regroupe 324 membres représentant les 47 parlements nationaux ;
- le **Congrès des pouvoirs locaux et régionaux** : c'est un organe consultatif de l'organisation. Il représente les régions et les municipalités d'Europe ;
- le **secrétariat général**, qui coordonne l'activité de l'organisation. À sa tête et élu par l'Assemblée parlementaire, on trouve le secrétaire général.

B Les pays membres

Les principales conditions à respecter pour qu'un État puisse adhérer au Conseil de l'Europe sont :
- être démocratique,
- respecter les droits de l'Homme.

C La Convention européenne des droits de l'Homme (CEDH)

Le Conseil de l'Europe s'est doté, en novembre 1950, de la CEDH afin de garantir et de promouvoir les droits de l'Homme.

Le 18 septembre 1959, la Cour européenne des droits de l'Homme est créée. Elle permet de garantir l'application du texte dans l'ensemble des pays membres. Les Européens peuvent saisir cette cour s'ils estiment qu'un État membre n'a pas respecté ces droits.

3 Le rôle du Conseil de l'Europe

Chaque État membre est responsable des politiques de santé publique et des politiques sociales. Cependant, il est apparu nécessaire au fil du temps que des actions soient menées au niveau communautaire.

A Actions dans le domaine de la santé

Le Conseil de l'Europe a une priorité : le droit à la protection de la santé. Il agit pour parvenir à l'amélioration du niveau de santé des Européens. Il développe des programmes, échange des informations sur la santé (*via* Internet par exemple) afin de promouvoir la santé des citoyens des États membres.

→ Exemple de programme en cours : « Le programme de formation de culture sanitaire des personnes âgées » pour permettre, entre autres, d'améliorer le niveau d'information des personnes âgées concernant leur santé.

D'autres questions de santé comme celles liées à la bioéthique ou à la qualité des médicaments et des soins de santé sont abordées par le Conseil de l'Europe.

B Actions dans le domaine du social

Le Conseil de l'Europe a défini la notion de cohésion sociale et développe une stratégie pour promouvoir la cohésion sociale dans l'ensemble des États membres.

Il a, par ailleurs, rédigé une convention (en vigueur depuis le 1er juillet 2010) pour la protection des enfants et contre l'exploitation et les abus sexuels.

Ne pas confondre le Conseil de l'Europe avec :

- → **le Conseil européen**, institution de l'Union européenne réunissant les chefs d'États et de gouvernements des États membres ;
- → **le Conseil**, institution de l'Union européenne rassemblant les ministres des gouvernements des États membres, également appelé « Conseil de l'Union européenne ».

10 L'Union européenne

L'Union européenne a pour objectifs d'établir les fondements d'une union sans cesse plus étroite entre les peuples européens, de sauvegarder la paix, de rechercher l'unité politique et d'assurer, par une action commune, le progrès économique et social.

1 Les institutions de l'Union européenne

L'Union européenne dispose de ses propres institutions.

- **Le Parlement européen**, seule institution dont les membres sont élus au suffrage universel direct par les citoyens, représente les peuples des États membres de l'Union européenne. Il dispose du **pouvoir législatif** (directives, règlements, décisions), de **l'autorité budgétaire** (établissement du budget annuel de l'UE avec le Conseil de l'UE), du contrôle politique des institutions européennes.
- **Le Conseil européen**, réunissant périodiquement les chefs d'État ou de gouvernement. Il définit les orientations politiques générales.
- **Le Conseil des ministres de l'Union européenne** est l'institution qui représente les intérêts des États membres. Il est chargé de la coordination générale des activités de l'Union européenne.
- **La Commission européenne** permet de promouvoir les intérêts de l'Union européenne. Elle dispose du **pouvoir législatif** (peut soumettre des propositions de lois au Conseil de l'Union et au Parlement européen), du **pouvoir exécutif** (met en œuvre les actes législatifs) et elle **contrôle l'application du droit communautaire** (application correcte des traités dans les États membres).
- **La Cour de justice de l'Union européenne** assure le respect du droit dans l'interprétation et l'application des traités. Elle est la juridiction suprême de l'Union.
- **La Cour des comptes** contrôle les comptes de l'UE afin de s'assurer de la légalité des actes et de la bonne gestion financière.
- **Le Comité économique et social européen** est un organe consultatif. Son but est de communiquer aux institutions l'opinion des représentants de la vie économique et sociale.

2 Les compétences de l'Union européenne

Les États membres ont délégué une partie de leurs compétences aux institutions communautaires.

A Le partage des compétences

Le partage des compétences entre l'Union européenne et les États membres est établi ainsi :

- les **compétences exclusives** de l'Union dans les domaines où celle-ci légifère seule (douanes, politique monétaire, politique commerciale commune...) ;

• les **compétences partagées** entre l'Union et les États membres, les États exerçant leur compétence dans la mesure où l'Union n'a pas exercé la sienne (marché intérieur, politique sociale, agriculture et pêche, environnement, transports, énergie...) ;
– des **actions d'appui ou de coordination** (protection et amélioration de la santé humaine, industrie, culture, tourisme, éducation, formation professionnelle, jeunesse et sport...).

B Le principe de subsidiarité

Le principe de subsidiarité au sens européen est défini dans l'article 5 du traité instituant la Communauté européenne. Il consiste à réserver uniquement à l'échelon supérieur – ici, la Communauté européenne (CE) – ce que l'échelon inférieur – les États membres de la CE – ne pourrait effectuer que de manière moins efficace.

3 Le rôle de l'Union européenne dans le domaine de la santé

L'Union européenne participe à inciter les États membres à la coordination et à la coopération en matière de santé. En effet, des évènements, comme la pandémie de grippe A (H1N1) ou les questions liées au vieillissement des populations, rendent nécessaire et indispensable d'avoir une politique commune. L'UE prend différentes mesures concourant à l'amélioration de la santé publique dans l'ensemble de l'Europe en agissant sur les domaines suivants :
– la lutte contre les épidémies ;
– la promotion de la santé (alimentation, tabac, alcool, santé mentale) ;
– la protection du consommateur.

4 Les symboles de l'Europe

Drapeau	12 étoiles or sur fond bleu forment un cercle en signe d'union.
Hymne	*L'Ode à la joie*, célèbre mélodie composée en 1823 par Ludwig Van Beethoven.
Journée de l'Europe	Le 9 mai, en mémoire du 9 mai 1950, jour où Robert Schuman a présenté son projet d'unification européenne.
Monnaie unique	L'euro a été mis en circulation le 1er janvier 2002. Avant cette date, les États possédaient leur propre monnaie nationale.
Devise	« Unie dans la diversité ». Cette devise apparaît officiellement en 2004 dans le traité établissant une Constitution pour l'Europe.

11 L'Europe sociale

L'Union européenne s'est d'abord construite autour d'un projet économique. Au fil du temps, l'idée d'une Europe sociale chemine, et malgré l'absence de consensus autour des principales orientations à mener, différentes mesures ont été prises. Deux principaux axes guident l'Europe sociale : la protection sociale des travailleurs et la lutte contre les difficultés sociales et la pauvreté, l'objectif étant de conserver la spécificité des systèmes nationaux. En effet, l'Union européenne n'a pas de compétences propres dans le champ sanitaire et social, c'est le principe de subsidiarité qui est appliqué (voir la fiche : L'Union européenne).

1 La construction progressive de l'Europe sociale

A Les principales dispositions

La notion d'Europe sociale demeure délicate à définir tant les États membres s'appuient sur des traditions différentes en la matière. Dans le domaine de la protection sociale, deux modèles ont incarné les systèmes sociaux : le modèle bismarckien et celui de Beveridge.

- Dans le **modèle bismarckien** utilisé en France et en Allemagne, le niveau de la protection sociale est notamment déterminé par la position de l'individu sur le marché du travail. Les prestations sont alors versées sous conditions de ressources.
- Dans la **conception beveridgienne**, appliquée au Royaume-Uni depuis la Seconde Guerre mondiale, la protection est fondée sur une logique d'assistance. Les prestations sont octroyées sans condition de ressources et sont uniformes. Elles ne sont universelles que dans le domaine de la santé.

B Les sources de droit

Les traités européens sont à l'origine de l'Europe sociale.

- **Le traité de Rome** et la Charte des droits sociaux fondamentaux des travailleurs, dite **Charte sociale**, adoptée en 1989 sous la forme d'une déclaration, qui recense les objectifs généraux en matière de droit social de l'Union européenne. Cette charte permet de garantir certains droits comme ceux concernant le marché du travail, la formation professionnelle, la protection sociale, l'égalité des chances, la santé et la sécurité au travail.
- **L'acte unique européen**, entré en vigueur en 1987, et **le traité de Maastricht** (1992) s'inscrivent dans la lignée de la Charte dans les domaines relatifs à l'information et à la consultation des travailleurs, leur santé et leur sécurité, l'égalité entre les femmes et les hommes et l'intégration des personnes exclues du marché du travail.
- **Le traité d'Amsterdam**, entré en vigueur en 1999, consacre les principes de liberté et de démocratie et pose également comme objectif la lutte contre l'exclusion sociale et toutes les formes de discrimination.

C La mise en place d'une politique commune difficile

L'élargissement progressif de l'Union européenne à différents États induit une difficulté à adopter une position commune, en raison de la spécificité de chaque système, de la souveraineté nationale des États et de l'absence d'un pilotage unique communautaire. Cependant, les politiques communautaires se rassemblent autour de programmes communs (exemple : les programmes Leonardo da Vinci, Socrates...) et autour de normes communes à respecter dans les domaines d'égalité des chances, de lutte contre les discriminations.

2 Les outils à la disposition de l'Union européenne

A La directive

Une directive est une décision de droit communautaire visant à favoriser l'harmonisation des législations nationales des États membres de l'Union européenne. Elle impose aux États membres un objectif à atteindre, tout en leur laissant le choix quant aux moyens d'y parvenir (lois, décrets, principes généraux). Dans le domaine social, les directives concernent quatre grands domaines : **la libre circulation des travailleurs, le droit du travail, l'égalité entre les femmes et les hommes et la protection de la santé et de la sécurité sur les lieux de travail**.

B Le dialogue social

Le dialogue social désigne la constitution de comités paritaires, composés à parité de représentants des employeurs et des travailleurs désignés par les gouvernements. Il remplit une double fonction : d'une part, il constitue une instance privilégiée de dialogue sur les aspects sociaux d'un secteur particulier, d'autre part, il joue un rôle consultatif important auprès de la Commission européenne.

C La méthode ouverte de coordination (MOC)

Il s'agit d'un mode de coordination non contraignant des politiques publiques des différents États membres de l'Union européenne. Il s'applique dans des domaines qui relèvent essentiellement de la compétence des États (comme la protection sociale), et où l'Union ne peut édicter de règles contraignantes.

D Le Fonds social européen

Le Fonds social européen est un outil financier qui permet d'accompagner les politiques européennes dans leur projet d'investissement en infrastructures, en formation et en soutien à l'emploi. Cet outil vient s'ajouter aux efforts réalisés par les systèmes nationaux.

3 Les principales institutions européennes intervenant dans le champ sanitaire et social

Instances	Missions dans le champ sanitaire et social
Parlement européen	Dispose du pouvoir législatif.
Conseil de l'Union européenne	Dispose du pouvoir budgétaire, définit les politiques.
Commission européenne	Dispose du pouvoir exécutif.
Comité économique et social européen	A une fonction consultative auprès de la Commission et du Conseil de l'Union européenne dans différents domaines : conditions de vie des citoyens, politique sociale, de santé…
Fondation européenne pour l'amélioration des conditions de vie et de travail	Exerce une mission de recherche et d'analyse des conditions de vie et de travail, de la protection sociale, de la cohésion sociale.
Agence européenne pour la santé et la sécurité au travail	Fournir les informations techniques, scientifiques et économiques utiles dans le domaine de la sécurité et de la santé au travail.

Un exemple d'action mise en place grâce aux fonds européens

Descriptif du projet

Le centre socioculturel Adages a développé, grâce aux fonds européens, différents types d'accueil pour les enfants ; les familles bénéficient désormais d'une crèche qui pratique l'accueil d'urgence et les horaires atypiques.

L'Espace famille offre quatre types de services :

– le Relais parental 24h/24 pour des enfants dont les parents sont momentanément peu disponibles (hospitalisation, formation, reprise d'activité…);

– le Service d'accueil familial d'urgence, qui accueille 7 jours sur 7 et 24h sur 24 les enfants de 0 à 6 ans, pour une durée de séjour contractuelle sans dépasser un volume global de 30 jours;

– le multi-accueil (une crèche/halte garderie ouverte de jour de 7h à 20h du lundi au samedi);

– le service d'accueil familial, qui propose l'accueil des enfants par des assistantes maternelles à des horaires irréguliers.

Ce projet a été soutenu financièrement par le Fonds social européen (FSE). Cela a permis de développer le nombre de places et d'ouvrir de nouveaux points d'accueil (Sète et Clermont-l'Hérault) en 2010. Par son activité et son offre de services, l'Espace famille contribue directement à l'insertion professionnelle des femmes, qui constituent les bénéficiaires de cette action. Le concours du FSE a notamment permis l'extension des services aux communes de Clermont-l'Hérault et Sète.

Chiffres clés du projet

En 2007, 136 enfants ont été accueillis en horaires atypiques et 87 familles ont eu recours à un accueil d'urgence.

L'Association Adages, « pour l'accueil d'enfants 7j/7 et 24h/24 »

12 Les services d'intérêt économique général

Afin de protéger certains secteurs ou certaines régions fragilisés par un marché conquérant, l'Union européenne a mis en œuvre des politiques qui dérogent au principe de libre concurrence : la politique agricole commune, celle de la pêche, la politique régionale et celle des services d'intérêt général (SIG). Parmi ces derniers, elle distingue les services d'intérêt économique général.

1 Définitions

➜ Les **services d'intérêt économique général (SIEG)** désignent les services de nature économique, c'est-à-dire des activités de production ou de commercialisation de services marchands, que les États membres ou la Communauté soumettent à des obligations spécifiques de service public en vertu d'un critère d'intérêt général.

➜ La gestion des SIEG peut éventuellement être confiée à une entreprise, des services d'intérêt général non économique (SINEG), pour l'essentiel des services sociaux et des services régaliens : police, justice...

Le **service social d'intérêt général (SSIG)** peut être de nature économique ou non économique selon la fonction de l'activité concernée. Le SSIG comprend :
- les services de santé ;
- les régimes légaux et les régimes complémentaires de protection sociale, sous leurs diverses formes d'organisation (mutualistes ou professionnelles), couvrant les risques fondamentaux de la vie, tels que les risques liés à la santé, la vieillesse, les accidents du travail, la retraite, le chômage ;
- le handicap ;
- les autres services concernant la personne (avec des rôles de prévention, de cohésion sociale afin de favoriser l'inclusion sociale). Les services dans lesquels travaillent les CESF font souvent partie de ces services (accès au logement des plus démunis, prévention de l'endettement, prise en charge de publics fragiles...).

2 Historique

L'expression « services d'intérêt économique général » apparaît dès **1957** dans l'article 90 (article 86 du traité instituant la Communauté) paragraphe 2 du traité de Rome.
Elle a ultérieurement été introduite à l'article 16 du traité CE par le traité d'Amsterdam, entré en vigueur le **1er mai 1999**, et à l'article 14 du traité sur le fonctionnement de l'Union européenne, entré en vigueur le **1er décembre 2009** dans le cadre du traité de Lisbonne.
Mais elle n'est définie ni dans les traités ni dans le droit dérivé. La définition ci-dessus n'a donc pas de portée juridique et gagnerait à être précisée.

En **2008**, le tribunal de première instance de la Cour de justice de Luxembourg a d'ailleurs indiqué que « les États membres ont un large pouvoir d'appréciation quant à la définition de ce qu'ils considèrent comme des services d'intérêt économique général et [...] la définition de ces services par un État membre ne peut être remise en question par la Commission qu'en cas d'erreur manifeste » (affaire T-289/03, dite Bupa, considérant 166, 12 février 2008).

La notion de SSIG est plus tardive que celle des SIEG. Elle apparaît essentiellement en France et n'est pas véritablement reconnue par le droit européen, qui ne considérait que les SIEG – notion apparue dès **1957** – et les SIG – notion apparue ultérieurement et qui englobe SIEG et SINEG. Les SSIG sont à cheval sur les SIEG et les SINEG, c'est-à-dire que certains sont de nature économique (la formation professionnelle) et d'autres sont de nature non économique (la sécurité sociale).

3 Les activités concernées

A La notion de SIEG

La notion de services d'intérêt économique général couvre plus particulièrement certains services fournis par les grandes industries de réseau comme le transport, les services postaux, l'énergie et les communications. Ils ont une dimension européenne manifeste et sont donc règlementés par un cadre juridique communautaire spécifique.
Toutefois, l'expression s'étend également aux autres activités économiques soumises elles aussi à des obligations de service public, comme la formation professionnelle continue, les prestations culturelles, la plupart des services sociaux. Ces services sont aussi soumis aux règles du marché intérieur et de la concurrence telles que prévues par le traité instituant la Communauté européenne. Seules les activités régaliennes (affaire C-164/92, dite Eurocontrol, 19 janvier 1994) et les services assurant « une fonction de caractère exclusivement social », comme la sécurité sociale (affaires C-159/91 et C-160/91, dite Poucet et Pistre, 17 février 1993), échappent au droit de la concurrence.

B Le « paquet Almunia » de la Commission européenne

La Commission européenne a adopté, le 20 décembre 2011, un nouveau paquet de règles « le paquet Almunia », en matière d'aides d'État en vue de l'appréciation des compensations publiques pour les SIEG. Ce paquet fournit aux États membres un cadre plus simple et plus souple leur permettant ainsi de fournir à leurs citoyens des services publics de grande qualité.
Ainsi, tous les services sociaux répondant à des besoins sociaux (dans le domaine de la santé, des soins de longue durée, du logement social, de l'aide à l'enfance, de l'accès au travail, de la réinsertion professionnelle, de l'aide à des publics vulnérables pour favoriser leur inclusion sociale) sont désormais exemptés de l'obligation de notification à la Commission. L'aide adressée à d'autres prestataires de services publics doit être notifiée uniquement si elle dépasse un montant de 15 millions d'euros (contre 30 millions auparavant).
Certains services considérés comme étant économiques ont été considérés non économiques par « le paquet Almunia », c'est le cas notamment des services d'insertion pour les publics fragilisés. Les services procurés par l'École de la deuxième chance sont ainsi considérés comme non économiques et peuvent faire l'objet de subventions de l'État ou des collectivités territoriales, tandis que les services de formation professionnelle de l'AFPA sont considérés comme économiques et ne peuvent pas (ne peuvent plus) être

financés par des subventions, l'État et les collectivités territoriales devant organiser des marchés publics pour acheter des prestations de services. Certains organismes sociaux auparavant financés par des subventions ne parviennent donc pas à répondre à des appels d'offre dans une logique de marché concurrentiel et risquent de disparaître à plus ou moins brève échéance.

L'adresse suivante permet de consulter les textes de ce nouveau paquet législatif : ec.europa.eu/competition/state_aid/legislation/sgei.html.

→ POUR EN SAVOIR PLUS

Pour avoir plus de renseignements sur les services d'intérêt économique général, vous pouvez consulter : sieg.unblog.fr.

L'État

3

13 Le concept d'État

L'État désigne la personne morale de droit public qui représente une collectivité, un peuple, une nation. Pour qu'un État existe, il doit regrouper un territoire, une nation et un pouvoir politique.

1 Le territoire

→ Le territoire correspond aux frontières qui délimitent géographiquement un État. Tout l'espace qui est à l'intérieur des frontières d'un État relève de son autorité. Cet espace comprend également les territoires terrestres, maritimes et aériens.

Il ne peut y avoir un État sans un territoire donné. Il peut cependant exister des territoires sans État.
L'État dispose d'un territoire sur lequel ses compétences politiques et juridiques sont exercées. La France dispose d'un territoire morcelé. Elle est composée de territoires métropolitains (situés en Europe, y compris la Corse) et de territoires d'outre-mer : les départements et régions d'outre-mer (DROM), les collectivités d'outre-mer, un pays d'outre-mer (la Nouvelle Calédonie) et les terres australes et antarctiques françaises (TAAF).

2 La nation

La nation est un concept assez moderne, puisqu'il n'a été utilisé dans son sens actuel qu'à partir de l'époque moderne. Il est difficile de lui donner une définition entièrement satisfaisante puisque le terme de nation est davantage considéré comme une idéologie.

→ Une **nation** est une communauté humaine ayant conscience d'être unie par une identité historique, culturelle, linguistique ou religieuse.

Elle est ainsi à la fois extérieure aux individus et, en même temps, intériorisée et transmise d'une génération à l'autre. Pour s'imposer, elle suppose également l'existence d'une volonté durable de vivre au sein d'un même ensemble. Ce sentiment d'appartenance à une même nation peut être entendu par le fait d'appartenir à la même ethnie, avoir la même langue, la même religion, la même culture. Mais ce n'est pas aussi évident. Il existe des nations où plusieurs langues cœxistent (comme la Suisse). Il y a des nations sans territoire propre ou d'autres encore qui sont partagées entre plusieurs États. Le concept de nation apparaît alors comme une construction politique, dont la fonction est de garantir la cohésion sociale et de faire respecter l'autorité de l'État. Chaque pays a son idée de nation liée à sa propre histoire.

3 Le pouvoir politique

Dans un État, on peut distinguer trois pouvoirs indépendants les uns des autres : c'est le « **principe de la séparation des pouvoirs** », qui a pris son origine au Royaume-Uni. Les Britanniques sont les premiers à avoir essayé de partager le pouvoir politique qui n'appartenait traditionnellement qu'à un seul représentant, le roi.

➜ Ensuite, ce sont les penseurs politiques français avec notamment Montesquieu qui, au 18e siècle, ont mis en avant ce principe que l'on peut énoncer ainsi : **tous les pouvoirs de l'État ne doivent pas se cumuler au sein d'une même autorité, afin que chaque pouvoir conserve une certaine indépendance.**

Il existe donc trois pouvoirs :
– **le pouvoir législatif** : il vote les lois et a un rôle de contrôle de l'exécutif. Ce pouvoir est exercé par le Parlement ;
– **le pouvoir judiciaire** : il fait respecter les lois pour régler les conflits entre les particuliers ou entre l'État et ces derniers. Son indépendance est primordiale, puisqu'elle est la condition de son impartialité. C'est généralement la Constitution qui définit ses compétences et qui garantit son indépendance ;
– **le pouvoir exécutif** : il fait appliquer les lois et conduit la politique nationale. Il peut disposer de moyens de contrainte à l'égard du pouvoir législatif, comme la dissolution de l'une des deux chambres.

Les symboles de la France en tant qu'État	
Son drapeau	Tricolore (bleu, blanc, rouge)
Sa devise	« Liberté, égalité, fraternité »
Sa fête nationale	Le 14 juillet
Sa langue officielle	Le français
Son hymne	*La Marseillaise*
Le symbole de la République	Marianne (buste, timbre)
Son emblème	Le coq gaulois

14 L'État-providence

L'État-providence peut être défini comme l'ensemble des mécanismes qui encadrent l'intervention de l'État dans le domaine social afin de garantir le bien-être social de la population. Cela se traduit par un système étendu de protection sociale où un maximum d'individus se voit proposer une garantie contre les risques sociaux (maladie, maternité, décès, invalidité). Cette conception est souvent opposée à la notion « d'État-gendarme » où le rôle de l'État est de disposer seulement des fonctions régaliennes (police, armée, justice).

1 L'origine du concept d'État-providence

A L'origine française

À la fin du 19e siècle et au début du 20e siècle, la France se voit dotée d'un premier système d'assurance sociale qui a pour but de protéger les salariés contre les risques liés à la vieillesse, à la maladie et aux accidents du travail. Il se substitue à un système fondé uniquement sur le principe d'assistance où l'Église chrétienne avait un rôle prépondérant dans la prise en charge des personnes démunies.

B L'origine anglo-saxonne

La protection sociale, prise en charge par l'État, financée par l'impôt, est construite autour de la notion de solidarité nationale. Salariés et partenaires sociaux ne jouent aucun rôle dans ce système et les professionnels de santé sont des fonctionnaires.

C L'origine allemande

L'Allemagne de Bismarck met en place un dispositif très complet de protection, fondé sur l'assurance. Les salariés s'assurent contre les risques et payent des cotisations sociales à des organismes gérés par les partenaires sociaux au niveau local ou professionnel.

2 La construction en France de l'État-providence

À la veille de la Première Guerre mondiale, la France ne disposait que d'une **loi sur les accidents du travail (1898)**.

Progressivement, sont votées différentes lois dont celle de **1910 sur les retraites ouvrières et paysannes**.

→ **La création de la Sécurité sociale en 1945** a pour ambition d'étendre la protection à l'ensemble de la population par l'instauration d'une caisse unique. Le contexte politique et social se caractérisait alors par la volonté d'une société plus juste et plus solidaire.

→ La prise en compte par la loi de la protection complète des Français s'est faite progressivement. Les étapes les plus marquantes étant :
- le remplacement, en 1970, du salaire minimum interprofessionnel garanti (SMIG) par **le salaire minimum de croissance** (SMIC), indexé à la fois sur les prix et sur les salaires ;
- l'instauration de grandes lois sociales en 1975 sur les **personnes handicapées** et sur **les institutions sanitaires et sociales** ;
- la création du **RMI** (revenu minimum d'insertion) **en 1988** ;
- la création de la **CMU** (couverture maladie universelle) **en 1999**.

3 L'État-providence est-il en crise ?

A La crise de financement

Afin de réguler l'activité économique et de maîtriser la montée du chômage, l'État est confronté, depuis les années 1975, à des dépenses croissantes. Parallèlement à ces deux éléments, le vieillissement démographique entraîne un versement de pensions de retraite croissant. Le chômage et le vieillissement démographique ont un impact également sur les recettes. En effet, cela diminue la part des personnes qui cotisent et permettent de financer le système.

B La crise d'efficacité

L'efficacité de l'État-providence est remise en cause par certains. Les principales raisons de cette remise en cause sont :
- l'**indemnisation** qui aurait comme effet de ne pas favoriser l'insertion et l'autonomie des individus en les plongeant dans une certaine dépendance aux aides ;
- le renforcement des **inégalités** de revenu depuis les crises économiques successives qui accentuent la précarisation voire l'exclusion des classes populaires ;
- les **nouvelles formes de pauvreté** (exemple : la catégorie des travailleurs pauvres).

C L'État-providence comme protecteur des liens sociaux

Malgré les difficultés auxquelles il est confronté, l'État apparaît comme un élément indispensable dans le maintien de la solidarité entre les individus pour qu'une société soit inclusive. Certains besoins sociaux s'amplifient (dépendance, nouvelles formes d'exclusion) et l'intervention de l'État continue à être une nécessité pour faire face à de nombreux défis récents.

15 La Constitution de la Ve République

La Constitution du 4 octobre 1958 est le texte fondateur de la Ve République. Elle est basée sur des principes et valeurs proclamés dans la Déclaration des droits de l'Homme et du citoyen de 1789 et dans le préambule de la Constitution de 1946. Elle organise les pouvoirs publics, définit leur rôle et leurs relations. Elle est le quinzième texte fondamental de la France depuis la Révolution française. Norme suprême du système juridique français, elle a été modifiée à vingt quatre reprises depuis sa publication par le pouvoir constituant.

1 La genèse de la Constitution

Au début de l'année 1958, les institutions de la IVe République sont en crise. La guerre d'Algérie divise l'ensemble des partis. Il devient alors fondamental de maîtriser ce conflit et de réviser la Constitution. Cette nouvelle Constitution doit cependant garantir la séparation des pouvoirs législatif et exécutif, maintenir l'indépendance de la justice et conserver le régime parlementaire. Le peuple décide en dernier ressort par voie de référendum.

→ Les temps forts de l'élaboration de la Constitution

- **13 mai 1958** : une émeute éclate à Alger.
- **28 mai 1958** : le gouvernement de Pierre Pflimlin démissionne.
- **1er juin 1958** : le Parlement désigne le général de Gaulle chef du gouvernement.
- **3 juin 1958** : le Parlement confie au gouvernement de de Gaulle le soin d'élaborer un projet de Constitution.
- **3 septembre 1958** : le projet de Constitution est adopté en conseil des ministres.
- **28 septembre 1958** : le projet est soumis au peuple par voie de referendum. Le « oui » l'emporte par 80 % des voix.
- **4 octobre 1958** : la Constitution de la Ve République est promulguée (et publiée au *Journal officiel* le lendemain).

2 Le contenu de la Constitution

La Constitution est composée d'un préambule et de 16 titres décomposés en 89 articles. Chaque article est une loi constitutionnelle. Le préambule rappelle les valeurs fondamentales de la République comme l'attachement aux droits de l'Homme et les idéaux communs de liberté, d'égalité et de fraternité.

A Le président de la République (art. 5 à 19 et 68)

La Constitution contient quinze articles concernant la définition du statut et du pouvoir présidentiel. Le président de la République est « garant de l'indépendance nationale, de

l'intégrité du territoire et du respect des traités» (article 5). Il est élu pour cinq ans au suffrage universel direct, au scrutin uninominal majoritaire à deux tours.
Il dispose de pouvoirs propres où il est habilité à décider seul, et de pouvoirs partagés avec le Premier ministre et le gouvernement.

B Le gouvernement (art. 20 à 23 et 68)

Il est constitué du Premier ministre et des ministres. Il a pour objectif de déterminer et conduire la politique de la nation (article 20).

C Le Parlement (art. 24 à 51)

→ Le Parlement est composé de l'Assemblée nationale et du Sénat. Les députés de l'Assemblée nationale (577) sont élus au suffrage universel direct, au scrutin uninominal majoritaire à deux tours, par circonscription. Les sénateurs (348) sont élus au suffrage universel indirect.

Le rôle du Parlement consiste à **voter les lois** et les traités, à évaluer les politiques publiques et à contrôler le pouvoir exécutif. Il **contrôle l'exécutif** par des moyens d'information et d'investigation (questions écrites au gouvernement, commissions spéciales d'enquête…) et par **la mise en jeu de la responsabilité du gouvernement** :
- par son vote après l'engagement de la responsabilité du gouvernement sur son programme ;
- par le dépôt, par un dixième des députés, d'une motion de censure. Elle doit être adoptée par la majorité absolue des membres de l'Assemblée ;
- par le dépôt d'une motion de censure par un dixième des députés, après l'engagement, par le Premier ministre, de la responsabilité du gouvernement sur la totalité ou une partie d'un texte.

D Le Conseil constitutionnel (art. 56 à 63)

Il est composé de neuf membres. Il se renouvelle par tiers tous les trois ans. Les membres sont désignés par le président de la République et les présidents du Sénat et de l'Assemblée nationale.
Son rôle est d'exercer un contrôle de constitutionnalité des actes, c'est-à-dire d'étudier la conformité de certains textes. Dans le domaine électoral, il veille à la régularité des élections présidentielles, des députés et des sénateurs, et des référendums.

16 Le cadre d'élaboration des politiques publiques

Le terme de « politiques publiques » est assez récent. Les politiques publiques constituent un moyen d'intervention des gouvernements, et elles représentent un enjeu important dans les différents débats publics de société. Leur cadrage se situe principalement au niveau national, où différentes étapes comme le choix des priorités, la conception, la mise en œuvre ainsi que l'évaluation vont se succéder afin de résoudre une situation identifiée comme problématique.

1 La notion de politiques publiques

A La protection économique du consommateur

Les politiques publiques ont plusieurs objectifs qui vont dans le sens de l'intérêt général. En santé et action sociale, elles contribuent à :
- assurer l'éducation des citoyens,
- améliorer le bien-être social des individus,
- garantir un niveau de santé le plus élevé possible,
- réduire les inégalités sociales entre les individus.

B La conception

Pour qu'une politique publique existe, l'État doit définir des priorités. Ces priorités se déterminent selon différents critères :
- le nombre de personnes concernées,
- la nature et les conséquences du problème ou besoin,
- la durée, c'est-à-dire depuis quand le problème ou besoin se pose,
- le poids des acteurs de la vie civile.

L'intervention des différents acteurs de la vie civile va considérablement peser sur le processus de décision des pouvoirs publics. Comme acteurs principaux, on peut citer :
- la population elle-même,
- les associations qui vont défendre leurs intérêts auprès des responsables politiques,
- les différents experts (dans le monde universitaire, par exemple),
- les médias, qui ont une influence considérable puisqu'ils participent grandement à la sensibilisation de l'opinion publique.

Les responsables politiques vont alors répondre au besoin pressenti en utilisant des solutions préexistantes à adapter au problème particulier ou en créant une réponse spécifique.

C La mise en œuvre

La mise en œuvre des politiques publiques repose sur un cadre juridique précis (loi, règlement...) et sur un ensemble d'acteurs qui vont permettre l'application de ces politiques publiques. Ces acteurs sont compétents à différents échelons territoriaux : national, régional, départemental, local.

D L'évaluation

Le **décret du 22 janvier 1990** en a donné la première définition « officielle » : « Évaluer une politique, c'est rechercher si les moyens juridiques, administratifs ou financiers mis en œuvre permettent de produire les effets attendus de cette politique et d'atteindre les objectifs qui lui sont fixés ».

→ **Le décret du 18 novembre 1998** donne une définition de cette notion. L'évaluation d'une politique publique consiste à comparer ses résultats aux moyens qu'elle met en œuvre, qu'ils soient juridiques, administratifs ou financiers, et aux objectifs initialement fixés. Elle se distingue du contrôle et du travail d'inspection en ce qu'elle doit aboutir à un jugement partagé sur l'efficacité de cette politique et non à la simple vérification du respect de normes administratives ou techniques.

L'évaluation d'une politique publique doit permettre d'apprécier si une politique est :
- **efficiente** : elle évalue le rapport entre les moyens mis en œuvre et les résultats de l'action publique ;
- **efficace** : elle mesure les résultats obtenus au regard des objectifs et met en évidence les rapports de causalité entre les objectifs, implicites et explicites, et les effets réels des actions publiques ;
- **cohérente** dans sa conception et dans son déploiement. La cohérence interne vise l'adéquation entre les objectifs assignés à une politique et les moyens qui lui sont alloués. La cohérence externe désigne l'adéquation entre l'action évaluée et d'autres politiques ;
- **pertinente** : l'adéquation entre les objectifs explicites d'une politique et les besoins ou les problèmes qu'elle est supposée résoudre.

2 Un cadrage national des politiques

A L'élaboration de la loi

- Le parcours d'une loi commence par le dépôt d'**un projet de loi** (issu du gouvernement) ou d'**une proposition de loi** (issue des parlementaires) auprès de l'Assemblée nationale (composée de députés) ou du Sénat (composé de sénateurs).
- Le projet ou la proposition de loi est ensuite examiné successivement par les deux assemblées. Des modifications peuvent intervenir, elles s'appellent alors « amendements ».
- Deux situations sont alors possibles :
  - soit les assemblées sont **d'accord** sur le texte ;
  - soit elles ne sont **pas d'accord** et une deuxième lecture s'engage devant chaque assemblée. Si elles ne parviennent toujours pas à un accord, le Premier ministre demande à une commission mixte paritaire (composée de 7 députés et 7 sénateurs) de se réunir afin de statuer sur les points de désaccord. La commission peut proposer un nouveau texte ; une nouvelle lecture s'engage alors devant chaque assemblée. Si la commission

ne parvient pas à proposer un nouveau texte ou si, après avoir proposé un nouveau texte, les assemblées le rejettent, le gouvernement peut demander à l'Assemblée nationale de statuer définitivement.

- Une fois le texte voté par le Parlement, le Conseil constitutionnel peut être saisi (par le président de la République, le Premier ministre, le président de l'Assemblée nationale, le président du Sénat, 60 députés, 60 sénateurs). Son rôle est de vérifier la conformité de la loi à la Constitution.
- Si le Conseil constitutionnel décide que le texte voté, en tout ou partie, ne respecte pas la Constitution, le président de la République doit le renvoyer pour une nouvelle lecture devant le Parlement.
- Si la décision du Conseil constitutionnel confirme le respect du texte voté à la Constitution, la loi est promulguée par le président de la République et publiée au *Journal officiel* de la République française.

B La hiérarchie des règles de droit

Les textes juridiques concernant les politiques publiques respectent la hiérarchie des règles de droit, la règle de niveau supérieur s'imposant à celle de niveau inférieur. Une règle nouvelle doit respecter les règles antérieures de niveau supérieur, mais peut modifier les règles antérieures de même niveau. Elle entraîne alors, de façon logique, l'abrogation des règles inférieures contraires.

La pyramide peut se présenter ainsi, sachant qu'aucune règle ne peut être contraire au droit européen.

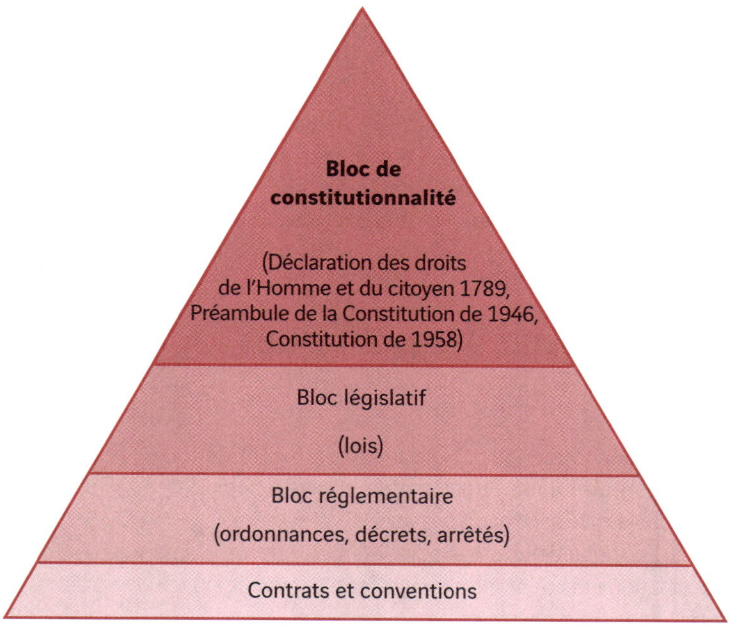

Figure 16.1 La hiérarchie des normes

17 L'organisation administrative de la France

La France dispose d'un système hiérarchisé d'organisation des pouvoirs selon différents échelons territoriaux pour une bonne administration.

1 Centralisation, déconcentration et décentralisation

→ On parle aujourd'hui de :
- **centralisation** : la concentration du pouvoir décisionnel concernant des tâches administratives est entre les mains de l'État ;
- **déconcentration** : le transfert d'une partie du pouvoir décisionnel est effectué à des représentants locaux soumis au pouvoir hiérarchique du pouvoir central ;
- **décentralisation** : l'État transfère des compétences à des organes locaux – les collectivités territoriales – qui ne dépendent pas de lui.

2 La centralisation

A Le principe

C'est un système d'organisation d'un pays dans lequel la totalité des tâches administratives qui sont à gérer sur toute l'étendue du territoire national est réunie sous la compétence des organes centraux de l'État. Celui-ci assure sa fonction par le biais d'une structure administrative unifiée et hiérarchisée.

B Le fonctionnement

Les agents de l'État ne disposent que d'un pouvoir d'exécution des décisions prises plus haut dans la hiérarchie. Dans cette même entité sont gérées autant les affaires nationales que les affaires locales, qui ne disposent d'aucune autonomie.

3 La déconcentration

A Le principe

La déconcentration consiste en la répartition du pouvoir central sur le territoire national. Ces représentants disposent d'un pouvoir propre de décision. Ils doivent néanmoins respecter les décisions du pouvoir central qu'ils ne peuvent remettre en cause. Les agents de l'État nommés sont les préfets. Il existe des préfets de région et de département.

B Le rôle des préfets

Les préfets sont nommés par décret par le président de la République en conseil des ministres. Ils sont chargés de :

- veiller au respect des lois et des règlements par les collectivités territoriales ;
- contrôler la légalité des actes des collectivités territoriales ;
- disposer des pouvoirs de police.

Si le préfet constate une irrégularité dans les actes administratifs des collectivités territoriales, il peut saisir la chambre régionale des comptes.

4 La décentralisation

La décentralisation consiste à transférer des compétences administratives de l'État vers des collectivités locales. Ce principe est consacré par l'article 1er de la Constitution, selon lequel « l'organisation [de la République française] est décentralisée ».

A Acte I de décentralisation

Le premier acte a permis de renforcer le pouvoir des collectivités territoriales (commune, département, région) en :

- supprimant la tutelle exercée par l'État sur les actes des collectivités ;
- transférant de nombreux domaines de compétences aux collectivités (urbanisme, action sociale, formation professionnelle, gestion des collèges et lycées) ;
- transférant le pouvoir exécutif départemental du préfet au président du conseil général.

B Acte II de décentralisation

Le deuxième acte a permis d'étendre les responsabilités des collectivités :

- renforcement de l'autonomie financière ;
- reconnaissance du droit à expérimentation (application d'une politique publique en dehors du champ de ses compétences, comme l'expérimentation du RSA avant sa généralisation sur l'ensemble du territoire) ;
- droit à l'exercice de la démocratie locale (pouvoir d'organisation de référendums décisionnels localement).

C Acte III de décentralisation

Ce dernier acte désigne l'ensemble des lois et réformes qui ont été adoptées depuis 2013. Elles portent principalement sur :

- le redécoupage des régions ;
- la modification des modes de scrutins pour les collectivités ;
- la clarification des compétences entre les collectivités territoriales et les intercommunalités.

LES GRANDES LOIS DE DÉCENTRALISATION

- → **Loi du 2 mars 1982** relative aux droits et libertés des communes, des départements et des régions.
- → **Loi du 22 juillet 1982** modifiant et complétant la loi du 2 mars 1982 relative aux droits et libertés des communes, des départements et des régions et précisant les nouvelles conditions d'exercice du contrôle administratif sur les actes des autorités communales, départementales et régionales.
- → **Loi du 7 janvier 1983** relative à la répartition de compétences entre les communes, les départements, les régions et l'État.
- → **Loi du 5 janvier 1988** d'amélioration de la décentralisation.
- → **Loi constitutionnelle du 28 mars 2003** relative à l'organisation décentralisée de la République.
- → **Loi du 13 août 2004** relative aux libertés et responsabilités locales.
- → **Loi du 16 décembre 2010** de réforme des collectivités territoriales.
- → **Loi du 27 janvier 2014** de modernisation de l'action publique territoriale et d'affirmation des métropoles.
- → **Loi du 7 août 2015** portant nouvelle organisation territoriale de notre République (NOTRe).

www.dgcl.interieur.gouv.fr

18 L'administration sanitaire et sociale

L'administration centrale du domaine sanitaire et social se transforme afin de répondre à une demande sociale croissante. Ses objectifs sont d'élaborer et de mettre en œuvre les politiques de santé et les politiques sociales.

1 Les ministères

A Le ministère des Affaires sociales et de la Santé

Il est chargé de préparer et de mettre en œuvre la politique du gouvernement dans les domaines des affaires sociales, de la santé publique, de la cohésion sociale, de l'organisation du système de soins.

Le ministère est composé de différentes directions, dont la Direction générale de la santé (DGS), la Direction générale de l'organisation des soins (DGOS) et la Direction générale de la cohésion sociale (DGCS).

B Le ministère du Travail, de l'Emploi, de la Formation professionnelle et du Dialogue social

Il est chargé de préparer et de mettre en œuvre la politique du gouvernement dans les domaines du travail, de l'emploi, de la formation professionnelle, du dialogue social et de la prévention des accidents du travail et des maladies professionnelles.

Il est composé de différentes directions, dont la Direction générale du travail (DGT).

C Le ministère des Familles, de l'Enfance et des Droits des femmes

Il est chargé de préparer et de mettre en œuvre la politique du gouvernement dans les domaines liés à la famille, à la protection de l'enfance, et de promouvoir l'égalité et la parité entre les hommes et les femmes.

→ Les intitulés des ministères et leurs attributions varient en fonction des gouvernements, mais la plupart de ces attributions sont toujours présentes

2 Les autres acteurs nationaux dans le domaine santé et social

A Les établissements publics

Dans le domaine de la protection sociale : les différentes caisses relevant du régime général de la Sécurité sociale (CNAM, CNAF, CNAV, ACOSS) et la Caisse nationale de solidarité pour l'autonomie des personnes âgées et handicapées.

Dans le domaine de la santé publique : les agences régionales de santé (ARS) et les agences de veille et de sécurité sanitaire placées sous l'autorité du ministre chargé de la Santé (l'Institut de veille sanitaire, les agences sanitaires, l'Établissement français du sang, l'Agence de la biomédecine, l'Institut national de prévention et d'éducation sanitaire).

B Les autorités administratives indépendantes

Sous l'impulsion du gouvernement qui souhaitait avoir des institutions indépendantes dont les membres ne répondent à aucune hiérarchie, deux autorités administratives existent et sont compétentes dans leur domaine d'attribution :
- la Commission nationale informatique et liberté (CNIL) ;
- le Défenseur des droits : il est chargé de veiller à la protection des droits et libertés, et doit promouvoir l'égalité (cette autorité regroupe les missions exercées auparavant par le médiateur de la République, le Défenseur des enfants, la Haute Autorité de lutte contre les discriminations et pour l'égalité, et la Commission nationale de déontologie de sécurité).

3 Les services territoriaux

La réforme de l'administration territoriale a des conséquences sur l'organisation des services territoriaux. En effet, la fusion des régions a entraîné une réorganisation des services de l'État, la suppression de certaines agences régionales de santé (ARS) et la réduction du nombre de préfets.

A Les directions régionales de la jeunesse, des sports et de la cohésion sociale (DRJSCS)

Les DRJSCS existent depuis 2010. Elles ont pour mission de porter l'ensemble des politiques publiques dans différents domaines (social, sportif, jeunesse, éducation populaire et vie associative).
Il en existe 22 en métropole et 5 en outre-mer. Leur mission s'exerce aussi bien au niveau régional qu'au niveau départemental. Elles œuvrent, par ailleurs, dans le champ de la formation et de la certification des différentes professions : professions sociales, professions de santé non médicales, de jeunesse et sport.
Elles permettent de renforcer le lien social. Pour ce faire, elles agissent en faveur des publics vulnérables, elles permettent à tous d'accéder aux loisirs et activités sportives et, enfin, elles luttent contre toute forme de discrimination.
Elles coordonnent les directions départementales de la cohésion sociale (DDCS) et de la protection des populations (DDCSPP), selon la taille du département.

B Les agences régionales de santé (ARS)

Les ARS ont été créées en 2010 dans le cadre de la loi hôpital, patients, santé et territoire. Elles sont responsables de plusieurs domaines :
- la sécurité sanitaire ;
- l'organisation de la prévention ;
- l'organisation de l'offre de soins.

Pour parvenir à ces objectifs, les ARS sont chargées de mettre en œuvre le projet régional de santé. C'est un outil composé :
- d'un plan stratégique régional de santé, qui définit les priorités et les objectifs généraux de santé ;

- de schémas d'organisation de l'offre de santé ;
- de programmes de santé adaptés aux territoires ;
- de contrats locaux de santé.

Elles ont pour mission d'assurer un pilotage unique du système de santé au sein de la région, de mieux répondre aux besoins de la population et d'accroître l'efficacité du système.

C Les directions régionales des entreprises, de la concurrence, de la consommation, du travail et de l'emploi (DIRECCTE)

Les DIRECCTE ont également été créées en 2010. Elles ont des missions de contrôle, d'animation et de conseil dans différents domaines : commerce extérieur ; travail et emploi ; tourisme ; industrie ; concurrence et consommation.

Elles sont composées d'un siège régional (composé de trois pôles : pôle travail, pôle entreprises, emploi, économie, et pôle consommation) et d'unités départementales situées dans les départements pour agir au plus près de la population.

D Le préfet de région

Depuis le 1er janvier 2016, les préfets de région sont au nombre de 13, soit un par nouvelle région créée.

Les rôles du préfet de région sont :

- d'assurer la mise en œuvre des politiques nationales concernant le développement économique et social et l'aménagement du territoire de la région ;
- de permettre la mise en œuvre de la politique culturelle ainsi que la politique de la ville, de l'espace rural et de l'environnement dans la région ;
- de contrôler la légalité des actes et des délibérations des collectivités territoriales et des établissements publics régionaux

Le préfet est accompagné d'un secrétaire général pour les affaires régionales (le SGAR).

L'autorité des préfets sur les services déconcentrés est également clarifiée par la nouvelle réforme. Il a autorité sur les directions ainsi que, pour le préfet de département, sur les unités départementales des services régionaux lorsqu'elles traitent de dossiers relevant de sa compétence. Par ailleurs, les préfets sont délégués des agences nationales lorsque celles-ci exercent leurs attributions sur le territoire.

19 L'organisation territoriale de l'État

La révision générale des politiques publiques (RGPP) a entraîné une réorganisation des services au niveau de la région et au niveau du département.

1 L'organisation territoriale de l'État : la région

La nouvelle organisation définit les compétences dévolues aux différents organismes régionaux.

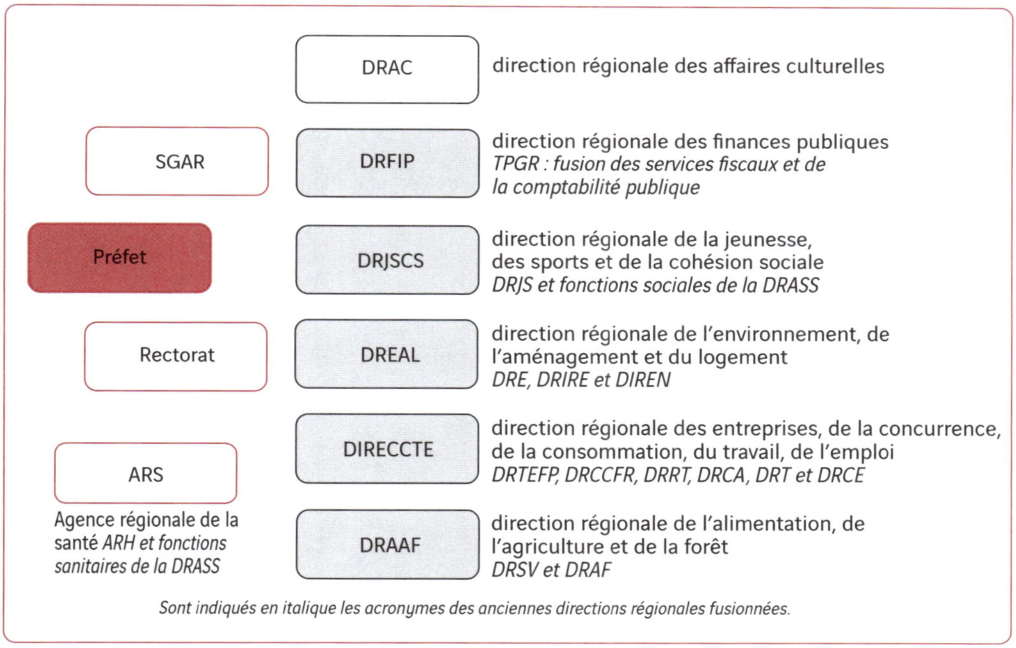

www.adrets-asso.fr, janvier 2010

Figure 19.1 Schéma régional de l'organisation territoriale d'État

2 L'organisation territoriale de l'État : le département

La réorganisation s'est faite également au niveau départemental.

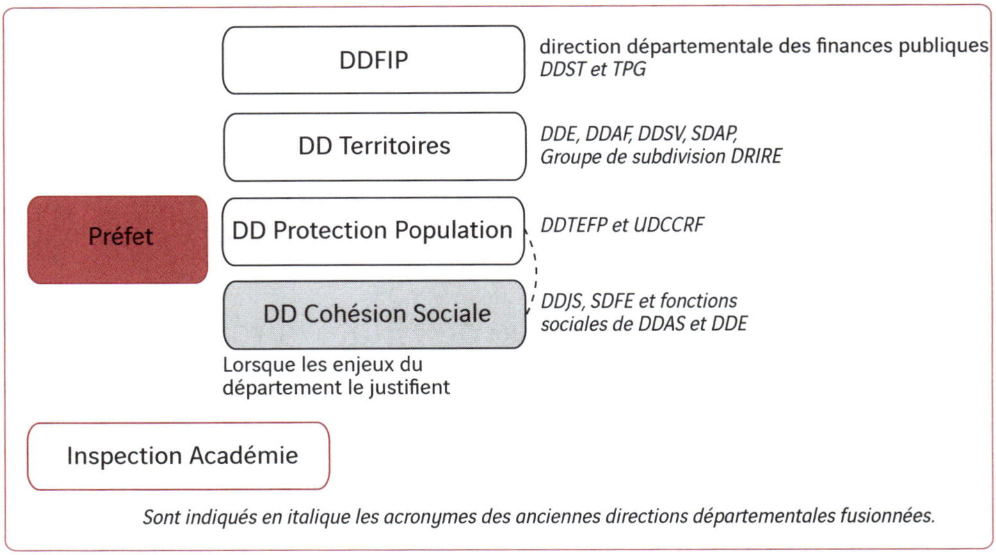

Source : www.adrets-asso.fr, janvier 2010

Figure 19.2 Schéma départemental de l'organisation territoriale d'État

La région

4

20 La région : une collectivité territoriale en restructuration

Collectivité territoriale relativement récente, la région est restructurée depuis le 1er janvier 2016. Le renouvellement des conseils régionaux, cumulé à la fusion de la moitié des régions, entraîne un bouleversement important dans l'organisation décentralisée de la France.

1 Historique de la création de la région

L'idée régionale est débattue jusqu'à la Première Guerre mondiale mais sans concrétisation politique.

La région est devenue une collectivité territoriale à part entière, au même titre que la commune ou le département, à la suite des lois de décentralisation du 2 mars 1982 et du 16 mars 1986, date de la première élection des conseillers régionaux élus pour 6 ans au suffrage universel. Ces lois ont fondé la création des 22 régions. La loi constitutionnelle du 28 mars 2003 reconnaît la région comme collectivité territoriale tout comme les communes et les départements. Les différentes vagues de décentralisation la transforment peu à peu, en renforçant son importance.

À partir de 2010, plusieurs lois sont instituées afin de simplifier l'organisation administrative et de clarifier les compétences de chacune des collectivités territoriales. Les pouvoirs de la région sont renforcés. Elle devient un acteur majeur dans le développement économique et dans la formation professionnelle et le développement de l'apprentissage.

Les régions sont alors découpées en 13 régions depuis le 1er janvier 2016.

Les principales compétences de la région

Orientation en matière de développement économique ; aménagement du territoire ; formation professionnelle continue et apprentissage ; construction, entretien et fonctionnement des lycées ; prévention et gestion des déchets ; transports (non urbains, régionaux).

2 Le fonctionnement de la région

L'organisation de la région est bâtie sur un modèle proche de celui qui régit le département : le conseil régional est l'**assemblée délibérante**.

A Le conseil régional

Le conseil régional est l'assemblée élue de la région, présidée par le président du conseil régional et composée de conseillers régionaux. Le conseil régional règle par délibération les affaires de la région, il vote le budget et autorise les emprunts. Entre deux séances du conseil régional, les fonctions exécutives sont exercées par la commission permanente, composée du président, des vice-présidents ainsi que d'un ou plusieurs membres du conseil régional.

B Le président du conseil régional

Le président du conseil régional est élu, ainsi que le bureau, pour 6 ans. Il prépare et exécute les délibérations du conseil, dirige les services régionaux et bénéficie de la mise à disposition des services de l'État.

C Les conseillers régionaux

Les conseillers régionaux sont élus au scrutin de liste selon un système mixte combinant les règles des scrutins majoritaire et proportionnel. Le scrutin régional se tient en deux tours. Les listes sont régionales, mais les candidats sont répartis par section départementale. Le mandat des conseillers régionaux est de 6 ans.

D L'organe consultatif : le conseil économique, social et environnemental régional

Outre ses organes décisionnaires, l'organisation de la région comprend également un organe consultatif, le conseil économique, social et environnemental régional. Conformément à la loi du 5 juillet 1972, c'est une assemblée consultative auprès du conseil régional et de son président. Il est composé de conseillers représentant les entreprises et les activités professionnelles non salariées, les syndicats de salariés, les organismes et associations de la vie collective en région, des associations et fondations agissant dans le domaine de l'environnement, ainsi que trois personnalités compétentes en environnement et développement durable, et de personnalités qualifiées, désignées par le préfet de région. Il concourt par ses avis à l'administration de la région. Il étudie tous les aspects de la vie régionale, éclairant, voire initiant les réflexions et politiques régionales en matière d'aménagement du territoire, de développement économique et d'action sanitaire et sociale.

E Le budget de la région

1. Les recettes

Les recettes des régions se répartissent en deux postes principaux : les recettes fiscales (par exemple, la cotisation sur la valeur ajoutée, les taxes sur les produits pétroliers, etc.) et les dotations de l'État (par exemple, la dotation globale de fonctionnement, la dotation de décentralisation de l'apprentissage).

2. Les dépenses

Elles se répartissent en dépenses de fonctionnement et en dépenses d'investissement.

- Les **dépenses d'investissement** sont des dépenses d'équipement notamment pour les lycées.

• Les **dépenses de fonctionnement** sont les plus importantes (personnels, remboursement de la dette…).
La formation, l'enseignement et les transports représentent les postes les plus importants. Suivent les services généraux, l'action économique et l'aménagement du territoire.

D'après www.arf.asso.fr

Figure 20.1 Carte des nouvelles régions de France

21 Le rôle de la région dans les formations du secteur sanitaire et social

La région a un rôle central dans la définition des formations du secteur sanitaire et sociale depuis la loi de décentralisation de 2004. Elle prévoit, après avis de l'État, un schéma des formations sanitaires et sociales qui a pour objectif, entre autres, de développer un égal accès à ces formations et d'accroître les dispositifs de formation.

1 Les compétences générales

La région, par l'intermédiaire du conseil régional, a différentes compétences :
- définir et répartir l'offre de formation sur le territoire ;
- élaborer le **schéma des formations sanitaires et sociales** en tenant compte des spécificités de chaque région ;
- délivrer l'agrément et l'autorisation des établissements de formation ;
- financer les établissements de formation agréés ;
- déterminer le quota des places de formations dans chaque centre de formation ;
- attribuer des aides individuelles aux élèves et aux étudiants.t

→ Dans le cadre de la loi du 5 mars 2014 relative à la formation professionnelle, à l'emploi et à la démocratie sociale, la région, depuis janvier 2015, finance les établissements agréés pour dispenser la formation sociale continue pour les demandeurs d'emploi.

2 Les compétences spécifiques aux formations sociales

La région doit désormais définir et conduire la politique de formation des travailleurs sociaux. Elle agrée et finance **les établissements chargés de la formation des travailleurs sociaux**, qu'ils soient publics ou privés. Elle attribue les bourses aux personnes suivant ces formations.

A L'agrément

Un décret du 4 mai 2005 a précisé les conditions d'attribution de l'agrément aux établissements de formation sociale. En effet, si l'agrément des établissements de formation est décentralisé à la région, il demeure précédé d'une déclaration d'activité, qui est délivrée par les services compétents de l'État.

LA DÉCLARATION D'ACTIVITÉ

→ Toute personne morale ou physique, prestataire de formation initiale ou continue, désirant réaliser des actions de formation professionnelle est soumise à une déclaration d'activité au préfet de région. Chaque année, un bilan pédagogique et financier doit lui être transmis.

B L'attribution des bourses

Le décret du 4 mai 2005 précité fixe également les règles minimales de taux et de barème des **bourses accordées aux étudiants suivant des formations sociales**. Les minima de ces bourses sont équivalents aux bourses délivrées par l'Éducation nationale. Il n'y a pas de plafond imposé par le décret pour les bourses accordées par les régions, ce qui laisse une place plus importante pour les régions de décider de l'attribution de bourses plus favorables que celles que l'État pouvait accorder précédemment.

C Les compétences réservées à l'État

L'État conserve la compétence de définition des grandes orientations en matière de formation. Ces orientations sont ensuite traduites dans des schémas régionaux des formations sociales et sanitaires. L'État continue également de délivrer les diplômes. En outre, il demeure chargé du contrôle des organismes de formation.

D Le rôle des départements

Les départements peuvent être consultés sur la définition et le contenu des formations. Cette consultation peut prendre la forme d'une consultation des représentants des départements au sein de la commission professionnelle consultative du travail social et de l'intervention sociale. Dans certains cas, les départements intéressés peuvent se voir attribuer la compétence d'agrément des établissements de formation.

3 Les compétences spécifiques aux formations sanitaires

Les formations sanitaires qui sont transférées sont limitativement énumérées par la loi. Les professions concernées sont celles de : sage-femme, infirmier, masseur-kinésithérapeute, pédicure-podologue, ergothérapeute, psychomotricien, orthophoniste, orthoptiste, audioprothésiste, opticien lunetier, diététicien, préparateur en pharmacie hospitalière, aide soignant, auxiliaire de puéricultrice, ambulancier, technicien de laboratoire d'analyses de biologie médicale. La plupart de ces formations sont adossées à un établissement hospitalier.

A L'agrément

Les autorisations de création, l'agrément et la nomination des directeurs des établissements assurant des formations sanitaires reviennent aux régions, de même que le financement de ces établissements. Un décret en Conseil d'État du 30 mars 2006 précise les conditions d'attribution de l'autorisation des écoles et instituts de formation et de l'agrément de leurs directeurs par le président du conseil régional. En ce qui concerne les écoles de sages-femmes, les régions sont compétentes pour agréer les écoles mais pas pour agréer leurs directeurs.

L'AUTORISATION DE CRÉATION

- L'autorisation de création des instituts et écoles de formation est délivrée pour une durée de 5 ans par le président du conseil régional, après avis du directeur général de l'agence régionale de santé. Tout projet de création de section d'une formation paramédicale ou de sage-femme doit répondre à des conditions d'organisation pédagogique, administrative ainsi qu'aux besoins de formation appréciés par la région.
- Les projets de création d'instituts ou écoles de formation sont examinés par le conseil régional dans le cadre de la convention annuelle d'application du contrat de plan régional de développement des formations et de l'orientation professionnelle (CPRDFOP), qui précise dans ses annexes toutes les ouvertures et fermetures de places de formation par département, par établissement, par formation.
- Cette procédure vise à assurer un développement cohérent de l'offre de formation, pour chacune des régions et entre les différentes voies de formation.

B La fixation du nombre d'étudiants

Ce décret du 30 mars 2006 a également déterminé les règles de fixation des quotas d'étudiants. Conformément à la loi, qui prévoit une consultation des conseils régionaux, le décret précise à l'article 8 que « chaque préfet de région saisit de ce projet le conseil régional avant le 15 mai de l'année précédente. Chaque conseil régional transmet son avis motivé au plus tard le 15 juin de la même année, au préfet de région qui l'adresse au ministre chargé de la Santé. » Cependant, en ce qui concerne la formation de sage-femme, la loi n'a pas prévu de consultation des conseils régionaux pour la fixation des quotas.

C L'attribution des bourses

Les minima applicables à ces bourses sont ceux en vigueur pour les bourses de l'Éducation nationale. L'alignement sur les bourses de l'Éducation nationale est l'aboutissement d'un processus de convergence des deux systèmes de bourses. Il n'y a pas, par ailleurs, de plafond aux bourses accordées par les régions, ce qui donne ainsi aux régions la possibilité d'accorder aux étudiants des montants plus élevés que ceux des bourses antérieurement accordées.

D Les compétences réservées à l'État

L'État conserve, outre la délivrance des diplômes, la fixation du nombre d'étudiants admis à entreprendre des études. L'État donne aussi son avis, par l'intermédiaire du préfet de région, sur les créations d'établissements ainsi que sur l'agrément des directeurs. Enfin, il définit les contenus pédagogiques des formations.

- Des nouvelles mesures annoncées par le gouvernement pour la rentrée 2016 vont permettre aux étudiants des formations paramédicales de bénéficier des mêmes droits sociaux que ceux des étudiants à l'université (logement Crous et bourse). Des conventions entre les universités et les établissements de formations paramédicales vont tendre à se développer afin de définir, de garantir et d'évaluer les contenus pédagogiques des formations.

22 Le rôle de la région en matière de formation continue et d'apprentissage

La loi du 7 janvier 1983 prévoit que la « région assure la mise en œuvre des actions d'apprentissage et de formation professionnelle ». Il s'agit du plus important transfert de compétences opéré par l'État vers les régions. La loi du 5 mars 2014 relative à la formation professionnelle, à l'emploi et à la démocratie sociale modifie le paysage de la formation, notamment par la création de nouvelles instances.

1 La formation continue

A Les objectifs de la formation continue

La formation professionnelle continue permet :
- de favoriser l'insertion ou la réinsertion professionnelle des travailleurs ;
- de permettre leur maintien dans l'emploi ;
- de favoriser le développement de leurs compétences et l'accès aux différents niveaux de la qualification professionnelle ;
- de contribuer au développement économique et culturel et à la promotion sociale.

B Les compétences réservées à l'État

L'État reste le seul compétent à définir les orientations politiques concernant les problématiques de l'emploi, du chômage et de la formation.

L'État, les régions et les partenaires sociaux concourent à l'élaboration de la politique de formation professionnelle.

C Les compétences de la région

La **loi du 5 mars 2014** renforce les compétences des régions en matière de formation professionnelle, notamment en la consacrant comme une instance de pilotage central. Ces compétences sont par ailleurs inscrites dans le Code du travail avec l'article L6121-1, qui précise que les régions sont chargées « de la politique régionale d'accès à l'apprentissage et à la formation professionnelle des jeunes et des adultes à la recherche d'un emploi ou d'une nouvelle orientation professionnelle. »

La loi prévoit en outre :
– la création d'un compte personnel de formation (le droit individuel à la formation, DIF, est ainsi supprimé) ;
– l'obligation d'un entretien professionnel tous les 2 ans afin de mesurer les évolutions possibles du salarié et de recenser les éventuels besoins en formation ;
– la défiscalisation du plan de formation pour les entreprises.

D Le contrat de plan régional de développement des formations et de l'orientation professionnelle (CPRDFOP)

Le CPRDFOP est un nouvel outil de programmation créé par la loi du 5 mars 2014 qui permet de définir et de mettre en œuvre la politique régionale de formation professionnelle et d'apprentissage.
Ce plan a pour objectif de définir :
– des orientations à moyen terme en matière de formation professionnelle des jeunes et des adultes (prise en compte des spécificités régionales) ;
– les priorités relatives à l'information, à l'orientation et à la validation des acquis de l'expérience.

2 L'apprentissage

A Les objectifs de l'apprentissage

L'apprentissage a pour objectif de donner à un jeune travailleur (16 à 25 ans) une formation complète (générale, théorique et pratique), en vue de l'obtention d'une qualification professionnelle soutenue par un diplôme. Par ailleurs, cette formation fait l'objet d'un contrat. La formation se déroule pour une part dans un centre de formation d'apprentis, pour une autre part dans une entreprise qui s'engage à former l'apprenti.

→ Dans le domaine sanitaire et social, différentes formations peuvent être suivies en apprentissage ; par exemple, éducateur spécialisé, éducateur de jeunes enfants, infirmier, BTS services et prestations des secteurs sanitaire et social.

B Les centres de formation d'apprentis (CFA)

Tout conseil régional a la responsabilité de ces centres, l'État conservant la responsabilité de la pédagogie pratiquée.
Les CFA ont pour mission d'assurer aux apprentis un enseignement général et pratique, d'accompagner l'apprenti dans sa démarche de formation (désignation d'un formateur en lien avec le centre et l'entreprise, organisation de réunions, inscription aux examens, etc.).

→ En 2015, un plan de relance de l'apprentissage a été lancé. Il vise à communiquer sur les mesures prises pour renforcer l'attractivité de l'apprentissage auprès des employeurs et améliorer le statut de l'apprenti.

23 Le rôle de la région en matière d'emploi

La définition de la politique de l'emploi est une compétence de l'État. La région participe au service public de l'emploi à travers différentes missions : la participation aux maisons de l'emploi ; le financement des structures d'aide à l'orientation et à la formation des jeunes (missions locales et PAIO) ; la participation au comité régional de l'emploi, de la formation et de l'orientation professionnelle. Depuis la loi NOTRe, la région a vu sa compétence en matière de développement économique renforcée.

1 Les compétences régionales en matière de développement économique

A Les aides régionales

La définition du régime des aides économiques aux entreprises et la décision de leur octroi a été modifiée par la loi du 13 août 2004. Cette loi a supprimé, pour des raisons de compatibilité avec le droit communautaire, la distinction qui existait depuis 1982 entre aides directes (exemple : prime régionale à l'emploi) et indirectes (exemple : garanties d'emprunt) aux entreprises. La distinction s'opère désormais entre aides économiques et aides à l'immobilier. Par ailleurs, les communes, leurs groupements et les départements peuvent mettre en œuvre leurs propres régimes d'aides économiques avec l'accord de la région. Chaque région est compétente pour attribuer des aides spécifiques à ses besoins, aides qui peuvent prendre la forme de prestations de service, de subventions, de bonifications d'intérêt ou de prêts et avances remboursés à taux préférentiel.

La loi NOTRe renforce le pouvoir des régions en leur accordant le monopole dans l'attribution des aides directes aux entreprises. Elles peuvent, dans certains cas, déléguer ce pouvoir aux intercommunalités.

B Le schéma régional de développement économique d'innovation et d'internationalisation

Ce schéma a pour objectif de définir les orientations en matière de développement économique, d'aides directes aux entreprises, de soutien à l'internationalisation et d'aide à l'investissement et à l'innovation.

C Le contrat de plan régional de développement des formations et de l'orientation professionnelle (CPRDFOP)

Le CPRDFOP est un contrat qui réunit différents acteurs régionaux (préfet de région, président du conseil régional entre autres) qui a pour objectifs :

– d'analyser les besoins du territoire en matière d'emplois, de compétences et de qualifications;
– de programmer des actions de formation professionnelle en fonction des objectifs et de la situation de développement économique du territoire.

2 Les structures régionales en faveur de l'emploi dans les régions

A Le comité régional de l'emploi, de la formation et de l'orientation professionnelle (CREFOP)

Le CREFOP a été créé par la loi du 5 mars 2014 relative à la formation professionnelle, à l'emploi et à la démocratie sociale.
Son rôle est d'établir une coordination entre tous les acteurs de l'emploi et de la formation professionnelle en fonction des besoins du territoire. Il rassemble l'État, la région et des partenaires sociaux (des représentants de salariés et d'entreprises).

B Les observatoires régionaux de l'emploi et de la formation (OREF)

Les OREF se sont progressivement mis en place dans le cadre des contrats de projet et couvrent la presque totalité du territoire. L'action des OREF est multiple : appui à l'élaboration du plan régional de développement des formations professionnelles (PRDF), appui à la signature des contrats d'objectifs avec les branches professionnelles, publications diverses. Ils apportent également au CREFOP les études susceptibles de nourrir ses travaux, y compris en matière d'évaluation des politiques régionales de formation professionnelle.

C Les centres d'animation, de recherche et d'information sur la formation (CARIF)

Les CARIF se sont également mis en place dans le cadre des contrats de projet. Ils fournissent aux professionnels une information sur l'offre de formation, sur la réglementation et son environnement économique.
Les missions des CARIF consistent également à alimenter les réseaux d'informateurs locaux en contact avec le grand public.

D Le comité paritaire interprofessionnel régional pour l'emploi et la formation professionnelle (COPAREF)

Le COPAREF a été créé dans le cadre de la loi du 5 mars 2014. Les objectifs de cette nouvelle structure sont de dresser la liste des formations éligibles au compte personnel de formation (CPF) et d'assurer le déploiement dans les territoires des accords nationaux interprofessionnels afin de garantir une meilleure coordination des politiques de l'emploi et de la formation professionnelle.

E Les centres interinstitutionnels de bilan de compétences (CIBC)

Les CIBC, financés par l'État, peuvent bénéficier de cofinancement de la part des régions. Les CIBC ont un rôle dans la formation et l'orientation des salariés et des demandeurs d'emploi. Ils proposent des bilans de compétences, un accompagnement dans la validation des acquis de l'expérience et des conseils en ressources humaines.

F Les GIP « emploi-formation »

Des groupements d'intérêt public (GIP) peuvent être constitués entre deux ou plusieurs acteurs publics (État, région) ou privés (partenaires sociaux) avec au moins un acteur public pour exercer ensemble, pendant une durée déterminée, des activités dans le domaine de la formation et de l'orientation professionnelles, ainsi que pour créer ou gérer ensemble des équipements ou des services d'intérêt commun nécessaires à ces activités. Ainsi apparaissent depuis quelques années des GIP regroupant les activités de CARIF-OREF, éventuellement d'autres structures telles que des centres de ressources ou des prestataires de bilan de compétences.

➜ La loi NOTRe prévoit la possibilité d'une expérimentation de la coordination par la région, sur délégation de l'État, de certains acteurs de l'accompagnement à l'emploi (PLIE, missions locales, maisons de l'emploi, Cap emploi). Pôle emploi ne sera pas concerné pas ces expérimentations.

Le département

5

24 L'histoire des départements

Les départements ont été créés le 4 mars 1790 par l'Assemblée constituante en remplacement des provinces de France afin de gommer l'extrême diversité qui existait alors.

1 Aux origines

- Le nouveau découpage de **mars 1790** délimitait une portion de territoire assez petite pour être gérée facilement par un chef-lieu. La taille de chaque département a été établie afin qu'il soit possible de se rendre au chef-lieu en moins d'une journée de cheval depuis n'importe quel point de leur territoire.
- La **loi du 28 pluviôse an VIII** (17 février 1800) a instauré le découpage du département en arrondissements, cantons et communes. Elle a également créé les préfectures et sous-préfectures, le poste de préfet et les conseils généraux.
- Néanmoins, c'est la **loi du 10 août 1871** qui a donné au département le statut de collectivité territoriale. Elle a institué l'élection du conseil général au suffrage universel pour un mandat de 6 ans, lors des élections cantonales et a reconnu ses compétences pour régler les affaires d'intérêt départemental en créant une commission départementale.

2 L'histoire récente

- La **Constitution de la Ve République** du 4 octobre 1958 fait du département une collectivité territoriale à part entière qui sera définitivement réalisée par les lois de décentralisation de 1982-1983.
- Les débuts de la Ve République sont marqués par une certaine continuité centralisatrice, c'est-à-dire que toutes les affaires remontent à l'État. Très rapidement, l'État se rend compte que, pour avoir une gestion plus efficace, il faut que les collectivités territoriales (dont les départements) acquièrent une plus grande autonomie de décision.
- Pendant les **années 1970**, le thème de la décentralisation revient en force et fait partie des propositions du candidat François Mitterrand. Après son élection, la décentralisation est mise en place avec deux principaux objectifs : rapprocher les décisions des individus, et résoudre la crise économique grâce à la proximité entre entreprises, population et collectivités territoriales.
- Les **lois de décentralisation de 1982-1983** posent le principe de la libre administration des collectivités territoriales et leur consacrent une autonomie par l'existence d'assemblées de représentants élus. Elles permettent de transférer des compétences de l'État vers les collectivités territoriales donnant au département de nouvelles fonctions. Elles précisent également les modalités de cette répartition par un transfert de ressources financières et de services administratifs.

- Les **lois de décentralisation de 2003-2004** décentralisent davantage en accordant de nouvelles compétences aux départements, consacrant ce dernier comme l'échelon répondant au mieux aux besoins des individus.
- La **loi du 17 mai 2013** relative à l'élection des conseillers départementaux, des conseillers municipaux et des conseillers communautaires modifie le mode de scrutin des élections départementales ainsi que les cantons.
- La **loi du 27 janvier 2014** modernisant l'action publique territoriale et l'affirmation des métropoles instaure les collectivités territoriales comme chefs de file dans certains domaines.
- La **loi du 7 août 2015** portant nouvelle organisation territoriale de la République (**loi NOTRe**) redéfinit clairement les compétences de chacune des collectivités territoriales.

La liste des 101 départements français		
01 Ain	*35 Ille-et-Vilaine*	*70 Haute-Saône*
02 Aisne	*36 Indre*	*71 Saône-et-Loire*
03 Allier	*37 Indre-et-Loire*	*72 Sarthe*
04 Alpes-de-Haute-Provence	*38 Isère*	*73 Savoie*
05 Hautes-Alpes	*39 Jura*	*74 Haute-Savoie*
06 Alpes-Maritimes	*40 Landes*	*75 Seine (Paris)*
07 Ardèche	*41 Loir-et-Cher*	*76 Seine-Maritime*
08 Ardennes	*42 Loire*	*77 Seine-et-Marne*
09 Ariège	*43 Haute-Loire*	*78 Yvelines*
10 Aube	*44 Loire-Atlantique*	*79 Deux-Sèvres*
11 Aude	*45 Loiret*	*80 Somme*
12 Aveyron	*46 Lot*	*81 Tarn*
13 Bouches-du-Rhône	*47 Lot-et-Garonne*	*82 Tarn-et-Garonne*
14 Calvados	*48 Lozère*	*83 Var*
15 Cantal	*49 Maine-et-Loire*	*84 Vaucluse*
16 Charente	*50 Manche*	*85 Vendée*
17 Charente-Maritime	*51 Marne*	*86 Vienne*
18 Cher	*52 Haute-Marne*	*87 Haute-Vienne*
19 Corrèze	*53 Mayenne*	*88 Vosges*
2A Corse-du-Sud	*54 Meurthe-et-Moselle*	*89 Yonne*
2B Haute-Corse	*55 Meuse*	*90 Territoire de Belfort*
21 Côte-d'Or	*56 Morbihan*	*91 Essonne*
22 Côtes-d'Armor	*57 Moselle*	*92 Hauts-de-Seine*
23 Creuse	*58 Nièvre*	*93 Seine-Saint-Denis*
24 Dordogne	*59 Nord*	*94 Val-de-Marne*
25 Doubs	*60 Oise*	*95 Val-d'Oise*
26 Drôme	*61 Orne*	
27 Eure	*62 Pas-de-Calais*	**Départements d'outre-mer**
28 Eure-et-Loir	*63 Puy-de-Dôme*	*971 Guadeloupe*
29 Finistère	*64 Pyrénées-Atlantiques*	*972 Martinique*
30 Gard	*65 Hautes-Pyrénées*	*973 Guyane*
31 Haute-Garonne	*66 Pyrénées-Orientales*	*974 La Réunion*
32 Gers	*67 Bas-Rhin*	*976 Mayotte*
33 Gironde	*68 Haut-Rhin*	
34 Hérault	*69 Rhône*	

25 Le département : une collectivité territoriale autonome

Le département est une collectivité territoriale autonome dotée de la personne morale, avec un organe délibérant et un exécutif élus (loi du 10 août 1871). Chaque département est divisé en cantons qui élisent chacun, pour six ans, au suffrage universel direct un binôme de représentants qui siège au conseil départemental.

1 Le conseil départemental

Le conseil départemental se réunit au moins une fois par trimestre à l'initiative de son président et définit dans ce cadre les politiques départementales dans le cadre de séances publiques. Au sens strict, le conseil départemental est constitué de l'assemblée délibérante du département, en tant que collectivité territoriale, formée par la réunion des conseillers départementaux à raison d'un conseiller départemental par canton.

Le conseil départemental est compétent pour délibérer sur toutes les affaires qui intéressent le département. Il peut alors se prononcer sur la création et sur le fonctionnement des services publics (entretien de la voirie...). Il est responsable de la gestion du patrimoine du département et il vote le budget.

→ Des compétences obligatoires ont été transférées par l'État au département (en contrepartie de ressources financières correspondant aux charges qu'elles représentaient jusqu'ici pour le budget de l'État). Ce sont essentiellement :

- l'organisation des transports scolaires ;
- la charge de l'enseignement du second degré (réalisation, entretien et fonctionnement des collèges) ;
- la prise en charge de l'ensemble des prestations sociales ;
- la responsabilité des vaccinations ;
- la responsabilité des établissements médico-sociaux relevant des prestations d'aide sociale ;
- la gestion des bibliothèques centrales de prêt et des archives départementales ;
- la gestion des ports de commerce et de pêche.

2 L'élection des conseillers départementaux

La loi du 17 mai 2013 relative à l'élection des conseillers départementaux, des conseillers municipaux et des conseillers communautaires fixe des nouvelles règles du scrutin.

→ La loi du 17 mai 2013 a procédé à une nouvelle délimitation des circonscriptions électorales. Les cantons sont redéfinis « sur des bases essentiellement démographiques ».

Le scrutin est binominal (c'est-à-dire un binôme composé d'un homme et d'une femme) mixte majoritaire à deux tours.
Ainsi, nul n'est élu au premier tour s'il n'a réuni cumulativement :
- la majorité absolue des suffrages exprimés ;
- un nombre de suffrages égal au quart des électeurs inscrits.

Au second tour, la majorité relative suffit et le candidat élu est celui ayant obtenu le plus grand nombre de suffrages. En cas d'égalité de suffrages, le binôme qui comporte le candidat le plus âgé remporte les élections.
Les conseillers départementaux sont élus pour 6 ans et sont rééligibles. Les conseils départementaux se renouvellent intégralement.

3 Le président du conseil départemental

Organe exécutif du département, il est seul chargé de l'administration mais il peut déléguer, sous sa surveillance et responsabilité, l'exercice d'une partie de ses fonctions à ses vice-présidents qui siègent au sein de la commission permanente (organe de délibération restreint composé de conseillers départementaux élus au scrutin proportionnel par le conseil départemental) :
- il est chargé de préparer et d'exécuter les délibérations du conseil départemental. Il convoque le conseil et fixe l'ordre du jour des séances. Ces compétences lui confèrent un pouvoir d'influence réel sur les délibérations et sur les questions qu'ils souhaitent voir aborder ;
- il est l'ordonnateur des dépenses et prescrit l'exécution des recettes du département ;
- enfin, il établit annuellement un rapport spécial de la situation générale et financière du département.

4 Le rôle du préfet

Le préfet est un haut fonctionnaire de l'État, nommé par le président de la République sur proposition du Premier ministre et du ministre de l'Intérieur. Il représente l'État dans le département. Ses missions sont de garantir le maintien de l'ordre public et la protection de la population.
Le préfet de département est également chargé de contrôler la légalité et le budget des actes des collectivités territoriales et des établissements publics exerçant une mission d'intérêt général et utilisant des fonds publics.

26 Le département : des compétences élargies

La décentralisation a modifié l'attribution des compétences sociales dont l'État était le détenteur. En effet, de grands blocs de compétences comme les compétences sociales ont été transférées aux trois échelons territoriaux.

1 Une décentralisation en trois temps

→ Le département est un acteur majeur afin de rapprocher la décision politique du citoyen en vue de restaurer le lien social et de gérer de façon plus efficace les politiques publiques. Ce mouvement a connu différentes étapes :

- **l'Acte I** de la décentralisation avec les lois du 2 mars 1982, des 7 et 22 juillet 1983, et la loi du 6 janvier 1986 ;
- **l'Acte II** avec les lois du 18 décembre 2003 sur le RMI et du 13 août 2004 sur les libertés et les responsabilités locales ;
- **l'Acte III** avec :

– la loi du 16 décembre 2010 portant réforme des collectivités territoriales,

– la loi du 17 mai 2013 relative à l'élection des conseillers départementaux, des conseillers municipaux, des conseillers communautaires et modifiant le calendrier électoral,

– la loi de modernisation de l'action publique territoriale et de l'affirmation des métropoles du 27 janvier 2014,

– la loi du 7 août 2015 portant nouvelle organisation territoriale de la République, qui redéfinit les compétences des collectivités territoriales.

2 Les transferts de compétences de l'Acte I de la décentralisation

A Les principes de l'Acte I

L'Acte I est constitué des lois de décentralisation de 1982 et 1983 appelés aussi « lois Deferre ». Ces lois mettent en place la décentralisation, c'est-à-dire un processus consistant pour l'État à transférer au profit des collectivités territoriales des blocs de compétences ainsi que les ressources correspondantes. Le département, avant ces lois de décentralisation, disposait d'une clause générale de compétences (article L 3211-1 CGCT) mais formulée de manière restrictive. Ces lois décentralisatrices transfèrent ainsi des compétences sociales au département, en revanche l'État conserve son pouvoir de réglementation générale et de définition de la politique sociale quant à la détermination des conditions légales d'accès des bénéficiaires.

B Les compétences en matière d'aide et d'action sociale

La loi du 22 juillet 1983 précise en son article 32 : « le département prend en charge l'ensemble des prestations légales d'aide sociale ». Ainsi, le département a une compétence de droit commun en matière d'aide sociale légale et en matière de prévention sanitaire, donc l'État n'a plus qu'une compétence d'attribution recouvrant les prestations en nombre limité dont il garde la responsabilité d'application. En conséquence, le département est responsable en matière d'aide sociale des services et actions suivants :

- le service départemental d'action sociale,
- l'aide sociale à l'enfance,
- l'aide aux personnes handicapées,
- l'aide sociale aux familles,
- l'aide sociale aux personnes âgées,
- les actions d'insertion liées au revenu minimum d'insertion (RMI).

C Les compétences en matière d'action sanitaire

Le département est également responsable de l'action sanitaire dans différents domaines (voir fiche 28).

Face à ces multiples compétences, le département, à travers le conseil départemental, doit coordonner l'aide sociale, organiser et distribuer des prestations, adopter un règlement départemental d'aide sociale, élaborer et évaluer des schémas d'organisation sociale, financer et contrôler les structures accueillant les bénéficiaires de l'aide sociale.

3 L'Acte II de la décentralisation : le département, acteur majeur

A Les principes de l'Acte II

Dans ce deuxième acte, la loi constitutionnelle du 28 mars 2003 affirme que « l'organisation de la République est décentralisée ». Par la suite, la loi du 18 décembre 2003 vient transférer la responsabilité du RMI au département. Et enfin, la loi du 13 août 2004 relative aux libertés et responsabilités locales énumère les nouvelles compétences transférées par l'État aux collectivités territoriales, notamment sur l'action sociale. L'Acte II renforce le domaine de l'action en faveur des personnes âgées, notamment par l'adoption du schéma gérontologique.

B Les compétences en matière de minima sociaux

Un des plus gros transferts de l'Acte II reste la gestion du revenu minimum d'insertion (RMI), un dispositif piloté par le département alors qu'il relevait d'une cogestion avec l'État. Depuis, le RMI a été remplacé par le **revenu de solidarité active (RSA)**. C'est un complément de revenu pour les travailleurs pauvres et un minimum social pour ceux qui ne travaillent pas. Il est financé à la fois par le département et par un fonds national géré par la Caisse des dépôts et consignations.

4 L'Acte III de la décentralisation : la clarification des compétences

A Les principes de l'Acte III

Il s'inscrit dans une volonté politique de réforme territoriale (modernisation de l'action publique, délimitation des régions, modification des calendriers électoraux et des modes de scrutins). La multiplicité des réformes vise à préciser la notion de chef de file selon le domaine de compétence.

B Des compétences redéfinies

Le département est chef de file dans les domaines de compétences suivants :
– l'action sociale et sanitaire, compétence première des départements. Elle comprend la gestion du revenu de solidarité active (RSA), de l'allocation personnalisée d'autonomie (APA), des services de protection maternelle et infantile (PMI), des aides aux personnes handicapées... ;
– la gestion de la voierie : entretien, construction des routes ;
– l'enseignement : gestion des collèges ;
– les transports scolaires : responsabilité de la région sauf en cas de délégation avec laquelle le département peut gérer ces transports.

D'autres compétences sont attribuées au département, comme la culture (valorisation du patrimoine), la sécurité incendie ainsi que l'aménagement durable du territoire.

27 L'action sanitaire au niveau départemental

L'État définit les grandes orientations en termes de politiques de santé publique. Mais le département, outre ses missions de solidarité, agit aussi dans le domaine de la santé.

1 Les compétences du département en matière de santé

L'action sanitaire est une compétence du département. Il est responsable de la protection sanitaire de la famille et de l'enfance. Le département peut participer à la mise en œuvre de programmes de santé, notamment pour les dépistages du cancer. Il a également la possibilité de conduire des actions de vaccination ou d'agir dans la lutte contre la tuberculose, le Sida, les infections sexuellement transmissibles (IST), etc.

A La protection sanitaire de l'enfant et de la famille

Le service de protection maternelle et infantile (PMI) propose des actions gratuites de prévention médicale, sociale et psychologique en complémentarité avec le médecin traitant.

Les objectifs de la PMI sont :

- de suivre les femmes enceintes et les futurs parents (examens prénataux et postnataux, examens prénuptiaux, etc.) ;
- d'assurer une mission de prévention auprès des enfants (organisation de consultations infantiles obligatoires, examens de prévention à l'école maternelle, etc.) ;
- d'assurer des permanences de planification et d'éducation familiale (consultations médicales pour la contraception, etc.).

B La participation à la définition de programmes de santé publique

Le département peut proposer des plans départementaux visant à améliorer la santé et à promouvoir la santé de la population de son territoire. L'action se veut alors être de proximité par la concertation en amont de l'ensemble des acteurs de la santé au niveau du département.

2 Les actions déconcentrées en faveur de la santé

A Les conférences de territoire de santé

Les agences régionales de santé (ARS) visent à territorialiser l'action publique en matière de santé. Dans chacun des territoires de santé, une conférence de territoire de santé est instituée par le directeur général des ARS. Les territoires correspondent en grande majorité aux territoires des départements. Cette conférence est composée de représentants des différents acteurs du système de santé (établissements de santé, centres, maisons de santé, services de santé au travail) et du département.

Les missions de ces conférences sont de participer à l'identification des besoins du territoire et d'envisager les réponses.

B Le développement des réseaux de santé

Il existe différents réseaux de santé à l'échelon départemental. Les réseaux de santé ont pour objet de favoriser l'accès aux soins, la coordination, des prises en charge sanitaires (par exemple, la coordination entre l'hôpital et le médecin de ville). Ces réseaux peuvent être spécifiques à certaines populations (personnes âgées, par exemple) ou à des pathologies (diabète, par exemple), mais peuvent aussi être généralistes.

C La permanence des soins

La notion de permanence des soins peut se définir comme un dispositif sanitaire destiné à assurer une continuité des soins en dehors des heures de service habituel des cabinets de médecine de ville et des établissements de soins, c'est-à-dire les dimanches, les nuits de 20 h à 8 h et les jours fériés.

Depuis la loi HPST, ce sont les ARS qui sont chargées de l'organisation des permanences des soins. Une déclinaison de la permanence des soins ambulatoires est prévue dans chaque département. Pour avoir accès au service de garde, il y a un numéro spécifique mis en place par chaque département.

Une action en faveur de l'accès aux soins en Seine-et-Marne : la mise en place de la Bourse OK Doc 77

Le contexte

La situation de la démographie médicale, c'est-à-dire de l'évolution du nombre de médecins et de leur disponibilité, fait l'objet d'inquiétudes croissantes en Seine-et-Marne. Différents signaux sont venus confirmer cette inquiétude : difficulté à organiser la permanence des soins, incapacité pour certains maires à remplacer un généraliste parti à la retraite, vacance durable de postes de médecins salariés au sein du conseil général ou d'établissements médico-sociaux, allongement des délais pour un rendez-vous chez le spécialiste...

Afin de favoriser l'installation des futurs médecins en Seine-et-Marne, le conseil général propose une bourse d'études pour les étudiants en troisième cycle de médecine.

La bourse OK Doc 77 est proposée aux étudiants en médecine ayant réussi l'Examen National Classant ou bien étant déjà inscrits en 3e cycle de médecine.

À l'issue de leur formation, les jeunes médecins s'engagent à exercer leur activité professionnelle dans certaines zones de Seine-et-Marne pendant cinq ans. La demande de bourse peut se faire à tout moment durant le 3e cycle. Le montant de la bourse s'élève à 1000 € par mois dans la limite de trois ans.

www.seine-et-marne.fr

28 L'action sociale décentralisée au niveau départemental

En matière d'aide sociale, le département est la collectivité « chef de file » chargée de la solidarité, notamment depuis la loi du 13 août 2004 relative aux libertés et responsabilités locales, et cette compétence est réaffirmée dans l'acte III de la décentralisation. Le coût financier de ses interventions représente plus de la moitié de son budget de fonctionnement. En matière d'organisation sociale et médico-sociale, la loi confie au seul conseil départemental l'initiative, le pilotage et la responsabilité d'arrêter le schéma départemental d'organisation sociale et médico-sociale.

1 Les publics visés

Ce sont principalement les publics visés par les politiques ci-dessous

A L'aide sociale à l'enfance

Le département gère la protection de l'enfance, assure la gestion des dossiers d'adoption, le soutien aux familles en difficultés financières.

B L'aide aux personnes handicapées

Le département finance la prestation de compensation du handicap (PCH) depuis la loi du 11 février 2005 pour l'égalité des droits et des chances, la participation et la citoyenneté des personnes handicapées. Il permet également de mener une politique d'hébergement et d'insertion sociale et professionnelle des personnes en situation de handicap.

C L'aide aux personnes âgées

Depuis la loi du 13 août 2004, il « définit et met en œuvre l'action sociale » en leur faveur. Le département finance l'allocation personnalisée d'autonomie (APA) depuis la loi du 20 juillet 2001 relative à la perte d'autonomie des personnes âgées et portant création de l'allocation personnalisée d'autonomie et assure sa gestion.

D L'insertion sociale et professionnelle

Après avoir pris en charge uniquement la partie insertion du revenu minimum d'insertion (RMI), le département pilote intégralement le dispositif remplaçant le RMI, le revenu de solidarité active (ouverture des droits, conditions de versement des allocations, radiations, insertion). Toutefois, le montant et les conditions d'attribution de l'allocation restent fixés au niveau national.

E Le fonds d'aide aux jeunes (FAJ)

Depuis la loi du 13 août 2004, il est placé sous l'autorité du président du conseil départemental et se substitue aux précédents FAJ, institués par la loi du 29 juillet 1992 et qui étaient cogérés avec l'État. Ces nouveaux FAJ sont toujours chargés de favoriser l'insertion sociale et professionnelle des jeunes en difficulté, âgés de 18 à 25 ans, en leur attribuant des aides et en leur apportant des secours temporaires en cas de besoins urgents.

F Le fonds de solidarité pour le logement

Dans le cadre de la lutte contre l'exclusion, la loi du 13 août 2004 a modifié ce fonds, qui est désormais uniquement financé par les départements et non plus cofinancé avec l'État.

2 Les attributions facultatives

Selon l'importance du département et ses moyens, le service social du département, qui représente souvent le poste budgétaire le plus important, peut intervenir dans d'autres domaines : attribution de subventions complémentaires à certains établissements à caractère social, à des associations.

3 Un exemple d'action dans le département des Landes : favoriser la mobilité

La carte Sésame

Le conseil régional des Landes, en partenariat avec le conseil départemental, a mis en place le dispositif tarifaire Sésame pour favoriser la recherche d'emploi et faciliter l'accès des personnes les plus démunies au réseau régional de transport collectif.

Les bénéficiaires de ce dispositif sont les demandeurs d'emploi de moins de 26 ans, sans ressources, non étudiant, en projet d'insertion, les demandeurs d'emploi percevant une indemnité d'assurance ou de solidarité à 80 % du SMIC brut, les bénéficiaires du RSA socle, le minimum vieillesse ou l'allocation de solidarité aux personnes âgées, l'assurance veuvage, le minimum de pension d'invalidité ou l'allocation d'adulte handicapé.

Cette carte est assortie d'un chéquier de 24 voyages annuels gratuits, valables dans les trains (2e classe) et autocars TER Aquitaine, circulant à l'intérieur de la région Aquitaine dans les autocars des lignes routières régionales.

Les acteurs concernés par le dispositif sont : le centre communal d'action sociale (CCAS), le centre médico-social (CMS) du conseil départemental, le conseil départemental-service pôle social et la mission locale d'insertion.

29 L'action départementale

Outre l'action sociale et sanitaire, qui représente une partie importante de leur budget, les départements agissent dans d'autres domaines.

1 Les différentes compétences du département

A Les compétences sociales

Les compétences des départements en matière d'aide sociale (voir fiche 28) recouvrent l'aide sociale aux personnes âgées, aux personnes handicapées, à l'enfance et les dépenses liées au revenu de solidarité active :

– l'aide sociale aux personnes âgées comprend les dépenses relatives à l'aide à domicile, et aux prises en charge en hébergement ;

– l'aide sociale aux personnes handicapées recouvre les dépenses d'aide à domicile, ainsi que les aides à l'hébergement ;

– l'aide sociale à l'enfance tient compte des dépenses pour les enfants placés, et également des mesures d'aide éducative ;

– les dépenses totales liées au RSA.

B Les autres compétences

– **L'éducation** : le département a une compétence dans la gestion des collèges. À ce titre, il assure la construction, l'entretien et l'équipement des collèges et la gestion d'environ 100 000 agents techniciens, ouvriers et de service (TOS) (loi du 13 août 2004) ;

– **l'action économique** : le département est compétent dans le versement d'aides aux entreprises en difficulté ;

– **l'environnement** : il assure une mission de protection des sites naturels ;

– **l'aménagement du territoire** : il assure entre autres l'entretien de la voirie ;

– **la culture** : création et gestion des bibliothèques départementales de prêt, des services d'archives départementales, de musées et de la protection du patrimoine.

2 Le budget départemental sous le poids des dépenses d'aide sociale

A L'origine des financements

Les recettes des départements sont composées principalement :

– des recettes fiscales directes : la taxe d'habitation (payée par les particuliers et les entreprises), la taxe sur le foncier bâti et la taxe sur le foncier non bâti (payées par les propriétaires d'un terrain) ;

– des recettes fiscales indirectes (carte grise, permis de conduire, droits de mutation) ;

– des transferts de l'État : la dotation venant en compensation du transfert de la formation professionnelle continue et de l'apprentissage, la dotation générale de décentralisation (DGD), la dotation régionale d'équipement scolaire (DRES) et le fonds de compensation de la TVA (FCTVA) ;

– les emprunts.

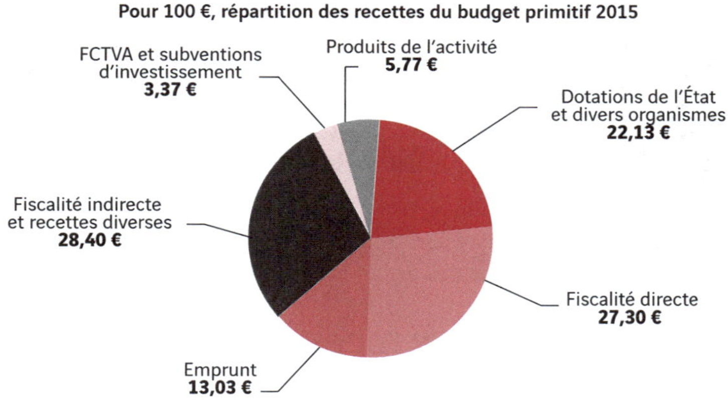

D'après le budget 2015, www.vendee.fr

Figure 30.1 Les recettes du conseil départemental de la Vendée en 2015.

B Le poids des principales dépenses

Le poste principal des dépenses départementales correspond à l'aide sociale. Fin 2010, près de 3,4 millions de prestations d'aide sociale sont versées par les départements de France métropolitaine au titre de l'aide aux personnes âgées, aux personnes handicapées ou à l'enfance, ou au titre de l'insertion. L'évolution et la structure des dépenses d'aide sociale varient selon les départements.

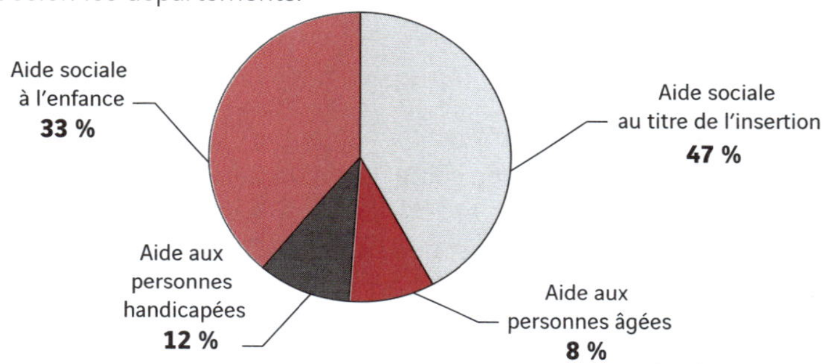

D'après DRESS, enquête aide sociale 2014

Figure 30.2 La répartition des aides sociales départementales au 31 décembre 2014

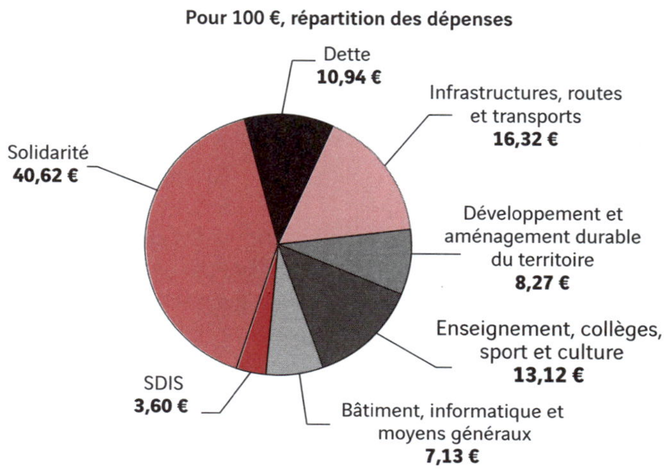

D'après le budget 2015, www.vendee.fr

Figure 30.3 Les dépenses du conseil départemental de la Vendée en 2015

30 La répartition des compétences entre les collectivités territoriales et l'État

Par la décentralisation, l'État a transféré aux collectivités territoriales une partie de ses compétences. Aucune n'exerce de tutelle sur les autres et elles doivent collaborer, leurs compétences se complétant dans plusieurs domaines.

	Région	Département	Commune ou EPCI	État
Formation professionnelle et apprentissage	- Définition de la politique régionale et mise en œuvre - Nouvelle gouvernance de la formation professionnelle et de l'orientation (CREFOP)		Assurer le développement de l'alternance et la sécurisation des parcours	- Définition de la politique nationale et mise en œuvre pour certains publics - Nouvelle gouvernance de la formation professionnelle et de l'orientation (CNEFOP)
Culture	Patrimoine, éducation, création, bibliothèques, musées, archives	Éducation, création, bibliothèques, musées, archives	Éducation, création, bibliothèques, musées, archives	Patrimoine, éducation, création, bibliothèques, musées, archives
Enfance, jeunesse		Autorisation création établissement accueil enfants	Possibilité de soutien, gestion ou financement de structures de la petite enfance (crèches)	Responsabilité dans la protection des mineurs hors du domicile parental
Enseignement	Lycées : bâtiments et gestion des personnels ouvriers, techniciens et de services	Collèges : bâtiments et gestion des personnels ouvriers, techniciens et de services	Écoles (bâtiments)	- Définition de la politique éducative - Universités (bâtiments, personnel)
Emploi et insertion professionnelle	Définition de la politique liée à la formation professionnelle et à l'apprentissage	- Responsable du Fonds d'aide aux jeunes - Responsable de l'insertion des titulaires du RSA	Mise en œuvre des plans pluriannuels locaux pour l'emploi et l'insertion	Définition de la politique de l'emploi
Sport	- Subventions - Gestion des équipements sportifs des lycées	- Subventions - Gestion des équipements sportifs des collèges	- Subventions - Gestion des équipements de proximité	Subventions et contrôles des formations

→ → →

→ → →

	Région	Département	Commune ou EPCI	État
Action sociale et de santé	**Médico-social** : - Définition des objectifs de santé et des actions correspondantes - Participation à la commission des ARS - Aides à l'installation des professionnels de santé dans les zones déficitaires **Social** : - Politique de formation des travailleurs sociaux - Aides pour développer l'accès aux soins, favoriser la prévention pour publics fragilisés	- Organisation de la protection maternelle et infantile (PMI) et de l'aide sociale à l'enfance - Prestations : revenu de solidarité active (RSA), aide personnalisée d'autonomie (APA)	Action sociale facultative : centre communal d'action sociale	Organisation et prestations : allocation adulte handicapée (AAH), centre d'hébergement et de réinsertion sociale
Urbanisme			Plan local d'urbanisme, schéma de cohérence territoriale, permis de construire, zone d'aménagement concerté	Projet d'intérêt général, opérations d'intérêt national, directive territoriale d'aménagement
Aménagement du territoire	Schéma régional (élaboration)	Schéma régional (avis, approbation)	Schéma régional (avis, approbation)	- Politique d'administration territoriale de la république - Contrat de projet État/région
Environnement	- Espaces naturels - Parcs régionaux - Eau : participation au schéma d'aménagement et de gestion des eaux	- Espaces naturels - Déchets (plan départemental) - Eau : participation au schéma d'aménagement et de gestion des eaux	- Espaces naturels - Déchets (collecte, traitement) - Eau (distribution, assainissement) - Énergie (distribution)	- Espaces naturels - Parcs nationaux - Eau (police, schéma d'aménagement et de gestion des eaux) - Énergie
Voirie	Schéma régional (SRADDET)	Voies départementales	Voies communales	Voies nationales
Transports	- Transports ferroviaires régionaux - Transports scolaires	Transport spécial pour élèves handicapés	Transports urbains	Réglementation
Politique de la ville	- Contrat de ville - Aides pour le développement des sites urbains en difficulté	Contrat de ville	Contrat de ville	- Financement du programme de rénovation urbaine - Élaboration de contrat de ville
Logement et habitat	Financement	Financement, parc et aides (FSL), plan et office de l'habitat	Financement, parc et aides, PLH	Politique nationale de logement → → →

→→→

	Région	Département	Commune ou EPCI	État
Développement économique	- Responsable de la définition des orientations dans le domaine économique : schéma régional de développement économique, d'innovation et d'internationalisation (SRDEII) - Aides directes et indirectes	- Schéma régional de développement économique, d'innovation et d'internationalisation (SRDEII) - Aides indirectes	- Schéma régional de développement économique, d'innovation et d'internationalisation (SRDEII) - Aides indirectes	Politique économique
Sécurité		- Circulation - Prévention de la délinquance - Incendie et secours	- Police municipale - Circulation et stationnement - Prévention de la délinquance	Police générale et polices spéciales

D'après www.collectivites-locales.gouv.fr

La commune

6

31 La commune : une réalité territoriale et sociologique ancienne

La commune est la plus petite subdivision administrative française. Sa superficie et sa population peuvent varier considérablement. Au 1er janvier 2016, la France compte moins de 36 000 communes.

1 Repères historiques

A La création des communes

Au Moyen Âge, les communes étaient principalement des regroupements d'habitants ayant pour objectif la défense de leur territoire. Au fur et à mesure, ces communautés vont se voir assujetties au pouvoir central. Le pouvoir royal va exercer un contrôle sur ces communes, en imposant par exemple que les municipalités des communes se renouvellent chaque année.

B La reconnaissance officielle des communes

1. La loi du 14 décembre 1789

Elle permet à la commune de devenir la cellule administrative de base. La loi unifie le statut des communes et leur donne leur actuelle dénomination. La délimitation retenue reste majoritairement celle des paroisses du Moyen Âge. Enfin, elle précise que : « Les corps municipaux auront deux espèces de fonctions à remplir ; les unes propres au pouvoir municipal ; les autres propres à l'administration générale de l'État et déléguées par elles aux municipalités ». Les membres du conseil municipal de la commune et le maire sont élus pour 2 ans.

2. La loi du 5 avril 1884

Cette loi a une grande importance. Elle permet d'affirmer une certaine autonomie face au pouvoir central et de créer un régime juridique uniforme pour l'ensemble des communes. Elle prévoit la même structure que le département, à savoir que les communes disposeront d'un organe délibérant – le conseil municipal –, un organe exécutif – le maire –, et un représentant de l'État, le maire également. Ce dernier a la particularité d'avoir une double compétence. La loi prévoit l'élection du conseil municipal au suffrage universel.

3. La Constitution de 1958

L'article 72 de la Constitution de 1958 prévoit que les collectivités territoriales « s'administrent librement par des conseils élus et dans des conditions déterminées par la loi ». La Constitution leur reconnaît alors le droit de s'auto-administrer dans des conditions fixées par la loi.

4. Les deux actes de décentralisation

Le premier acte de décentralisation, la loi du 2 mars 1982, marque une étape fondamentale dans la gestion des communes puisque cette loi introduit le principe de décentralisation. Elle élargit les compétences et les pouvoirs d'intervention des communes. Le second acte de décentralisation, la loi du 13 août 2004, prévoit d'importants transferts de compétences, au profit des différentes collectivités territoriales tout en favorisant une meilleure identification de leurs missions respectives. La loi énumère, domaine par domaine, l'ensemble des compétences transférées par l'État aux collectivités locales. Les communes se voient ainsi reconnues comme étant l'échelon le plus favorable pour mener des politiques de proximité.

2 Les caractéristiques sociologiques des communes

A Le nom

Chaque commune doit posséder un nom propre. Le changement de nom d'une commune est décidé par décret en Conseil d'État sur demande du conseil municipal après avis du conseil départemental.

B Le territoire

Toute commune dispose d'un territoire qui lui permet d'exercer son action, territoire qui se compose d'un centre administratif représenté par la mairie. La commune peut disposer de hameaux ou de lieux-dits. Le territoire de la commune peut être modifié dans le cas de fusion (regroupement) de communes ou de créations de communes.

C La population

La population correspond aux individus rattachés à une commune de résidence. La population municipale est définie par le décret n° 2003-485 publié au *Journal officiel* du 8 juin 2003, relatif au recensement de la population. La population municipale comprend les personnes ayant leur résidence habituelle (au sens du décret) sur le territoire de la commune, dans un logement ou une communauté, les personnes détenues dans les établissements pénitentiaires de la commune, les personnes sans-abri recensées sur le territoire de la commune et les personnes résidant habituellement dans une habitation mobile recensée sur le territoire de la commune. Il est nécessaire de comptabiliser de manière précise la population : ce a a une incidence sur les dotations de l'État.

32 Le cadre juridique de la commune

Les compétences des communes, collectivités territoriales, sont identiques quelle que soit leur taille. Elles ont une vocation générale instituée par la loi du 5 avril 1884 : « le conseil municipal règle, par ses délibérations, les affaires de la commune ». Si la commune est l'échelon qui a été le moins concerné par la décentralisation, ses missions ont néanmoins été élargies. Le maire, organe exécutif de la commune, est également un agent de l'État.

1 L'organe exécutif de la commune : le maire

Le maire représentant la commune en tant que circonscription administrative de l'État, il est sous l'autorité du préfet. Tout comme lui, il dispose des pouvoirs de police (police municipale) qui lui permettent de constater certaines infractions pénales. Il est officier de l'état civil, il célèbre les mariages, reçoit les déclarations de naissance et de décès et tient le registre de l'état civil. Il est compétent pour mener des actions en justice.

A Le maire comme agent de la commune

Le maire est l'unique administrateur de la commune, il agit sous le contrôle du conseil municipal. Ce dernier peut exiger toutes les informations qu'il juge nécessaires. Le maire prépare les délibérations du conseil municipal, il fait appliquer les décisions prises en délibérations par ce dernier, il prépare le budget et veille à son application, il élabore, signe et publie les arrêtés municipaux qui réglementent la vie de la commune. Enfin, il est seul chargé de l'administration. En cela, il est compétent dans la nomination et la direction du personnel communal.

B L'élection du maire

Lors de la première séance qui suit l'élection du conseil municipal, le nouveau conseil municipal élit le maire de la commune. Pour pouvoir prétendre au poste de maire, le candidat doit être âgé de plus de 18 ans. Les conditions d'inéligibilité sont les mêmes que pour les conseillers municipaux. Le vote a lieu à bulletin secret et ne peut excéder trois tours. Dans les vingt quatre heures qui suivent l'élection, celle-ci est rendue publique par voie d'affichage. Le maire est alors élu pour six ans tout comme les conseillers municipaux.

2 L'organe délibérant de la commune

A Le conseil municipal

Le conseil municipal représente les habitants. Ses attributions sont très larges depuis la loi de 1884 qui le charge de régler « par ses délibérations les affaires de la commune ».

1. Le fonctionnement du conseil municipal

Il vote le budget, approuve le compte administratif (budget exécuté), il est compétent pour créer et supprimer des services publics municipaux, pour décider des travaux, pour gérer le patrimoine communal, pour accorder des aides favorisant le développement économique. Le conseil municipal doit se réunir au moins une fois par trimestre et l'ordre du jour doit être fixé avant le début de la séance. La séance peut être ouverte au public sauf si l'assemblée décide le huis clos.

2. Les attributions du conseil municipal

Le conseil municipal a en charge la création et l'organisation des services communaux : services administratifs, services d'aide sociale, services délégués par l'État comme l'état civil et les élections.

B Les conseillers municipaux

Les adjoints sont chargés d'assumer des fonctions que le maire leur confie, et éventuellement de le suppléer en cas d'empêchement (dans l'ordre de nomination). Ils exercent leurs responsabilités dans un domaine spécifique, en rapport avec leurs compétences et leurs motivations : finances, habitat, culture, environnement, etc. Les conseillers municipaux délégués ont reçu une délégation pour exercer une mission précise auprès des adjoints ou du maire.

3 Les compétences des communes

A Les compétences traditionnelles

Certaines compétences sont liées à la fonction de représentant de l'État du maire. Elles concernent l'état civil, les fonctions électorales, l'aménagement et le maintien de l'ordre public. L'action sociale, l'enseignement, l'entretien de la voirie communale comptent parmi les compétences traditionnelles les mieux connues.

B Les compétences décentralisées

Elles concernent les domaines suivants :
- **l'urbanisme** : c'est une compétence très importante des communes. Elles sont chargées d'élaborer et d'approuver les plans locaux d'urbanisme. Le maire délivre alors des permis de construire en son nom propre et non plus au nom de l'État ;
- **l'enseignement** : les communes ont la charge des écoles publiques (construction, entretien, etc.). Depuis la loi du 13 août 2004, les communes ou les groupements de communes peuvent, à titre expérimental, créer des établissements publics d'enseignement primaire ;
- **le logement** : les communes fixent un programme local de l'habitat établi pour six ans destiné à évaluer et répondre aux besoins locaux ;
- **la santé** : les communes ont, depuis la loi de 2004, la possibilité d'organiser des actions de prévention propres avec l'accord de l'État dans la lutte contre la tuberculose, la lèpre, le Sida et les infections sexuellement transmissibles ;
- **l'action sociale** : elle est menée principalement par le biais des centres communaux d'action sociale. Depuis la loi de 2004, le département peut confier aux communes la gestion du fonds d'aide aux jeunes ;
- **la culture** : les communes ont en charge l'organisation et le financement de l'enseignement artistique initial (musique et danse) ;

– **l'action économique** : les communes ont la possibilité de participer au financement des aides directes aux entreprises. Elles peuvent également mettre en place leur propre régime d'aides avec l'accord de la région.

4 Le budget communal

Le budget est l'acte administratif par lequel sont prévues et autorisées les recettes et les dépenses annuelles. Une situation financière optimale est recherchée : le budget doit être équilibré.

A Les recettes

Les ressources des communes sont constituées d'impôts et de taxes. Elles récoltent un pourcentage de la taxe foncière sur les propriétés bâties et non bâties qui est acquittée par tout propriétaire d'un immeuble, d'une maison, d'un appartement ou d'un terrain à bâtir. Elles récoltent également la taxe d'habitation qui est acquittée par tout occupant, propriétaire ou locataire d'un logement au 1er janvier de l'année de l'imposition. Ces ressources proviennent de la contribution économique territoriale (CET). La taxe d'enlèvement des ordures ménagères vient compléter les ressources des communes.
Ensuite, elles reçoivent des dotations de l'État liées aux transferts de compétences des deux actes de décentralisation. Enfin, elles peuvent recourir aux emprunts.

B Les dépenses

Les dépenses sont de deux types :
– **les dépenses de fonctionnement** concernent les dépenses nécessaires au fonctionnement et à l'entretien courant de la collectivité comme les salaires du personnel communal, l'achat de petites fournitures ;
– **les dépenses d'investissement** sont les dépenses de la commune destinées à réaliser des équipements comme la construction d'un bâtiment (une salle de spectacle, par exemple), la réfection d'une route ou la mise en place d'un réseau d'assainissement.

C Le contrôle budgétaire

Dans la comptabilité publique, le principe de base est la séparation de l'ordonnateur et du comptable. L'ordonnateur est celui qui décide de l'opportunité des dépenses et prescrit l'exécution des dépenses et recettes, c'est le maire pour la commune. La dépense est toujours engagée dans la limite du crédit ouvert au budget correspondant à la nature des dépenses. Le comptable contrôle et exécute les opérations, c'est un agent de l'État, il est le seul à détenir et manier des fonds publics. Le budget est soumis comme toutes les délibérations du conseil municipal au contrôle de légalité du préfet, qui partage avec la chambre régionale des comptes le contrôle budgétaire de la commune.

33 L'intercommunalité

Le terme « intercommunalité » désigne les différentes formes de coopération entre les communes. L'intercommunalité a pour objectif d'assurer certains services et de financer des équipements que les communes seules ne pourraient financer.

1 Repères historiques

- Les premiers débats concernant l'organisation territoriale de la France date de 1789. Les anciennes paroisses ont donné naissance aux communes actuelles par la **loi du 14 décembre 1789**. Le débat sur la taille de l'échelon administratif de base date de cette époque et perdure encore aujourd'hui avec les différents regroupements de communes.
- Les premiers syndicats intercommunaux ont été créés en **1890**. Ils avaient pour objectif la mise en commun de certains services (comme la distribution d'eau), c'est la naissance des syndicats intercommunaux à vocation unique (SIVU). En **1959**, les syndicats intercommunaux à vocation multiple sont créés et en **1966**, ce sont les communautés urbaines qui voient le jour. En **1992**, un second type d'intercommunalité apparaît avec la loi de 1992 relative à l'administration territoriale de la République, les communautés de ville et de communes.
- La **loi du 12 juillet 1999**, relative au renforcement et à la simplification de la coopération intercommunale, a représenté un tournant dans l'histoire de l'intercommunalité. Elle donne un nouveau cadre institutionnel en créant trois formes principales: la communauté urbaine, la communauté d'agglomération et la communauté de communes.
- La **loi du 13 août 2004**, relative aux libertés et responsabilités locales, re-précise le périmètre, le fonctionnement et les conditions d'exercice des compétences intercommunales.
- La **réforme territoriale du 16 décembre 2010** a permis de simplifier la carte de l'intercommunalité et rendu obligatoire l'appartenance à un EPCI.
- La **loi dite de modernisation de l'action publique territoriale et l'affirmation des métropoles (MAPTAM) du 27 janvier 2014** créant les métropoles de Paris et d'Aix-Marseille. Elle permet de renforcer les compétences des métropoles.
- La **loi portant nouvelle organisation territoriale de la République (NOTRe) du 7 août 2015** prévoit la rationalisation de la carte des intercommunalités (révision du seuil : au moins 15 000 habitants).

2 Les établissements publics de coopération intercommunale (EPCI)

A La création des EPCI

Une ou des commune(s) peut être à l'initiative de la création d'un EPCI. La création d'un EPCI résulte d'une décision de l'État par le biais de son représentant dans le département.

Les communes doivent alors fixer très clairement le périmètre de la coopération : liste des communes susceptibles de faire partie du groupement, détermination des compétences transférées, règles de fonctionnement du futur établissement, possibilité ou non de passer des conventions de prestations de services.

La commission départementale de la coopération intercommunale

Il est institué dans chaque département une commission départementale de la coopération intercommunale afin de faciliter la mise en œuvre de l'intercommunalité. Elle est composée de représentants de communes du département, des EPCI, du conseil départemental, des syndicats mixtes et du conseil régional.

B Les différentes formes d'EPCI

Selon la définition de l'INSEE, les établissements publics de coopération intercommunale (EPCI) sont des regroupements de communes ayant pour objet l'élaboration de « projets communs de développement au sein de périmètres de solidarité ». Ils sont soumis à des règles communes, homogènes et comparables à celles des collectivités locales.

1. La communauté urbaine

Les communautés urbaines, créées par la loi du 31 décembre 1966, doivent constituer un ensemble d'un seul tenant et sans enclave de plus de 500 000 habitants. Elles sont administrées par un conseil qui se compose de représentants de communes. Elles doivent obligatoirement assurer des services en matière de développement de l'équipement, du développement économique, social et culturel, de l'aménagement du territoire, de la protection du cadre de vie. Elles peuvent, dans certains cas, être compétentes dans le domaine de l'action sociale.

2. La communauté d'agglomération

C'est un EPCI regroupant plusieurs communes formant, à la date de sa création, un ensemble de plus de 50 000 habitants d'un seul tenant et sans enclave autour d'une ou plusieurs communes centre de plus de 15 000 habitants. La double exigence réserve la création de communautés d'agglomération aux zones urbaines représentant des espaces dont la taille est suffisante pour définir des politiques d'agglomération. Toutefois, le seuil démographique de 15 000 habitants ne s'applique pas lorsque la communauté d'agglomération comprend le chef lieu du département ou la commune la plus importante du département. La communauté d'agglomération a pour objet d'associer des communes au sein d'un espace de solidarité en vue d'élaborer et de conduire ensemble un projet commun de développement urbain et d'aménagement de leur territoire. La communauté d'agglomération est créée sans limitation de durée.

3. La communauté de communes

C'est un EPCI regroupant plusieurs communes sur un territoire d'un seul tenant et sans enclave. Aucune condition de population n'est exigée. La communauté de communes a pour objet d'associer des communes au sein d'un espace de solidarité en vue de l'élaboration d'un projet commun de développement et d'aménagement de l'espace.

4. Les syndicats de communes

• Créés par la loi du 22 mars 1890, ils ont pour objet de permettre à des communes la mise en commun de certains crédits en vue de la réalisation d'équipements collectifs. Leur financement est assuré par une cotisation versée par chaque commune et par des taxes ou redevances payées par les usagers des services qu'ils gèrent. Il en existe deux types, les

SIVU et les SIVOM. Les **syndicats à vocation unique** (SIVU) n'ont à leur charge qu'un seul service. Les **syndicats à vocation multiple** (SIVOM) gèrent quant à eux plusieurs services. Ils sont compétents dans différents domaines : eau (production, distribution), électrification, gestion scolaire, ramassage scolaire, assainissement, ordures ménagères.

5. Les métropoles

La **loi du 16 décembre 2010** prévoit un nouveau modèle d'EPCI à fiscalité propre qui regroupe « plusieurs communes d'un seul tenant et sans enclave et qui s'associent au sein d'un espace de solidarité pour élaborer et conduire ensemble un projet d'aménagement et de développement économique, écologique, éducatif, culturel et social de leur territoire afin d'en améliorer la compétitivité et la cohésion » (art. L5217-1 du code général des collectivités territoriales). Les métropoles exercent dans leur périmètre un certain nombre de compétences (habitat, eau, assainissement, transports scolaires, etc.) à la place des collectivités territoriales (régions, département et communes).

6. Les autres formes de coopération

Par ailleurs, il existe de nombreuses autres approches de coopération entre des communes : pays, ententes et conférences intercommunales, contrats de ville, contrats de pays, réseaux de villes, parcs naturels régionaux, plans d'aménagement rural, chartes intercommunales, conventions de développement et programmes d'aménagement local, comités de bassin d'emploi, pays d'accueil touristique, centres intercommunaux d'action sociale, missions locales intercommunales pour l'emploi, associations, groupements d'intérêt public, etc.

C Les ressources financières des EPCI

1. Les ressources des syndicats

Un syndicat est financé d'une part par les contributions des communes faisant partie du syndicat. La contribution est votée avec le budget communal, une partie de la contribution peut être fiscalisée, c'est-à-dire que le contribuable peut se voir appliquer une imposition supplémentaire aux impôts locaux. D'autre part, les autres ressources des syndicats sont constituées de subventions de l'État, de produits des emprunts, des dons et des legs, par exemple.

2. Les ressources des EPCI à fiscalité propre

Les ressources des EPCI proviennent principalement de la taxe d'habitation, des taxes foncières (taxe foncière sur les propriétés non bâties et taxe foncière sur les propriétés bâties), de la taxe d'enlèvement des ordures ménagères et de la contribution économique territoriale (CET) depuis le 1er janvier 2010 (avant cette date, c'était la taxe professionnelle).

3. La dotation de l'État

L'État fournit à chaque type d'EPCI une dotation globale de fonctionnement établie selon différents critères (habitants, type d'EPCI, etc.).

34 CCAS et CIAS

La France est un pays qui se caractérise par son très grand nombre de communes, dont la majorité possèdent moins de 2 000 habitants. Elles constituent un échelon de proximité répondant de manière rapide et adaptée aux besoins de la population. La politique sociale locale est organisée à l'échelle communale par un établissement public communal, le centre communal d'action sociale (régi par les articles L 123-4 à L 123-9 du code de l'action sociale et des familles). La loi NOTRe du 7 août 2015 rend les CCAS facultatifs pour les communes de moins de 1 500 habitants.

1 Repères historiques

L'aide sociale s'est construite progressivement. La prise en charge des personnes les plus fragiles et les plus démunies était d'abord liée à la charité chrétienne, l'Église jouait alors un rôle fondamental. Au fur et à mesure, la notion de bienfaisance a supplanté la notion de charité.

La **loi du 28 novembre 1796** fait reconnaître les bureaux de charité sous l'appellation « bureaux de bienfaisance ». Ces bureaux sont présents dans chaque commune et ils organisent les secours à domicile. Les premières formes de dons sont plutôt des dons en nature (vêtements, denrées alimentaires...), puis vers la fin du 19e siècle, les dons prennent la forme monétaire. Les personnes concernées par ces dons sont principalement les personnes infirmes, les vieillards et les familles nombreuses.

Le **décret du 29 novembre 1953** supprime les bureaux de bienfaisance et crée le « bureau d'aide sociale ». Des décrets interviennent par la suite pour donner un caractère obligatoire pour les communes de prévoir un bureau d'aide sociale.

La **loi du 6 janvier 1986** transforme les bureaux d'aide sociale en centres communaux d'action sociale, pouvant être intercommunaux en cas de groupement de communes.

2 Les centres communaux d'action sociale (CCAS)

A Le statut juridique

→ Le CCAS est un établissement public administratif qui existe dans toutes les communes. La création des CCAS date de la loi du 6 janvier 1986, et ils sont régis par des dispositions législatives et réglementaires du code de l'action sociale et des familles (CASF).

Le CCAS (comme le CIAS) est considéré par la justice comme une personne morale de droit public, ce qui lui permet d'agir en son nom propre, mais également d'avoir un budget bien distinct de celui de la commune.

En tant qu'établissement administratif, ses objectifs et priorités sont donc fixés par le conseil d'administration, qui peut s'il le souhaite déléguer une partie de ses fonctions au président ou au vice-président.

B L'organisation

Le CCAS dispose d'un conseil d'administration présidé par le maire de la commune.

1. La composition du conseil d'administration

Le conseil d'administration est composé d'un nombre pair de membres : entre huit et seize membres. Il est composé de conseillers municipaux élus par leur assemblée et de membres nommés par le maire : ce sont des professionnels qualifiés parmi lesquels doivent figurer un représentant des associations familiales, un représentant des associations de personnes handicapées, un représentant des associations de retraités et de personnes âgées, et un représentant des associations œuvrant dans le domaine de la lutte contre l'exclusion.

2. Le rôle du conseil d'administration

Le conseil d'administration est chargé de prendre toutes les décisions essentielles du CCAS. Ces attributions concernent les décisions des conditions d'octroi des prestations, des règles d'organisation, des actions éventuelles en justice.

3. Le rôle du président du d'administration

Le président du conseil d'administration est le maire. Le conseil d'administration peut élire un vice-président en cas d'absence ou d'empêchement du maire.
Les principales attributions du président du CCAS sont d'organiser le budget, de signer les contrats, de diriger les services, de nommer les agents...

C Les compétences

1. Les compétences obligatoires

Le CCAS est tenu de faire l'instruction des demandes d'aide sociale légale. Il établit et transmet les dossiers à l'autorité responsable de l'instruction, notamment le département ou les organismes de sécurité sociale. Les principales demandes concernent l'aide médicale, le revenu de solidarité active, l'aide aux personnes âgées...

2. Les compétences facultatives

Chaque CCAS met en œuvre une politique de prévention et de développement social local. Les actions qui entrent dans ces domaines sont laissées à la libre appréciation de chaque CCAS. Celui-ci est alors compétent dans la gestion des équipements et services type crèches, haltes-garderies, centres aérés, établissements et services pour personnes âgées, centres sociaux, etc. Dans le cadre de l'aide sociale facultative, le CCAS est compétent pour fournir des prestations qui peuvent prendre diverses formes : des prêts remboursables ou non (difficultés liées à une facture impayée ou un loyer impayé), des colis alimentaires (pour les personnes âgées), des bons d'achat (bons alimentaires, bons pour les transports en commun...).

3. La réalisation de l'ABS

Les CCAS réalisent chaque année une analyse des besoins sociaux de la population de la commune. Ils recensent les besoins des familles, des jeunes, des personnes âgées, des personnes handicapées, et des personnes en difficulté. L'analyse des besoins sociaux (ABS) est une obligation annuelle réglementaire depuis le décret du 6 mai 1995. La loi NOTRe supprime cette obligation pour les communes rurales.

3 Les centres intercommunaux d'action sociale (CIAS)

→ **Le CIAS est une institution qui permet aux communes de pouvoir se regrouper en créant un établissement public intercommunal.**

Une telle disposition donne la possibilité aux communes de se concerter et d'intervenir à une plus grande échelle grâce à un élargissement du territoire et à une augmentation des moyens financiers.
De même, certaines communes ne disposant pas de CCAS, le CIAS leur permet de pouvoir tout de même développer une politique d'action sociale. Le CIAS ne remplace en revanche pas (du moins pas obligatoirement) le CCAS, il donne simplement la possibilité de renforcer son travail en élargissant son champ d'action.
Depuis la loi de cohésion sociale du 18 janvier 2005, **une compétence optionnelle « action sociale d'intérêt communautaire » supplémentaire est ouverte aux EPCI** à fiscalité propre que sont les communautés de communes et d'agglomération. Lorsque l'EPCI opte pour cette compétence, il peut en confier l'exercice à un CIAS constitué dans les conditions fixées à l'article L.123-5 du code de l'action sociale et des familles.

Les CCAS et CIAS disposent d'une Union nationale des centres communaux d'action sociale (UNCCAS). Elle a été fondée en 1926 et permet d'apporter un soutien technique et pratique aux CCAS/CIAS à différents échelons territoriaux. Les membres de cette union sont principalement les communes de France et les Français qui y sont rattachés. Cette union permet de promouvoir l'action des CCAS/CIAS en permettant la création de partenariats, en incitant l'opinion publique aux débats dans divers domaines.

→ **POUR EN SAVOIR PLUS**
www.unccas.org

La Sécurité sociale

7

35 Le concept de protection sociale

La protection sociale désigne tous les mécanismes de protection collective, permettant aux individus de faire face aux aléas de la vie. Les conséquences des risques sociaux (vieillesse, maladie, invalidité, chômage, maternité, charges de famille, etc.) sont financières : ces risques entraînent soit une baisse des ressources, soit une hausse des dépenses de la famille.

1 Quelques repères historiques

Le concept de protection sociale commence à prendre sens dès le **19e siècle**. Les travailleurs s'organisent autour de caisses de secours mutuel pour compenser le risque de perte de revenu due aux accidents, à la maladie, au chômage et à la vieillesse. Les patrons, de leur côté, organisent également une protection pour la vieillesse, mais ces initiatives restent exceptionnelles et ne couvrent qu'une faible partie des travailleurs. Les non-salariés, ou les individus n'ayant pas cotisé au cours de leur activité professionnelle, n'avaient droit qu'à l'aide sociale, réservée aux cas de détresse extrême.

- L'État, sous l'influence de l'État allemand de Bismarck, met en place une législation sociale. La **loi de 1898** sur les accidents du travail marque la véritable naissance de la protection sociale moderne dans la mesure où elle institue la notion de risque social et organise sa prise en charge automatique. Cette notion sera, par la suite, étendue à la maladie et à la retraite. Suivra la législation sur les retraites ouvrières et paysannes (1910), qui institue une assurance obligatoire en dessous d'un certain seuil de revenus. L'année 1930 voit la consécration de l'obligation d'assurance avec la création des assurances sociales (retraite, maladie, maternité, invalidité, décès…), complétées en **1932** par une loi sur les allocations familiales.
- Avec la création de la Sécurité sociale le **4 octobre 1945**, la protection sociale se généralise progressivement à l'ensemble des individus. C'est la naissance de la solidarité nationale ; chaque membre de la collectivité a droit à la garantie d'un minimum vital, indépendamment de l'exercice ou non d'une activité professionnelle, ou de sa capacité à s'ouvrir des droits aux prestations sociales en versant des cotisations.
- La **loi du 22 août 1946** étend les allocations familiales à pratiquement toute la population et devient universelle en 1978.
- La couverture du risque vieillesse devient presque universelle par la création en **1956** du minimum vieillesse permettant à chaque individu de bénéficier d'un montant minimal de retraite. La couverture du risque maladie est, quant à elle, devenue universelle par la mise en place de l'assurance personnelle en matière de maladie (**1978**) et surtout de la couverture maladie universelle (**27 juillet 1999**), qui permet à l'ensemble de la population de pouvoir avoir accès à un minimum de soins.

Le **22 octobre 2015**, les députés ont voté la création de la **protection universelle maladie** (PUMA) visant à simplifier les démarches administratives pour avoir droit à l'assurance maladie.

2 Les principes de protection sociale

Notre système de protection sociale repose sur différents principes et logiques de financement.

A La logique d'assurance

L'objectif de l'assurance est de se prémunir contre un risque de perte de revenu (chômage, maladie, vieillesse, accident du travail) en versant des cotisations prélevées sur les salaires permettant de financer les prestations sociales. Les droits ouverts à ces prestations sont conditionnés par le fait de cotiser.

B La logique d'assistance

L'assistance est basée sur le principe de solidarité entre les individus d'une même collectivité pour garantir à chacun un minimum d'accès à la protection sociale et, ainsi, lutter contre la pauvreté.

Les prestations sont versées sous conditions de ressources, mais il n'y a pas de contributions en échange à verser.

Les principes

- Le **principe d'universalité** : tout individu qui réside régulièrement en France a droit à la protection sociale.
- Le **principe de répartition** : les ressources sont perçues sur les cotisations des personnes et des entreprises ; les droits aux prestations sont égaux pour tous.
- Le **paritarisme** : la gestion de la sécurité sociale s'effectue par les partenaires sociaux, patronat et syndicats, sous le contrôle de l'État.
- Le **principe de solidarité nationale** : institutionnalisé, il permet de lutter contre la pauvreté et l'exclusion afin de garantir la cohésion sociale.

3 Les composantes de la protection sociale

La protection sociale s'inscrit à travers différentes composantes.

A La Sécurité sociale

Elle regroupe la couverture de différents risques sociaux par un système d'assurances sociales (maladie, vieillesse, accident du travail, maladie professionnelle, invalidité, décès, famille). Ce système est principalement financé par les cotisations salariales et patronales.

B La protection sociale complémentaire

Elle est constituée par l'affiliation à des régimes de retraite dits « complémentaires » dans la mesure où ils offrent des prestations financières qui viennent s'ajouter aux pensions de retraite versées par le dispositif d'assurance vieillesse de la Sécurité sociale. L'affiliation aux régimes de retraite complémentaire est obligatoire, en application de la réglementation et des conventions collectives. Elle regroupe également les régimes dits « facultatifs », à savoir l'affiliation à une complémentaire santé (mutuelles ou assurances privées).

C Le régime d'indemnisation du chômage

Le régime d'indemnisation du chômage concerne les salariés privés d'emploi sous condition de cotisation et d'une durée variant selon le temps de cotisation.

D L'aide et l'action sociale

Elle comprend des prestations définies par la loi, attribuées et financées principalement par les départements, et des actions facultatives, émanant d'institutions publiques ou d'organismes de protection sociale, associations et fondations, destinés à aider toute personne en situation de précarité.

4 Les prestations de la protection sociale

Les principaux risques sociaux sont couverts par les prestations de protection sociale :
- risque vieillesse (minimum vieillesse, pensions de réversion....) ;
- risque santé (indemnités journalières, prestations en nature...) ;
- risque famille et maternité (allocations familiales) ;
- risque emploi (allocations chômage) ;
- risque logement (aide personnalisée au logement...) ;
- lutte contre la pauvreté et l'exclusion.

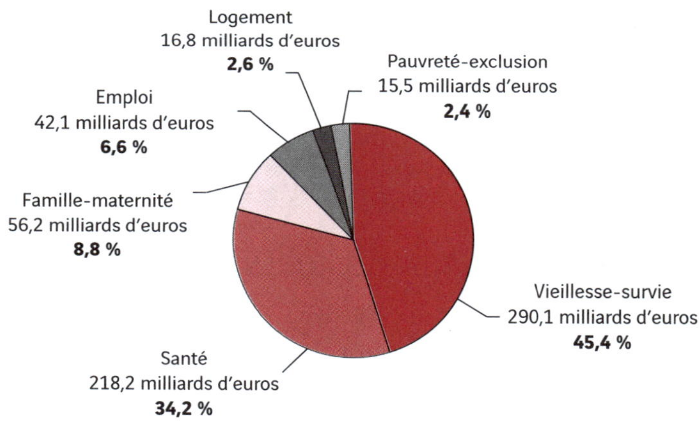

D'après www.irdes.fr

Figure 35.1 Décompte des prestations de protection sociale par risques en 2011

36 Historique de la Sécurité sociale de 1945 à nos jours

En 1945, les bâtisseurs du système français de sécurité sociale poursuivent un triple objectif : unité de la sécurité sociale, généralisation quant aux personnes, extension des risques couverts sous la double influence du rapport Beveridge de 1942 et du système allemand de Bismarck.
L'unité du régime n'a pu exister dès l'origine, certains salariés refusant de se voir intégrer dans le régime général. Ces régimes subsistent aujourd'hui (régime des mines, fonctionnaires, marins, cheminots...).

1 La création de la Sécurité sociale

4 octobre 1945 - L'ordonnance portant organisation de la Sécurité Sociale met en place un réseau de caisses : « Il est institué une organisation de la Sécurité sociale destinée à garantir les travailleurs et leurs familles contre les risques de toute nature susceptibles de réduire ou de supprimer leur capacité de gain, à couvrir les charges de maternité et les charges de famille qu'ils supportent » (article 1er).

Exposé des motifs de l'ordonnance du 4 octobre 1945 (extraits)

« La Sécurité sociale est la garantie donnée à chacun qu'en toutes circonstances il disposera des moyens nécessaires pour assurer sa subsistance et celle de sa famille dans des conditions décentes. Trouvant sa justification dans un souci élémentaire de justice sociale, elle répond à la préoccupation de débarrasser les travailleurs de l'incertitude du lendemain, de cette incertitude constante qui crée chez eux un sentiment d'infériorité et qui est la base réelle et profonde de la distinction des classes entre les possédants sûrs d'eux-mêmes et de leur avenir et les travailleurs sur qui pèse, à tout moment, la menace de la misère. »

« Envisagée sous cet angle, la Sécurité sociale appelle l'aménagement d'une vaste organisation nationale d'entraide obligatoire qui ne peut atteindre sa pleine efficacité que si elle présente un caractère de très grande généralité à la fois quant aux personnes qu'elle englobe et quant aux risques qu'elle couvre. Le but final à atteindre est la réalisation d'un plan qui couvre l'ensemble de la population du pays contre l'ensemble des facteurs d'insécurité ; un tel résultat ne s'obtiendra qu'au prix de longues années d'efforts persévérants, mais ce qu'il est possible de faire aujourd'hui, c'est d'organiser le cadre dans lequel se réalisera progressivement ce plan. »

19 octobre 1945 : ordonnance concernant les assurances maladie, maternité, invalidité, vieillesse et décès.
22 mai 1946 : loi portant généralisation de la sécurité sociale à « tout Français résidant sur le territoire de la France métropolitaine ». Des régimes spéciaux sont cependant maintenus à côté du régime général.
27 octobre 1946

→ **Promulgation de la Constitution de la IVe République, dont le préambule dispose que la Nation « garantit à tous, notamment à l'enfant, à la mère et aux vieux travailleurs, la protection de la santé, la sécurité matérielle, le repos et les loisirs »** (alinéa 11).

14 mars 1947 : convention collective interprofessionnelle instituant le régime de retraire complémentaire des cadres.

2 Les évolutions

Les principes de 1945, dont certains n'ont pu être appliqués rapidement, entrent progressivement dans les faits. L'unité administrative de la sécurité sociale n'est toujours pas achevée mais plusieurs évolutions contribuent à la renforcer. Les évolutions démographiques et le développement du salariat ont conduit à la suppression de petites caisses et à l'introduction d'un mécanisme de compensation entre les régimes subsistants, le rapport démographique cotisants/inactifs étant défavorable aux petits régimes qui perdent leurs actifs au profit du régime général. Les différences de prestations et de cotisations entre les différents régimes s'estompent rapidement.
Loi du 9 avril 1947 : elle étend la sécurité sociale aux fonctionnaires.
Loi du 17 janvier 1948 : elle instaure trois régimes d'assurance vieillesse concernant des professions non salariées non agricoles (artisans, professions industrielles et commerciales, professions libérales).
Loi du 10 juillet 1952 : elle crée un régime d'assurance vieillesse obligatoire des exploitants agricoles, géré par la Mutualité sociale agricole (MSA).
Loi du 25 janvier 1961 : elle crée un régime d'assurance maladie obligatoire des exploitants agricoles, avec libre choix de l'assureur.
Loi du 12 juillet 1966 : elle crée un régime autonome d'assurance maladie maternité pour les non-salariés non agricoles, géré par la CANAM.
Loi du 22 décembre 1966 : elle crée un régime complémentaire obligatoire des exploitants agricoles contre les accidents du travail, maladies professionnelles et accidents de la vie privée, avec libre choix de l'assureur.
21 août 1967 : réorganisation du régime général avec la création de trois caisses distinctes (Caisse nationale d'assurance maladie des travailleurs salariés, CNAMTS ; Caisse nationale d'assurance vieillesse des travailleurs salariés, CNAVTS ; Caisse nationale des allocations familiales, CNAF).
Loi du 25 octobre 1972 : institutionnalisation de la protection des salariés agricoles contre les accidents du travail.
Loi du 4 juillet 1975 : généralisation à l'ensemble de la population active de l'assurance vieillesse obligatoire.
1er janvier 1978 : généralisation des prestations familiales à toute la population résidant sur le territoire français.
28 décembre 1990 : loi de finances pour 1991, créant notamment la « contribution sociale

généralisée » (CSG). Cet impôt, prélevé sur la plupart des revenus, permet d'élargir le financement de la sécurité sociale (maladie, famille, vieillesse) au-delà des seules cotisations sociales assises sur le travail.
22 février 1996 : loi constitutionnelle instituant les lois de financement de la sécurité sociale (LFSS) : « Les lois de financement de la sécurité sociale déterminent les conditions générales de son équilibre financier et, compte tenu de leurs prévisions de recettes, fixent ses objectifs de dépenses » (article 34 de la Constitution).
24 avril 1996 : trois ordonnances relatives à la maîtrise médicalisée des dépenses de soins, à l'organisation de la sécurité sociale, et à la réforme de l'hospitalisation publique et privée. Objectif de création d'un « régime universel d'assurance maladie » permettant l'ouverture automatique du droit à la sécurité sociale à toute personne âgée de plus de 18 ans résidant régulièrement sur le territoire français. Création de la contribution au remboursement de la dette sociale (CRDS).
22 juillet 1996 : création de l'objectif national d'évolution des dépenses d'assurance maladie.
27 juillet 1999 : loi portant création de la couverture maladie universelle (CMU).
Loi du 21 août 2003 : loi portant réforme des retraites (harmonisation progressive de la durée d'assurance pour bénéficier d'une pension à taux plein entre les différents régimes, évolution progressive de cette durée d'assurance en fonction des gains d'espérance de vie, création de dispositifs de retraites anticipées pour les assurés ayant commencé à travailler jeune et ayant effectué de longues carrières).
13 août 2004 : loi portant réforme de l'assurance maladie (création du médecin traitant, du dossier médical personnel, promotion des médicaments génériques, responsabilisation des assurés sociaux par l'instauration du forfait de 1 euro).
1er juillet 2006 : mise en place du régime social des indépendants (RSI).
Loi du 9 novembre 2010 portant réforme des retraites : recul progressif de l'âge légal de départ à la retraite – de 60 à 62 ans –, âge requis de 67 ans pour ne pas subir de décote pour les trimestres de cotisations manquants.
Loi du 20 janvier 2014 : garantissant l'avenir et la justice du système des retraites. La réforme prévoit l'allongement de la durée de cotisations, la prise en compte de la pénibilité.
4 octobre 2015 : 70e anniversaire de la Sécurité sociale.

37 Présentation générale de la Sécurité sociale

Le droit français assure à la collectivité le droit de « sécurité sociale ». Ce bénéfice est accordé à toute personne, quelle que soit sa situation, son état de santé. Ce droit n'est pas fondé sur la nationalité française, il est accordé à toute personne vivant de manière régulière en France. Le régime général est le principal régime de base de la Sécurité sociale.

1 Les différents régimes de la Sécurité sociale

Le système français de protection sociale est essentiellement constitué par un ensemble de régimes légaux qui sont composés du régime général, des régimes spéciaux, du régime social des indépendants et du régime agricole.

A Le régime général

Il couvre la plupart des salariés ainsi que d'autres catégories (étudiants, bénéficiaires de certaines prestations qui, au fil des années, ont été rattachés au régime général).
Le régime général repose sur une hiérarchie d'organismes locaux, régionaux et nationaux, structurés par nature de risque, gérés paritairement et placés sous la tutelle des ministères chargés de la sécurité sociale (la dénomination de ces ministères varie selon les gouvernements).

→ Le régime général protège :
- contre l'ensemble des risques : les salariés de l'industrie et du commerce, à l'exception de ceux qui bénéficient d'un régime spécial ;
- contre les risques maladie, maternité pour les prestations en nature : les personnes résidant en France de manière stable et régulière, qui ne relèvent d'aucun régime obligatoire soit en qualité d'assuré, soit en qualité d'ayants droit, et relèvent à titre obligatoire de la couverture maladie universelle ;
- l'ensemble de la population : pour les charges de famille (prestations familiales).

Dès qu'un employeur embauche un salarié, il est tenu d'effectuer une déclaration préalable à l'embauche auprès de l'Union de recouvrement des cotisations de sécurité sociale et d'allocations familiales (URSSAF) dont il relève. Cette déclaration permet notamment de demander l'immatriculation à la Sécurité sociale si l'intéressé ne possède pas de numéro d'immatriculation et l'affiliation à l'assurance chômage. S'agissant des retraites complémentaires, le salarié est affilié auprès de la caisse de retraite complémentaire à laquelle adhère son employeur en fonction de l'activité de l'entreprise ou du lieu d'implantation de l'entreprise.

B Les régimes spéciaux

Les régimes spéciaux (mineurs, agents de la SNCF) concernent un certain nombre de professions qui bénéficiaient d'une protection avant l'instauration de la Sécurité sociale. Ils ont été créés à l'initiative des travailleurs ou par les employeurs et ont réussi à se maintenir en 1945 malgré la volonté initiale du législateur.

C Le régime social des indépendants (RSI)

Administré par des représentants de ses assurés, le RSI est un régime obligatoire de Sécurité sociale. Il assure la couverture maladie et la retraite des artisans et des commerçants et la couverture maladie des professionnels libéraux. Il est l'interlocuteur des travailleurs indépendants en matière de cotisations et contributions sociales.

D Le régime agricole

Le régime agricole, à travers la Mutualité sociale agricole, protège les salariés et les non-salariés du monde agricole contre l'ensemble des risques. Les dispositions applicables aux salariés du régime agricole sont alignées sur celles du régime général. La MSA gère toutes les prestations (familiales, santé, retraite...).

2 Le déficit de la Sécurité sociale

Le déficit de la Sécurité sociale en France est le déficit comptable entre les recettes et les dépenses du régime général. Ce déficit induit un besoin de financement complémentaire qui est comblé par emprunt, contribuant à la dette des administrations de sécurité sociale.

Différentes méthodes sont utilisées ou envisagées pour chercher à réduire ce déficit : diminution du montant des prestations, augmentation des cotisations, instauration de franchises, nouvelles contributions (CRDS, CSG, taxe sur les boissons énergisantes...), usage de médicaments génériques, etc.

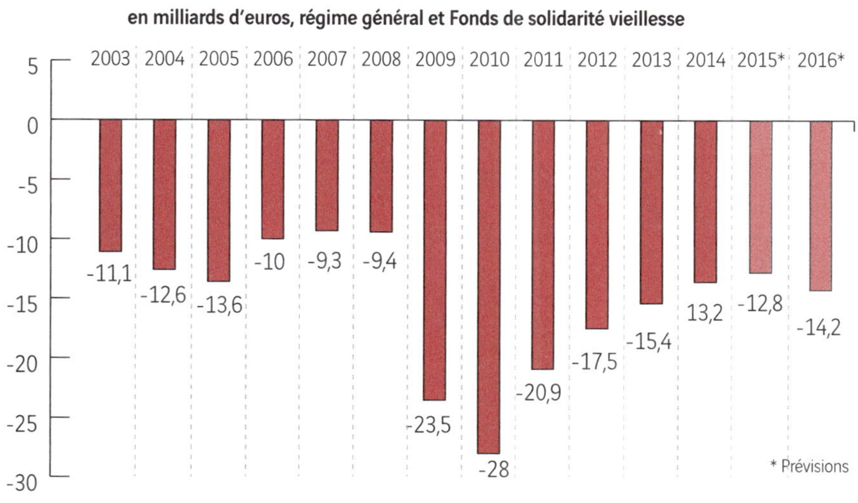

Source : Les comptes de la Sécurité sociale, rapport septembre 2015

Figure 37.1 Le déficit de la Sécurité sociale

3 Le contentieux de la Sécurité sociale

Le contentieux général de la Sécurité sociale traite de tous les litiges qui concernent les régimes légaux de sécurité sociale. Ils concernent les litiges relatifs :

– à l'affiliation dans un régime de base de sécurité sociale, comme la couverture maladie universelle (CMU) ;

– aux cotisations de sécurité sociale : assiette, retard, recouvrement et procédures collectives ;

– aux litiges en matière de prestations, tels que refus de versement en raison de la qualité du titre de séjour, de la résidence ou non en France ;

– aux accidents du travail : caractère professionnel de l'accident, faute inexcusable, consolidation.

Le contentieux de la Sécurité sociale comporte deux phases : la procédure gracieuse et la procédure contentieuse.

A La procédure gracieuse : la Commission de recours amiable (CRA)

Les réclamations formées contre les décisions prises par les organismes de Sécurité sociale sont soumises à la Commission de recours amiable (CRA) qui est un organisme paritaire. Elle doit être saisie dans un délai de deux mois à compter de la notification de la décision.

B La procédure contentieuse : le tribunal des affaires de sécurité sociale

Le tribunal des affaires de sécurité sociale (TASS) est une juridiction spécialisée de l'ordre judiciaire. Il statue en première instance sur les litiges relevant du contentieux général.

L'assuré peut saisir le TASS si :

– la décision de la Commission de recours amiable (CRA) ne le satisfait pas ;

– la CRA n'a pas rendu de décision dans le mois qui suit la réception de sa réclamation.

Enfin, si le contentieux n'est toujours pas résolu, il peut poursuivre en cour d'appel, voire se pourvoir en cassation.

38 L'organigramme du régime général de la Sécurité sociale

L'organisation actuelle du régime général résulte de l'ordonnance de 1967 qui instaure la séparation de la sécurité sociale en branches autonomes : la branche maladie, la branche accidents du travail-maladies professionnelles, la branche retraite, la branche famille, et la branche recouvrement. Elle est organisée selon trois échelons territoriaux.

1 À l'échelon national

A La Caisse nationale de l'assurance maladie des travailleurs salariés

Elle a pour rôle d'assurer le financement des risques maladie, maternité, invalidité, décès, accidents du travail et maladies professionnelles en essayant de maintenir un certain équilibre. Elle mène la politique de prévention en coordonnant les actions des caisses régionales et des caisses locales. Elle exerce un pouvoir de contrôle sur ces dernières.

B La Caisse nationale de l'assurance vieillesse

Elle assure la gestion de l'assurance vieillesse et de l'assurance veuvage avec le concours des caisses régionales tout en coordonnant l'action sanitaire et sociale.

C La Caisse nationale des allocations familiales

Elle est chargée d'assurer le financement de l'ensemble des régimes de prestations familiales et de gérer le fonds d'action sociale.

D L'Agence centrale des organismes de sécurité sociale

Elle est principalement chargée d'assurer la gestion et la trésorerie des caisses nationales.

2 À l'échelon régional

A Les caisses d'assurances retraite et de la santé au travail (CARSAT)

Elles sont chargées de développer et de coordonner la prévention des risques professionnels, d'assurer le paiement des prestations de retraite.

B Les unions de recouvrement des cotisations de sécurité sociale et d'allocations familiales

Elles sont chargées de collecter les cotisations et contributions sociales des entreprises afin de gérer la trésorerie de la Sécurité sociale.

3 À l'échelon local

A Les caisses primaires d'assurance maladie (CPAM)

Elles sont chargées d'assurer l'affiliation des assurés sociaux, de servir les prestations dues (sauf les prestations vieillesse), de mener des actions de prévention, d'éducation et d'information sanitaires. Elles exercent une mission dans l'action sanitaire et sociale (prestations supplémentaires, œuvres sociales).

B Les caisses d'allocations familiales (CAF)

Elles sont chargées d'assurer le versement des prestations familiales dues, et d'exercer une action sanitaire et sociale en faveur des familles.

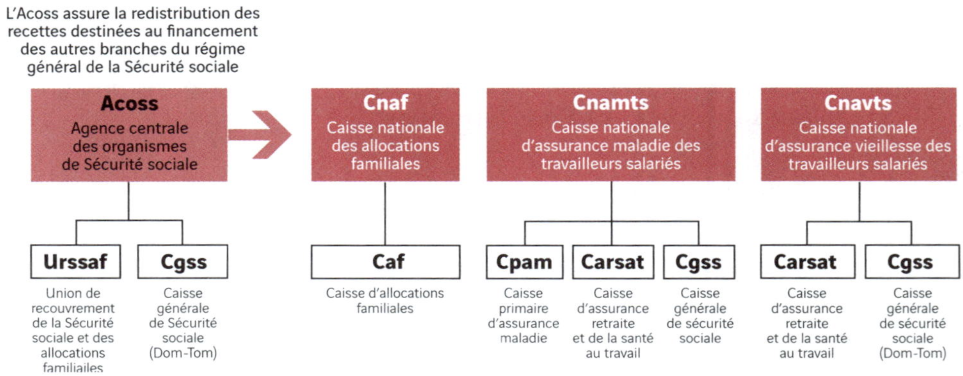

www.securite-sociale.fr

Figure 38.1 Le régime général

39 Les recettes de la Sécurité sociale

Les ressources de la Sécurité sociale se sont diversifiées au fur et à mesure des années et des difficultés financières auxquelles elle est confrontée. La Sécurité sociale reste majoritairement financée par les cotisations sociales, mais les contributions publiques ont augmenté ces dernières années avec notamment la création de la contribution sociale généralisée et la contribution au remboursement de la dette sociale.

1 Les cotisations sociales

Ce sont des versements qui, pour l'assuré, donnent droit à des prestations sociales, lors de la réalisation d'un risque couvert par la protection sociale.

Les cotisations sociales effectives comprennent les cotisations effectivement prélevées sur les différents types de revenus (salaires, revenus des entrepreneurs individuels, revenus de remplacement...).

Elles se décomposent en cotisations à la charge des employeurs, cotisations à la charge des salariés, et cotisations à la charge des travailleurs indépendants et des personnes n'occupant pas d'emploi. Les cotisations sociales représentent environ 55 % de l'ensemble des recettes en 2014 (d'après les comptes de la Sécurité sociale).

2 Les contributions publiques

Les contributions publiques sont des participations du budget de l'État à certains régimes de Sécurité sociale pour leur permettre de combler un déficit ou pour financer certaines charges supplémentaires. Ces contributions recouvrent pour l'essentiel les subventions d'équilibre versées à certains régimes spéciaux, et des remboursements de prestations (allocation aux adultes handicapés, par exemple). Elles sont prélevées sur l'ensemble des recettes fiscales et ne constituent pas des recettes affectées. Par ailleurs, certains régimes bénéficient d'impôts ou de taxes qui leur sont affectés de façon durable.

Les principaux impôts sont les impôts sur le revenu avec la contribution sociale généralisée (CSG) et la contribution de 2 % sur les revenus du capital, la contribution sociale de solidarité des sociétés (CSSS).

La CSG

Créée en 1991, la contribution sociale généralisée (CSG) est un impôt dû par les personnes physiques domiciliées en France pour l'impôt sur le revenu. C'est un prélèvement à la source sur la plupart des revenus, son taux variant selon le type de revenus et la situation de l'intéressé. La CSG sert à financer une partie des dépenses de Sécurité sociale relevant des prestations familiales, des prestations liées à la dépendance, de l'assurance maladie et des prestations non contributives des régimes de base de l'assurance vieillesse.

www.insee.fr.

3 Les taxes

Les régimes de sécurité sociale bénéficient également de taxes sur des produits qui ont un lien avec les risques assurés par les régimes de sécurité sociale, notamment :

- une fraction des droits de consommation sur les tabacs ;
- la taxe sur la promotion des laboratoires pharmaceutiques ;
- la taxe sur la distribution en gros des médicaments ;
- la clause de sauvegarde de l'industrie pharmaceutique ;
- le droit sur les bières et les boissons non alcoolisées ;
- le droit de circulation sur les vins, cidres, poirés et hydromels ;
- le droit de consommation sur les produits intermédiaires ;
- les droits de consommation sur les alcools ;
- la contribution sur les boissons alcooliques.

➜ Le pacte de responsabilité et de solidarité voté dans le cadre de la loi de 8 août 2014 de financement de la Sécurité sociale vise à alléger le coût du travail en allégeant les charges patronales. À partir du 1er janvier 2015, les mesures mises en place sont :

- la réduction générale des cotisations patronales sur les bas salaires quelle que soit la taille de l'entreprise, dispositif appelé « zéro condition URSSAF » ;
- la baisse du taux des cotisations des allocations familiales pour les salariés et pour les travailleurs indépendants agricoles ou non.

➜ Ces mesures entraînent des pertes de recettes pour la Sécurité sociale. L'État effectuera une compensation par le biais du transfert des dépenses de l'allocation personnalisé au logement.

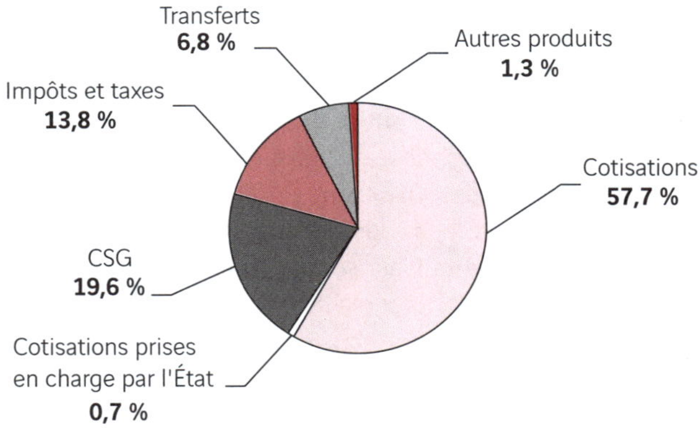

Source : Commission des comptes de la Sécurité sociale, juin 2015.

Figure 39.1 Structure des recettes de la Sécurité sociale en 2014

40 L'assurance maladie

La branche maladie a un poids essentiel dans les dépenses de la Sécurité sociale. Elle protège l'assuré social et ses ayants droit des conséquences de la maladie, la maternité, l'invalidité, le décès. Elle rembourse en tout ou partie les dépenses de santé engagées par l'assuré ou ses ayants droit (prestations en nature). Elle compense la perte de salaire subie par l'assuré pour cause de maladie ou maternité (prestations en espèces).

1 L'organisation administrative de l'assurance maladie

A L'État

L'État est le garant des principes fondamentaux de notre système de soins et d'assurance maladie. Il fixe les grands objectifs de santé publique, les conditions de l'équilibre des régimes sociaux et les conditions d'un égal accès de tous à des soins de qualité sur l'ensemble du territoire.

B L'Union nationale des caisses d'assurance maladie (UNCAM)

Pour assurer cette délégation de gestion élargie, les principaux régimes d'assurance maladie sont regroupés dans l'Union nationale des caisses d'assurance maladie (UNCAM), qui s'appuie sur un partenariat avec les organismes de couverture complémentaires (UNOC) et les professionnels de santé (UNPS). L'UNCAM a été créée par la loi de réforme de l'assurance maladie du 13 août 2004, elle regroupe les trois principaux régimes d'assurance maladie : le régime général, le régime agricole (MSA) et le régime social des indépendants (RSI). Le rôle de l'UNCAM est de conduire la politique conventionnelle, de définir le champ des prestations admises au remboursement, de fixer le taux de prise en charge des soins.

C La Haute Autorité de santé

Elle a pour rôle l'amélioration de la qualité des soins, par la définition de références et de recommandations pour les professionnels de santé et l'évaluation des pratiques. Elle coordonne notamment le travail de l'Agence nationale de sécurité du médicament et des produits de santé (ANSM).

2 La Caisse nationale d'assurance maladie

Le rôle de la CNAM est :
– de définir les orientations, les principes et les objectifs qui guident son action et celle de l'assurance maladie en général, et d'en assurer la mise en œuvre ;
– d'assurer la mise en œuvre des accords « conventionnels » passés entre l'Union nationale des caisses d'assurance maladie (UNCAM) et les syndicats représentatifs des différentes professions de santé, notamment pour la mise en place du parcours de soins coordonnés ;

– de développer la maîtrise médicalisée des dépenses de santé et d'accompagner l'évolution des comportements de chacun;
– de définir et promouvoir la prévention de la maladie, des accidents du travail et des maladies professionnelles en réalisant des actions nationales utiles;
– d'organiser et diriger le service médical de l'assurance maladie;
– de déterminer et coordonner l'activité des organismes du réseau des branches maladie et accidents du travail-maladies professionnelles : caisses primaires d'assurance maladie (CPAM), caisses d'assurance retraite et de la santé au travail (CARSAT, ex-CRAM) ;
– de négocier et attribuer leur budget dans le cadre de contrats pluriannuels de gestion (CPG);
– d'assurer auprès d'eux des services de conseil et d'appui.

3 Les prestations de l'assurance maladie

Elles sont attribuées par les caisses primaires d'assurance maladie.

A Les conditions d'ouverture des droits

Les prestations de la Sécurité sociale sont destinées à toutes personnes salariées ou travaillant sur le territoire français, sous réserve de certaines conditions. Elles doivent, en règle générale, justifier d'un nombre minimum d'heures de travail salarié ou d'un certain nombre de cotisations.

La protection universelle maladie

Depuis le 1er janvier 2016, le dispositif de protection universelle maladie est instauré. Il s'inscrit dans la continuité de la couverture maladie universelle (CMU) de 1999, mais il permet de simplifier l'accès aux droits de l'assurance maladie. En effet, il a pour objectif d'assurer une prise en charge des frais de santé sans rupture de droits en cas de changement de situation. Les conditions de résidence stable et régulière en France d'au moins 6 mois par an et/ou l'exercice d'une activité professionnelle sont requises pour bénéficier du dispositif.

B Les prestations en nature

Ces prestations couvrent les frais médicaux, paramédicaux et les frais de pharmacie, d'appareillage et d'hospitalisation. Peuvent bénéficier de ces prestations, l'assuré lui-même, mais également ses ayants droit qui ne sont pas eux-mêmes assujettis à un régime de sécurité sociale.

→ L'évolution du système de soin et du système de remboursement :
- un parcours de soins coordonné par le médecin traitant;
- un dossier médical personnalisé;
- la chasse aux arrêts maladies et accidents du travail non justifiés;
- la modification de la carte vitale pour lutter contre les fausses cartes;
- une remise en cause des affections longues durées jusque-là remboursées à 100 %.

Les ayants droit de l'assuré sont :
- le conjoint n'exerçant pas d'activité et ne bénéficiant d'aucun régime obligatoire de sécurité sociale ;
- les enfants de moins de 16 ou 20 ans et jusqu'à 21 ans pour les étudiants ou apprentis en étude ;
- les enfants présentant un handicap ;
- les ascendants, descendants, collatéraux et alliés jusqu'au troisième degré, qui vivent au domicile de l'assuré et s'occupent d'au moins deux enfants de moins de 14 ans à la charge de l'assuré ;
- la personne qui vit maritalement avec l'assuré et qui se trouve à sa charge totale, effective et permanente ;
- la personne qui a conclu un pacte civil de solidarité avec l'assuré social ;
- la personne qui vit au domicile de l'assuré social depuis au moins un an et qui se trouve à sa charge totale, effective et permanente. Une seule personne par assuré social peut bénéficier de cette dernière qualité d'ayant droit.

C Les prestations en espèces

1. Indemnités journalières

En cas d'incapacité de travail, un arrêt de travail doit être prescrit par le médecin. L'indemnité journalière n'est due qu'à partir du quatrième jour d'arrêt de travail.

2. Allocation journalière d'accompagnement d'une personne en fin de vie

Cette prestation est versée à l'assuré qui bénéficie d'un congé solidarité familiale ou qui l'a transformé en période d'activité à temps partiel et qui a suspendu ou réduit son activité pour s'occuper d'un proche en fin de vie (ascendant, descendant, frère, sœur, personne de confiance).

4 Assurance maternité et congé de paternité

Les prestations d'assurance maternité et de congé de paternité sont attribuées par les caisses primaires d'assurance maladie. L'assurance maternité et paternité assure la prise en charge des frais liés à la grossesse et à l'accouchement ainsi que le service des prestations en espèces lors du repos pré et post natal de la mère, du congé d'adoption de la mère et/ou du père et du congé de paternité du père.

La durée du congé de paternité est fixée à onze jours consécutifs, ou dix-huit jours consécutifs en cas de naissance multiple.

Enfin, la durée du congé d'adoption est fixée à dix semaines ou vingt deux semaines en cas d'adoption multiple.

5 L'assurance invalidité

Les pensions de l'assurance invalidité sont attribuées en règle générale par les caisses primaires d'assurance maladie ; dans la région parisienne par la caisse régionale d'assurance maladie d'Île-de-France.

Pension d'invalidité

Prolongement de l'assurance maladie, l'assurance invalidité a pour objet d'accorder à l'assuré invalide une pension en compensation de la perte de salaire qui résulte de la réduction de la capacité de travail ou de gain.

→→→

→ → →

Est considéré comme invalide l'assuré social qui n'a pas atteint l'âge légal de la retraite (entre 60 et 62 ans en fonction de l'année de naissance), qui se trouve hors d'état de se procurer, dans une profession quelconque, un salaire supérieur au tiers de la rémunération normale de la profession qu'il exerçait avant l'arrêt de travail ou la constatation de l'état d'invalidité. Pour en bénéficier, il doit justifier d'un certain nombre de cotisations. Il existe trois catégories de pension en fonction de l'invalidité constatée.

6 L'assurance décès

Le capital décès est versé aux proches d'un assuré social par la caisse primaire d'assurance maladie. Le versement du capital décès est effectué par priorité aux personnes qui étaient, au jour du décès, à la charge effective, totale et permanente de l'assuré. Si plusieurs personnes étaient à la charge de l'assuré, il est versé, par ordre de préférence :
- au conjoint survivant, non séparé de droit ou de fait,
- au partenaire auquel le défunt était lié par un pacte civil de solidarité,
- aux enfants,
- aux ascendants.

Depuis 2015, le montant est forfaitaire et égal à 3 400 euros.

41 La couverture du risque accident du travail et maladie professionnelle

Le risque accident du travail et maladie professionnelle est assuré par la Caisse nationale de l'assurance maladie des travailleurs salariés (CNAMTS) qui couvre d'autres risques (maladie, maternité, invalidité, décès). Les prestations de ces deux risques sont assurées par les caisses primaires d'assurance maladie.

1 L'accident du travail

« Est considéré comme accident du travail, qu'elle qu'en soit la cause, l'accident survenu par le fait ou à l'occasion du travail » (art. L-411-1 du code de la sécurité sociale).

2 L'accident de trajet

Est considéré comme accident de trajet un accident survenu à toute personne salariée ou travaillant pour le compte d'un ou plusieurs employeurs dans le cadre du trajet entre le lieu de travail et le domicile.

3 Les maladies professionnelles

« Est présumée d'origine professionnelle toute maladie désignée dans un tableau de maladies professionnelles et contractée dans les conditions mentionnées à ce tableau » (art. L.461-1 du code de la sécurité sociale).

La maladie doit être la conséquence d'une exposition plus ou moins prolongée à un risque présent sur le lieu de travail. Elle doit, par ailleurs, entraîner des effets sur la santé de l'individu.

Exemples :

- des affections, comme le saturnisme, causées par la manipulation du plomb ;
- des maladies résultant de port de charges lourdes.

→ Les tableaux présentant les différentes maladies professionnelles sont disponibles sur le site de l'Institut national de recherche et de sécurité pour la prévention des accidents du travail et des maladies professionnelles (INRS) : www.inrs-mp.fr.

Depuis une dizaine d'années, certaines maladies professionnelles font l'objet d'une attention particulière, comme les troubles musculo squelettiques (TMS). Début 2014, l'assurance maladie a lancé un programme, TMS-Pros, visant à accompagner les entreprises dans leur démarche de prévention. Par ailleurs, les maladies psychiques liées au travail (stress, troubles anxieux, dépressions, *burn-out*) peuvent être reconnues comme accidents de travail ou maladies professionnelles.

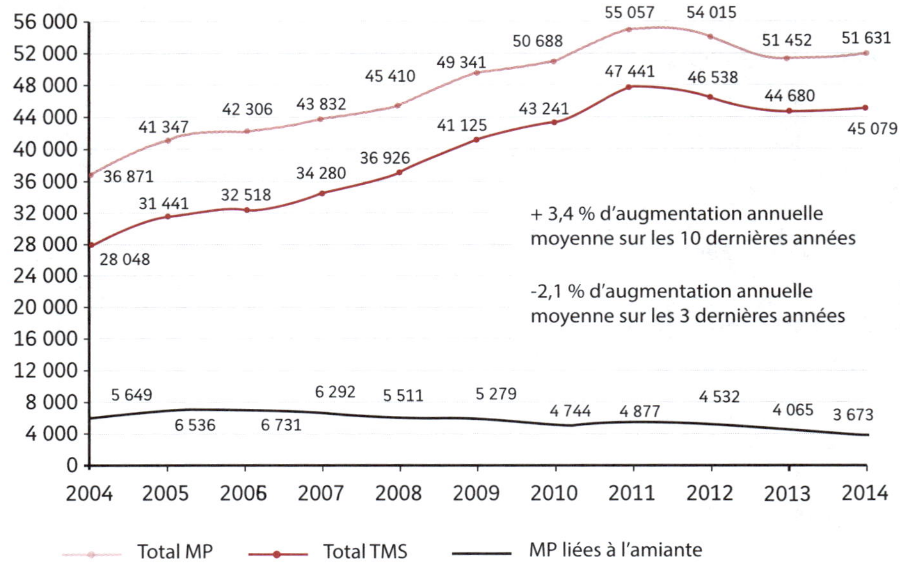

D'après la CRAMIF, *Les chiffres de la sinistralité en 2014 et faits marquants dans les secteurs d'activité.*

figure 41.1 Évolution du nombre de maladies professionnelles sur 10 ans

4 Les prestations servies

A Les prestations en nature

Prises en charge à 100 % du tarif de responsabilité de la caisse, elles concernent la prise en charge des soins, des frais d'hospitalisation, des médicaments, et éventuellement des frais d'appareillage. L'assuré n'a pas à faire l'avance des frais : la caisse dans laquelle l'assuré est affilié pratique le système du tiers payant, c'est-à-dire qu'elle règle directement les sommes dues aux praticiens, auxiliaires médicaux et établissements de santé.

B Les prestations en espèces

Les prestations en espèces sont constituées :
- des indemnités journalières qui remplacent le salaire,
- d'une rente d'incapacité si la victime conserve une infirmité temporaire ou permanente,
- d'une rente aux ayants droit en cas de décès de la victime.

C Le cas des rentes

Une rente peut être versée à l'assuré lorsque celui-ci présente des séquelles de l'accident ou de la maladie. La caisse fixe un taux d'incapacité permanente partielle (IPP), qui est déterminé selon « la nature de l'infirmité, l'état général, l'âge, les facultés physiques et mentales, ainsi que d'après les aptitudes et la qualification professionnelle, compte tenu d'un barème indicatif d'invalidité » (art. L. 434-2 du code de la Sécurité sociale).
La victime perçoit alors une rente calculée d'après le taux d'IPP et le salaire perçu l'année précédant la maladie professionnelle ou l'accident de travail. La rente est convertie en capital versé en une fois si le taux d'incapacité permanente est inférieur à 10 %.

42 La couverture du risque famille

Selon l'article L. 512-1 du code de la sécurité sociale, « Toute personne française ou étrangère résidant en France, ayant à sa charge un ou plusieurs enfants résidant en France, bénéficie pour ces enfants des prestations familiales ». La Caisse nationale des allocations familiales (CNAF) gère différentes prestations familiales et sociales. Au niveau local, les caisses d'allocations familiales (CAF) assurent le service des prestations.

1 Les prestations familiales d'entretien

A Les allocations familiales

Elles sont versées à partir du deuxième enfant à charge résidant en France. Depuis le 1er juillet 2015, les allocations familiales sont versées en fonction des ressources.

B Le complément familial

Cette prestation est attribuée sous condition de ressources aux familles ayant à leur charge au moins trois enfants, âgés de 3 ans et plus et de moins de 21 ans.

C L'allocation de soutien familial

Cette allocation est servie sans condition de ressources lorsqu'un parent assure seul la charge de ses enfants, l'autre parent étant décédé ou n'assumant pas son obligation d'entretien.

D L'allocation de rentrée scolaire

L'allocation est servie sous condition de ressources pour tout enfant en âge scolaire de 6 à 18 ans et qui poursuit des études. Elle permet d'aider les familles face aux dépenses liées à la scolarité. Le montant de l'allocation varie en fonction de l'âge de l'enfant (lié aux différents besoins).

2 Les prestations pour l'accueil et la garde des jeunes enfants

Les prestations d'accueil et de garde des jeunes enfants sont regroupées dans la prestation d'accueil du jeune enfant (Paje). Cette prestation est composée d'une prime à la naissance ou à l'adoption, d'une allocation mensuelle versée sous condition de ressources de la naissance aux 3 ans de l'enfant ou lors de l'adoption d'un enfant, d'un complément de libre choix d'activité ou d'un complément optionnel de libre choix d'activité, d'un complément de libre choix du mode de garde.

A La prime à la naissance ou à l'adoption

La prime à la naissance ou à l'adoption est versée, sous condition de ressources, lors du 7e mois de grossesse pour tout enfant à naître ou lors de l'adoption d'un enfant de moins de 20 ans.

B L'allocation de base

Elle est servie sous condition de ressources à partir de la date de naissance de l'enfant jusqu'au dernier jour du mois civil précédant son 3e anniversaire. Les conditions de ressources sont les mêmes que pour la prime à la naissance.

C Le complément de libre choix d'activité (CLCA) et le complément optionnel de libre choix d'activité (COLCA)

Cette allocation n'est pas soumise à une condition de ressources. Elle a pour objectif de permettre au parent de suspendre son activité ou de la réduire afin de s'occuper de son enfant. Elle peut venir compléter l'allocation de base sous condition de ressources. Elle est versée à partir du premier enfant. Son montant varie selon le rang de l'enfant.

D Le complément de libre choix du mode de garde

Il est destiné au foyer ou à la personne qui emploie une assistante maternelle agréée dans le cas de la garde d'un enfant âgé de moins de 6 ans. Elle concerne également le cas de la garde à domicile de l'enfant.

3 Les prestations familiales en faveur des familles ayant un enfant handicapé

A L'allocation d'éducation de l'enfant handicapé (AEEH)

Cette prestation est destinée aux familles qui assurent la charge d'un enfant en situation de handicap. Il n'y a aucune condition de ressources exigée. La décision d'attribution de l'aide et d'un éventuel complément (en cas de dépenses coûteuses nécessitées par le handicap) est de la compétence de la Commission des droits et de l'autonomie des personnes handicapées (CDAPH).

B L'allocation journalière de présence parentale

Cette allocation est attribuée à toute personne qui a la charge d'un enfant âgé de moins de 20 ans atteint d'une maladie, d'un handicap grave rendant indispensable une présence soutenue et des soins contraignants. L'attribution de l'aide est soumise à l'obligation d'établir un certificat médical par un médecin.

43 La couverture du risque vieillesse

La branche vieillesse a été créée en 1945. Elle repose sur un système de répartition, de solidarité inter et intra générationnelle (transferts du régime central vers des régimes déséquilibrés comme les mines). Le régime général gère le régime de base de la retraite.

1 La pension de base

Depuis 2010, les pensions de base du régime général sont attribuées par les caisses d'assurance retraite et de santé au travail (CARSAT).

A Le droit de l'assuré

- → Le **montant de la pension de retraite** dépend du nombre d'années de cotisations, du salaire annuel moyen (SAM) et de l'âge auquel on part à la retraite.
- → Le **salaire annuel moyen** est calculé à partir de la moyenne des 25 meilleures années.
- → **L'âge légal de départ** à la retraite est de 62 ans pour les personnes nées à partir de 1955. Il varie entre 60 et 62 ans pour les personnes nées avant 1955.
- → **La durée d'assurance** est portée à 172 trimestres pour les personnes nées à partir de 1973. Il varie entre 160 et 171 trimestres pour les personnes nées avant 1973.
- → **Le taux plein**, permettant de percevoir une pension maximum, est fixé à 50 % du salaire annuel moyen.

Le montant de la pension de retraite dite « à taux plein » dépend donc du salaire annuel moyen (SAM), de la durée d'assurance et du taux appliqué au salaire annuel moyen.
(SAM x taux x durée d'assurance au régime général)/durée d'assurance maximum

Exemple

Un salarié part à la retraite à 67 ans. Il bénéficie du taux plein automatique de 50 %. Il a un nombre de trimestres validés de 165 (ce qui lui est nécessaire pour une retraite à taux plein).
(SAM des 25 meilleures années x taux de 50 % x 165)/165
Le résultat est la moitié du SAM x 1.
La retraite de ce salarié sera à taux plein, c'est-à-dire égale à la moitié de son SAM.

B La pension anticipée

Il existe des possibilités de départ à la retraite avant l'âge légal au titre de la pénibilité, de la longue carrière, du handicap.

C La pension au taux minoré

Les personnes n'ayant pas atteint l'âge légal de la retraite ou n'ayant pas la durée d'assurance nécessaire à la liquidation à taux plein de leur pension se voit appliquer une décote (1,625 % pour les assurés nés en 1950, 1,5 % pour ceux nés en 1951, 1,375 %, pour ceux nés en 1952 et 1,25 % pour ceux nés après 1952 par trimestre manquant).

D La surcote de la pension

Les personnes ayant accompli la durée d'assurance et continuant à travailler au-delà de l'âge légal se voit appliquer une majoration de leur pension qui correspond à 1,25 % par trimestre cotisé.

La pension peut être majorée dans divers cas (majoration pour enfant, majoration pour conjoint à charge, majoration pour l'aide d'une tierce personne).

E Les droits du conjoint survivant : la pension de réversion et l'allocation veuvage

La **pension de réversion** comme l'allocation veuvage sont attribuées par les caisses d'assurance retraite et de santé au travail, pour la région d'Île-de-France par la caisse nationale d'assurance vieillesse d'Île-de-France, et pour les départements d'outre mer par les caisses générales de sécurité sociale.

Les personnes ne remplissant pas les conditions d'âge pour bénéficier d'une pension de réversion peuvent, le cas échéant, prétendre à une **allocation veuvage**. L'allocation veuvage garantit, sous certaines conditions, au conjoint survivant de l'assuré décédé, le bénéfice d'une allocation temporaire versée lui permettant de s'insérer ou de se réinsérer dans la vie professionnelle.

2 L'allocation de solidarité aux personnes âgées (ASPA)

Depuis 2006, l'ASPA remplace le minimum vieillesse. Elle est destinée aux personnes âgées disposant de faibles revenus afin de leur garantir un niveau minimal de ressources.

Le bénéfice de l'ASPA est ouvert aux personnes âgées d'au moins 65 ans, sauf pour certaines catégories de personnes où l'âge est abaissé à l'âge légal de la retraite (personne en situation de handicap ou présentant une invalidité).

Son montant varie en fonction des ressources et de la situation familiale.

Les réformes des retraites

Depuis les années 1980, la couverture du risque vieillesse fait souvent l'objet de réformes. La dernière date du 18 décembre 2013 avec la loi garantissant l'avenir et la justice du système des retraites. Elle comporte une série de mesures comme :

- l'allongement progressif de la durée de cotisation ;
- l'augmentation des cotisations ;
- la création d'un « compte personnel de prévention de la pénibilité » (mis en œuvre en 2015).

44 La tutelle de l'État sur la Sécurité sociale

Le terme de « tutelle » signifie qu'il y a un contrôle exercé par le gouvernement ou par une institution sur une collectivité. L'État exerce un droit de regard sur la gestion des organismes de sécurité sociale. Ce contrôle est mené par plusieurs institutions.

1 Au niveau national

A Le Parlement

Il vote les lois de financement de la Sécurité sociale (LFSS) qui fixent les dépenses. Elles permettent de prévoir les recettes et de fixer les objectifs de dépenses.

B La Direction de la Sécurité sociale (DSS)

Elle assure cette tutelle. Elle est rattachée à plusieurs ministères (ceux chargés du travail, de la santé, du budget, de la cohésion sociale...). Elle conçoit les politiques relatives à la sécurité sociale, et assure leur mise en œuvre. Sa mission générale est d'assurer l'adéquation des prestations de sécurité sociale avec les besoins de la population, tout en veillant à l'équilibre financier des ressources. Elle pilote le projet de loi de financement de la sécurité sociale, qui fixe chaque année un objectif de dépense. Elle prépare et suit les conventions d'objectifs et de gestion (COG), qui déterminent des objectifs à chaque branche ou régime de sécurité sociale.

C Les organes de contrôle et de consultation

1. La Mission d'évaluation et de contrôle de la Sécurité sociale (MECSS)

Elle joue un rôle important dans l'évaluation et le contrôle des dépenses des organismes en matière budgétaire ou de prestations puisque la loi de financement de la Sécurité sociale (LFSS) fixe un objectif de dépense pour chaque exercice budgétaire.

2. Le Comité d'alerte sur l'évolution des dépenses d'assurance maladie (COMAM)

Il a été créé par la loi du 13 août 2004 portant réforme de l'assurance maladie.
Il est chargé d'alerter le Parlement, le gouvernement et les caisses nationales d'assurance maladie en cas d'évolution des dépenses d'assurance maladie incompatible avec le respect de l'objectif national voté par le Parlement. Chaque année, le comité rend un avis sur le respect de l'objectif national de dépenses d'assurance maladie (Ondam) pour l'exercice en cours.

3. Le Haut Conseil pour l'avenir de l'assurance maladie (HCAAM)

Créé en 2003, le HCAAM est composé de membres représentant les principaux organismes, institutions, syndicats, fédérations et associations intervenant dans le champ du système d'assurance maladie et plus largement dans celui du système de soins.

Ses missions sont d'évaluer le système d'assurance maladie et ses évolutions, de décrire la situation financière et les perspectives des régimes d'assurance maladie et d'apprécier les conditions requises pour assurer leur pérennité à terme, de veiller à la cohésion du système d'assurance maladie au regard de l'égal accès à des soins de haute qualité et d'un financement juste et équitable et enfin de formuler, le cas échéant, des recommandations ou propositions de réforme de nature à répondre aux objectifs de cohésion sociale et de pérennité financière des régimes d'assurance maladie.

4. Le Conseil d'orientation des retraites (COR)

Il permet d'échanger entre les principaux acteurs du champ des retraites. Il suit l'évolution des régimes et fait des propositions pour assurer leur solidité financière et leur fonctionnement solidaire.

5. Le Haut Conseil de la famille (HCF)

Installé en juin 2009, le Haut Conseil de la famille se substitue à la Conférence annuelle de la famille et au Haut Conseil de la population et de la famille. Les missions du HCF sont de permettre un débat public sur la politique familiale, de formuler des propositions de réforme, et de réfléchir au maintien de l'équilibre financier de la branche famille.

6. Le Haut Conseil du financement de la protection sociale (HCFi-PS)

Créé en 2012, il a pour mission d'établir un état des lieux du système de financement de la protection sociale. Cet état des lieux cherche principalement à décrire l'environnement économique et financier dans lequel la protection sociale évolue et à proposer des pistes d'évolution. Il peut être saisi par le Premier ministre, le ministre chargé de l'Économie et celui chargé de la Sécurité sociale.

2 Au niveau régional

Les **agences régionales de santé (ARS)** ont un rôle dans la maîtrise des dépenses de santé. La loi HPST prévoit la signature d'un contrat État-UNCAM fixant pour quatre ans les objectifs de gestion du risque (GDR). La gestion du risque signifie l'ensemble des actions mises en œuvre pour rendre le système de santé le plus efficient possible en améliorant la prévention, la qualité des soins et l'organisation du système de soins (parcours de soins ville-hôpital...).
Les agences régionales de santé et le réseau d'assurance maladie préparent, suivent et évaluent le programme pluriannuel régional de gestion du risque (article L-182-2-1-1 du code de la Sécurité sociale).
Les spécificités régionales sont prises en compte, par exemple pour l'implantation des hôpitaux, la chirurgie ambulatoire, les soins de suite et de réadaptation.

La protection sociale complémentaire

8

45 L'historique de la protection sociale complémentaire

La protection sociale complémentaire est issue d'un long mouvement politique et social. Les premières formes mutualistes ou de coopératives, d'associations remontent à la fin du 18e siècle. Elles compensaient la perte de revenu lié à la maladie et, dans certains cas, la retraite.

1 La naissance des mutuelles

Elles se sont développées dans un cadre non réglementaire avant la **loi Le Chapelier de 1791** qui interdisait toute forme de coalition ouvrière et patronale afin d'éviter tout risque de sédition.

En 1852, elles sont reconnues officiellement par décret de Charles Louis Napoléon Bonaparte. Elles prennent alors leur essor avec un soutien administratif et financier de l'État. Leur fonctionnement n'est alors pas totalement autonome puisque l'État contrôle les actes afin d'éviter des coalitions qui pourraient le mettre en péril. Ces sociétés de secours mutuels proposaient des prestations à leurs membres dans les domaines suivants : maladie, retraite. Les prestations consistaient principalement en des remboursements de soins médicaux, et lorsque les réserves financières le leur permettaient, elles prenaient en charge les frais d'obsèques.

En **1898**, les prestations s'étendent à la famille.

À partir de la **Première Guerre mondiale**, les besoins sociaux s'élargissent et nécessitent une réponse plus globale. Dans le même temps, les premières assurances sociales voient le jour à destination des salariés les plus modestes.

2 À l'issue de la Seconde Guerre mondiale

La création de la Sécurité sociale en **1945** risque de faire disparaître la protection sociale complémentaire. Mais cette protection sociale s'adapte peu à peu, et les sociétés de secours mutuelles deviennent une couverture complémentaire à celle de la Sécurité sociale. C'est à cette date que le nom de « mutuelles » apparaît.

Dans les **années 1970**, les mutuelles font face à la montée en puissance des compagnies d'assurance privée dans les domaines de la retraite et de la maladie.

3 Après les Trente Glorieuses

Aujourd'hui, les mutuelles proposent des prestations en complémentaire santé (couverture de la plupart des frais médicaux, dont les frais d'optique et dentaires, ainsi que les frais d'hospitalisation). Elles offrent aussi des contrats collectifs destinés à assurer une couverture complémentaire des salariés (l'employeur ou le comité d'entreprise prenant alors en charge, en règle générale, une partie de la cotisation) ou encore des contrats relevant du domaine de la prévoyance (capital décès, rente d'invalidité, complément aux indemnités journalières de la sécurité sociale…).
Les individus les plus en difficulté peuvent bénéficier d'une couverture complémentaire depuis la mise en place de la couverture maladie universelle depuis 2000.

4 La généralisation de la protection complémentaire

Dans le cadre de la loi sur la sécurisation de l'emploi basée sur l'accord national interprofessionnel (ANI) de janvier 2013, une réforme de la protection sociale complémentaire a été annoncée. Depuis le 1er janvier 2016, l'ensemble des entreprises doit souscrire à un contrat de santé collectif pour l'ensemble de ses salariés. L'employeur doit financer 50 % de la cotisation, le reste étant à la charge du salarié. Les garanties prévues dans le contrat doivent au moins correspondre aux garanties minimales prévues par la loi.

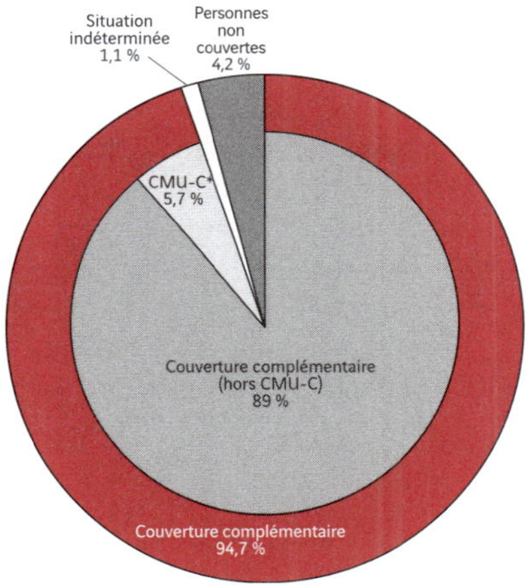

D'après www.irdes.fr

Figure 45.1 Proportion des personnes déclarant bénéficier ou non d'une couverture complémentaire (CC) en France en 2010

46 L'organisation des mutuelles

Historiquement, les mutuelles sont nées des « sociétés de secours mutuels », organismes apparus à la fin du 18e siècle, puis reconnus dans la seconde moitié du 19e siècle, dont le but était d'assurer à leurs membres des prestations dans les branches de la maladie, l'accident, la vieillesse ou la mort. À partir de 1945, date de mise en place de la Sécurité sociale, elles se sont surtout inscrites en complément de ce régime. Aujourd'hui, les mutuelles assurent des prestations dans les mêmes domaines que ceux des assurances commerciales. Elles sont régies par le code de la mutualité.

1 L'objet des mutuelles

A Définition

La définition de la mutuelle est donnée à l'alinéa I de l'article L111-1 du code de la mutualité.
« Les mutuelles sont des personnes morales de droit privé à but non lucratif. Elles acquièrent la qualité de mutuelle et sont soumises aux dispositions du présent code à dater de leur immatriculation dans les conditions fixées par décret en Conseil d'État. Elles mènent, notamment au moyen des cotisations versées par leurs membres, et dans l'intérêt de ces derniers et de leurs ayants droit, une action de prévoyance, de solidarité et d'entraide, dans les conditions prévues par leurs statuts, afin de contribuer au développement culturel, moral, intellectuel et physique de leurs membres et à l'amélioration de leurs conditions de vie. [...] »

Les mutuelles n'ont alors pas vocation à faire des bénéfices, elles doivent répondre aux besoins sociaux de leurs adhérents. Les bénéfices éventuellement dégagés doivent servir à mettre en place une action sociale en faveur de leurs membres.
La source de financement des mutuelles provient des cotisations des adhérents, elles ne peuvent faire appel à d'autres sources de financement.
Une des particularités des mutuelles par rapport aux assurances privées de santé est qu'elles ne pratiquent pas la sélection de leurs adhérents en fonction des risques éventuels. Elles appliquent le principe de solidarité.

B Les prestations servies

« Les mutuelles peuvent avoir pour objet de réaliser les opérations d'assurance suivantes :
– couvrir les risques de dommages corporels liés à des accidents ou à la maladie ;
– contracter des engagements dont l'exécution dépend de la durée de la vie humaine, verser un capital en cas de mariage ou de naissance d'enfants, faire appel à l'épargne en vue de la capitalisation en contractant des engagements déterminés ;
– réaliser des opérations de protection juridique et d'assistance aux personnes ;

- couvrir le risque de perte de revenus lié au chômage ;
- apporter leur caution mutualiste aux engagements contractés par leurs membres participants en vue de l'acquisition, de la construction, de la location ou de l'amélioration de leur habitat ou de celui de leurs ayants droit ;
- assurer la prévention des risques de dommages corporels liés à des accidents ou à la maladie, ainsi que la protection de l'enfance, de la famille, des personnes âgées, dépendantes ou handicapées ;
- mettre en œuvre une action sociale ou gérer des réalisations sanitaires, sociales ou culturelles ;
- participer à la gestion d'un régime légal d'assurance maladie et maternité [...] (article L111-1) »

Et, de fait, les mutuelles ne peuvent obtenir d'agrément administratif que dans les branches de l'assurance suivantes : accident, maladie, assistance, vie-décès, nuptialité, natalité, capitalisation, gestion de fonds collectifs, protection juridique.

2 Le fonctionnement des mutuelles

La mutuelle est organisée ainsi :
- une **assemblée générale** dont les délégués sont élus par les adhérents pour, notamment, déterminer les montants ou les taux de cotisation, les prestations offertes ainsi que le contenu des règlements mutualistes ;
- un **conseil d'administration**, composé d'administrateurs élus par l'assemblée générale pour 6 ans maximum, dont le rôle est d'administrer la mutuelle, de définir la stratégie générale de développement de la mutuelle ainsi que d'élire le président du conseil d'administration ;
- un **bureau**, composé d'administrateurs, dont le rôle est défini par les statuts de la mutuelle : il est d'assurer la cohérence de la réflexion stratégique et politique globale de la mutuelle, de préparer les travaux du conseil d'administration, etc.

47 L'action sociale des mutuelles

L'article L. 111-1 du code de la mutualité définit le rôle des mutuelles et met en avant une de leurs spécificités historiques, à savoir qu'elles ont vocation à « mettre en œuvre une action sociale ».

1 Le principe de l'action sociale mutualiste

A Définition

L'action sociale est à distinguer de la couverture des risques traditionnels (hospitalisation, incapacité de travail, intervention chirurgicale...). D'un côté, en vertu du principe de solidarité, la mutuelle choisit de participer, dans la mesure de ses moyens, à toute action visant à promouvoir l'autonomie (financière, physique...) d'adhérents mis en difficulté suite à un événement imprévisible d'une particulière gravité (maladie, catastrophe naturelle, bouleversement familial...). De l'autre, en cas de survenance d'un risque précis, elle s'oblige contractuellement, moyennant paiement d'une cotisation, à assurer le versement de prestations dont le montant est déterminé à l'avance.

B Le champs d'intervention

Les mutuelles sont des personnes morales de droit privé à but non lucratif. Elles acquièrent la qualité de mutuelle et sont soumises aux dispositions du code de la mutualité à dater de leur immatriculation dans les conditions fixées par décret en Conseil d'État. Elles mènent, notamment au moyen des cotisations versées par leurs membres, et dans l'intérêt de ces derniers et de leurs ayants droit, une action de prévoyance, de solidarité et d'entraide, dans les conditions prévues par leurs statuts, afin de contribuer au développement culturel, moral, intellectuel et physique de leurs membres et à l'amélioration de leurs conditions de vie. Ces statuts définissent leur objet social, leur champ d'activité et leurs modalités de fonctionnement, conformément aux dispositions du code de la mutualité.

2 Les bénéficiaires de l'action sociale des mutuelles

Une mutuelle exerçant une activité d'assurance peut assurer la prévention des risques de dommages corporels, mettre en œuvre une action sociale ou gérer des réalisations sanitaires et sociales dans la mesure où ces activités sont accessoires, et accessibles uniquement :

– à ses membres participants et à leurs ayants droit, dès lors que les prestations délivrées dans ce cadre découlent directement du contrat qu'ils ont souscrit ;

– aux souscripteurs d'un contrat proposé par une entreprise relevant du code des assurances, par une institution de prévoyance relevant du code de la sécurité sociale ou par une autre mutuelle d'assurance, et ayant passé une convention avec elle, dès lors que les prestations délivrées dans ce cadre découlent directement du contrat passé avec ces souscripteurs (extrait du code de la mutualité).

Les bénéficiaires des aides sont généralement des personnes rencontrant des difficultés dans différents domaines de leur vie. Ils doivent être adhérents de la mutuelle, qui étudie les dossiers de demande et décide de l'attribution ou non de l'aide.
Des conditions de ressources sur la base des revenus déclarés à l'administration fiscale sont très généralement demandées.

3 Les différentes allocations et aides attribuées

Les mutuelles peuvent verser des aides selon le niveau de couverture et les modalités des garanties proposées. Les principales aides pouvant être attribuées par les mutuelles interviennent dans les domaines suivants.

A La participation aux frais d'obsèques

En cas de décès du membre participant, les mutuelles peuvent accorder une allocation, dans la limite des dépenses réellement engagées, au conjoint non séparé de corps, la personne assimilée ou l'enfant mineur représenté ayant effectivement supporté les frais d'obsèques.

B L'allocation naissance

Lors de l'arrivée d'un enfant dans le foyer, une allocation peut être versée. La même allocation est versée dans le cas d'adoption d'enfant.

C Les aides aux séjours d'enfants

Des aides aux séjours d'enfants sont proposées aux adhérents. Les séjours concernent généralement les colonies de vacances, centres aérés ou organismes culturels, éducatifs ou sportifs ou encore les séjours dans des établissements de vacances spécialisés des enfants handicapés.

D Les aides aux personnes en difficulté

1. Aide familiale

Les membres participants vivant seuls, en couple, avec ou sans enfants, se trouvant dans l'incapacité provisoire d'assurer les tâches liées à l'éducation des enfants ou à l'entretien du ménage peuvent bénéficier d'une aide destinée à leur permettre de faire face aux frais d'une assistance ménagère. Cette aide des mutuelles intervient seulement après l'aide éventuellement versée par la CAF au titre des prestations exceptionnelles d'action sociale. Cette aide peut également se rapporter à d'autres dépenses : déplacements liés aux besoins de la vie quotidienne, transfert ou garde des enfants, aide scolaire…

2. Aide aux personnes dépendantes

Une aide peut être accordée aux personnes dépendantes après avoir vérifié le degré de dépendance évalué par la grille AGGIR.

3. Aide ménagère

Dans certains cas, une aide ménagère aidant à la préparation des repas et de l'entretien de la maison peut être proposée par certaines mutuelles.

E L'allocation dans le champ du handicap

Des aides pour les parents d'enfants handicapés peuvent être attribuées sous certaines conditions.

F L'allocation d'entraide

Une allocation d'entraide peut être accordée, pour des cas sociaux particulièrement dignes d'intérêt, au profit d'adhérents qui se trouvent, par suite de circonstances malheureuses, de caractère accidentel, ou de faits ayant entraîné une dépendance passagère ou irréversible, hors d'état de supporter les dépenses auxquelles ils ont à faire face.

G Les actions de prévention

Les mutuelles accompagnent la santé de leurs adhérents tout au long de leur vie. Diverses prestations de prévention figurent dans leurs garanties. Ces prestations répondent à plusieurs objectifs :

- empêcher ou retarder l'apparition de problèmes de santé. De nombreuses garanties proposent à leurs adhérents le remboursement des vaccinations recommandées, des substituts nicotiniques, des ateliers équilibre pour les personnes âgées, des préservatifs, etc.;
- promouvoir le diagnostic et le dépistage précoce de certaines maladies. Beaucoup de garanties incluent, par exemple, des examens de dépistage de certains cancers, des bilans parodontologiques, nutritionnels ou auditifs, des examens d'ostéodensitométrie pour les femmes ménopausées, etc.;
- limiter l'impact de certaines conséquences de santé sur la qualité de vie de la personne malade ou celle de son entourage. Certaines garanties comprennent la prise en charge de consultations nutritionnelles ou psychologiques, de housses anti-acariens pour les personnes allergiques, etc.

Un exemple de structure mutualiste : le Pavillon de la mutualité

Le Pavillon de la mutualité a été créé en 1921 à l'initiative d'une dizaine de sociétés de secours mutuels. C'est un réseau de services proposant une offre de soins pluridisciplinaires pour accompagner l'individu dans toutes les étapes de sa vie. L'objectif du Pavillon de la mutualité est de proposer des activités sociales et médico-sociales dans la région de Bordeaux. Cela permet d'offrir à ses adhérents des centres d'optique, des centres d'audiométrie, des services de soins à domicile, des crèches et haltes-garderies pour la petite enfance, des centres de santé et dentaires, des maisons de retraite, etc.

Ce réseau fonctionne en partenariat avec des acteurs comme la Fédération de la Mutualité française, des associations (enfance, aides à domicile, aidants familiaux pour les personnes atteintes d'Alzheimer...).

48 Les assurances santé privées

Une entreprise d'assurances se caractérise par le fait qu'elle est régie par le code des assurances. Elle se distingue des mutuelles et autres institutions de prévoyance. Les entreprises d'assurance sont autorisées à vendre des garanties qui concernent à la fois les biens, les personnes, la responsabilité.

1 Les types de sociétés d'assurance

Le droit français distingue deux principaux types de sociétés d'assurance :
– la **société d'assurance à forme mutuelle à but non commercial** : elle est constituée sur un mode de fonctionnement mutualiste ;
– la **société anonyme d'assurance** : elle est constituée de capitaux et a un but lucratif. Elle est contrôlée par ses actionnaires.

2 Les sociétés d'assurance mutuelle

A Définition

Les sociétés d'assurance mutuelle ont **un objet non commercial**. Elles sont constituées pour assurer les risques apportés par leurs sociétaires.
Moyennant le paiement d'une cotisation fixe ou variable, elles garantissent à ces derniers le règlement intégral des engagements qu'elles contractent.
Toutefois, les sociétés d'assurance mutuelle pratiquant les opérations d'assurance sur la vie ou de capitalisation, elles ne peuvent recevoir de cotisations variables.
La société d'assurance mutuelle est administrée par un conseil d'administration. Mais, il peut être stipulé par les statuts de toute société d'assurance mutuelle que celle-ci est administrée par un directoire et un conseil de surveillance.
Les sociétés d'assurance mutuelle ne peuvent se constituer qu'en rassemblant un minimum d'adhérents (500 ou 300 selon la nature juridique). Enfin, à la différence des sociétés anonymes, elles ont l'interdiction légale de proposer des produits d'assurance vie, et ne peuvent avoir recours à des intermédiaires pour distribuer leurs contrats d'assurance.

B Exemples

– **La mutuelle GMF** (Garantie mutuelle des fonctionnaires) est une société d'assurance mutuelle, créée en 1934 par des fonctionnaires pour des fonctionnaires. Elle effectue en 1993 un rapprochement avec le groupe AZUR pour donner naissance à AZUR-GMF. En 2006, il y a eu la séparation d'AZUR et de GMF et fusion d'AZUR et de MMA.
– **La mutuelle MACIF** (Mutuelle d'assurance des commerçants et industriels de France et des cadres et des salariés de l'industrie et du commerce) est aussi une société d'assurance mutuelle créée en 1960 qui commercialise des contrats d'assurance complémentaire santé, de l'assurance IARD (auto, habitation, chasse...).

3 Les sociétés anonymes d'assurance

A Définition

Une société anonyme d'assurance se caractérise par le fait qu'il s'agit d'une **société commerciale** ayant pour vocation de réaliser des bénéfices et de les distribuer à ses actionnaires. Elle est donc constituée d'un capital social. Les produits des assurances qu'elle commercialise peuvent être distribués par des intermédiaires (agents généraux et courtiers) rémunérés à la commission.

Les sociétés anonymes d'assurance sont, en outre, autorisées à opérer dans toutes les branches de l'assurance énumérées à l'article R 321-1 du code des assurances. Elles proposent généralement une très large gamme de produits d'assurance, visant à couvrir presque tous les types de risques. Ces sociétés commerciales offrent donc le plus souvent des prestations visant à assurer les biens, les responsabilités et les personnes.

Contrairement aux mutuelles, les sociétés anonymes d'assurance gèrent le risque et les tarifs en les personnalisant. Elles pratiquent une sélection des risques en rassemblant des informations personnelles par le biais de questionnaires soumis au candidat à un contrat d'assurance. Ces informations leur permettent de fixer le niveau de garantie et le tarif du contrat proposé.

Enfin, les dirigeants des sociétés d'assurance sont désignés par les actionnaires et rémunérés pour l'exercice de leurs fonctions et responsabilités.

B Les prestations servies par les sociétés d'assurance santé

Les sociétés d'assurance viennent compléter les remboursements du régime d'assurance maladie obligatoire. Elles interviennent dans différents domaines :

- dentaire,
- optique,
- soins, hospitalisation,
- maternité,
- cure thermale,
- prévention,
- médecine douce.

Le montant de la cotisation dépend du niveau de garantie souscrit.

C Exemple

La **société AXA** propose des contrats complémentaires santé. Les individus n'adhèrent pas à la société AXA, mais souscrivent à un contrat. AXA est une société d'assurances à but lucratif régie par le code des assurances.

Prix de l'hospitalisation	Remboursement Caisse primaire assurance maladie	Remboursement de la complémentaire santé	Reste à charge pour l'assuré
912 € (dont 500 € de dépassements d'honoraires)	Remboursement partiel	Complément non pris en charge par la CPAM (en fonction des garanties du contrat)	0 € (en fonction des garanties du contrat)

49 Les institutions de prévoyance

Les institutions de prévoyance sont des personnes morales de droit privé sans but lucratif administrées par des partenaires sociaux (représentants de salariés et d'employeurs, à part égale). Elles sont compétentes dans plusieurs domaines : versement de capital en cas de mariage ou de naissance d'enfants, couverture des risques de dommages corporels liés aux accidents et à la maladie, couverture du risque chômage. Elles peuvent mettre en place une action sociale. Elles émanent d'accords ou de conventions proposés par le chef d'entreprise pour les membres de son entreprise.

1 Le fonctionnement d'une institution de prévoyance

Pour exister, les institutions de prévoyance doivent obtenir un agrément délivré par le ministre chargé de la Sécurité sociale. Elles sont créées dans le seul but de protéger l'intérêt de leurs participants (les salariés) et de leurs adhérents (les entreprises). Elles ne sont alors pas soumises à l'obligation de dégager des bénéfices pour des actionnaires comme c'est le cas pour les assurances privées de santé.

Elles sont régies par un conseil d'administration fonctionnant sur la base d'une égalité de représentation entre les partenaires sociaux (employeurs et salariés). Le conseil d'administration a pour fonction principale de veiller directement à la mise en œuvre et à la gestion (suivi et évolution) des garanties des contrats collectifs. Les résultats positifs de leur gestion doivent servir à améliorer les prestations, à proposer d'autres garanties et à proposer une action sociale.

Le décret du 2 avril 1996 a fixé leur régime financier, tout comme les assurances, c'est-à-dire avoir une marge de solvabilité, des engagements réglementés, des provisions techniques.

2 Les prestations versées par les institutions de prévoyance

A Les garanties de base

Le rôle des institutions de prévoyance est de proposer des garanties collectives pour protéger les salariés des risques sociaux. Les principaux risques assurés sont : la maladie, l'incapacité de travail, le décès.

Les prestations délivrées visent à assurer une sécurité économique aux salariés. Elles sont principalement de trois natures :

- les remboursements de frais de santé, en complément des remboursements effectués par la Sécurité sociale (en cas de maladie) ;
- le versement d'indemnités journalières (en cas d'incapacité de travail ou d'invalidité) ;
- le versement de capitaux décès et/ou de rentes pour les conjoints et orphelins (en cas de décès).

B L'action sociale des institutions de prévoyance

L'objectif des institutions de prévoyance est d'améliorer les conditions de protection des salariés. Dans le cas de salariés confrontés à des situations difficiles, des prestations d'action sociale existent. Les personnes aidées peuvent être atteintes de maladie grave, être en situation de handicap, avoir des problèmes financiers, etc. Ces mesures sont financées par un prélèvement dans le fonds de cotisations versées par les salariés.

Les actions proposées, dans ce cadre d'action sociales ont pour objectif :
- de faciliter l'accès aux soins médicaux et favoriser la prévention des personnes les plus démunies,
- d'aider les personnes en difficulté,
- d'apporter un soutien à la famille en facilitant l'insertion des jeunes,
- d'écouter, de conseiller et d'orienter en favorisant le développement des services d'action sociale.

3 Les différents types d'institutions de prévoyance

Il existe différents types d'institutions de prévoyance liés à la nature du contrat originel :
- les institutions professionnelles : elles recouvrent une profession ou une catégorie de profession, ou une branche professionnelle ;
- les institutions interprofessionnelles : elles représentent les entreprises et les salariés qui créent ce type d'organisme d'assurance. Elles peuvent rassembler plusieurs entreprises et/ou professions, et/ou recouvrir plusieurs branches professionnelles ;
- les institutions d'entreprise : elles rassemblent les employeurs et salariés d'une même entreprise.

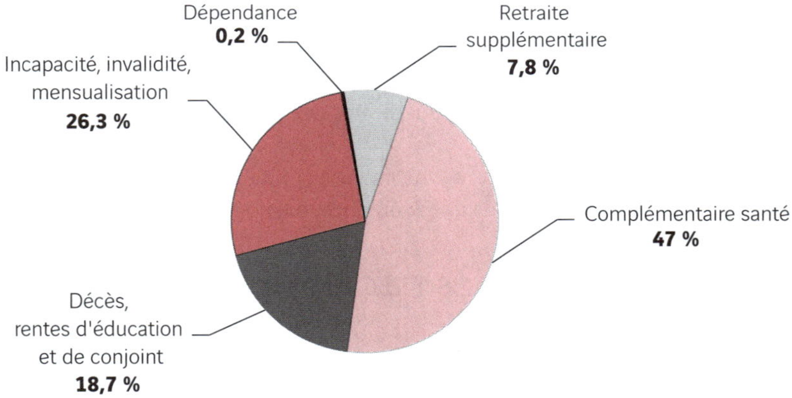

D'après Centre technique des institutions de prévoyance, juillet 2013

Figure 49.1 Répartition de l'activité des institutions de prévoyance en 2012

50 Les principes de répartition et de capitalisation

Les termes de « répartition » et de « capitalisation » sont surtout employés lorsque l'on aborde le système français de retraite. Il repose pour une très large part sur la répartition. Dans ce mode de gestion, les cotisations « retraite », versées par les actifs et par leurs employeurs, sont immédiatement utilisées pour payer les retraites des retraités actuels. Les cotisations d'aujourd'hui financent les retraites d'aujourd'hui.

1 Le système par répartition

A Principe

La répartition est un système fondé sur la solidarité entre les générations. Le système français est basé sur le principe de répartition.

Ce principe est réaffirmé dans l'article 1er de la loi du 21 août 2003 portant réforme des retraites qui précise : « La Nation réaffirme solennellement le choix de la retraite par répartition au cœur du pacte social qui unit les générations. »

Chaque année, le total des cotisations versées par les actifs est réparti entre les retraités (déduction faite des frais de fonctionnement du système).

En contrepartie de cette solidarité avec les générations précédentes, les cotisants acquièrent eux-mêmes des droits sur les générations futures, qui financeront à leur tour leur retraite lorsqu'ils cesseront de travailler.

B Avantages, limites

Le système par répartition est au cœur de nombreux débats, il comporte des avantages et des limites.

Il permet tout d'abord d'établir une solidarité entre tous les citoyens et entre les générations.

Ensuite, il permet aux individus de s'assurer contre les aléas de la vie et de l'économie, les cotisations étant redistribuées immédiatement aux retraités sous forme de pensions.

Il est reproché au système par répartition sa perte d'efficacité lié à la conjoncture démographique (rapport entre le nombre de retraités et le nombre de cotisants).

2 Le système par capitalisation

A Principe

Il s'agit d'une forme d'épargne individuelle – même si elle est organisée dans un cadre collectif – consistant pour chaque assuré et, le cas échéant, pour son employeur à verser des cotisations qui lui restent acquises et lui seront reversées à l'âge de la retraite sous la forme d'une rente ou d'un capital.

Jusqu'à cette date, les cotisations salariales et, le cas échéant, patronales sont immobilisées sous forme de placements produisant des intérêts qui doivent au moins couvrir les effets de l'inflation.

En d'autres termes, il s'agit de « mettre de l'argent de côté » pour sa future retraite.

Dans un tel système, les sommes versées dépendent des versements effectués durant la vie active et de la performance des placements choisis.

La France a fait le choix d'un système par répartition. Le mécanisme par capitalisation est néanmoins présent dans certaines formes d'épargne retraite réglementées (ex. : plan d'épargne-retraite populaire – PERP – et plan d'épargne pour la retraite collectif – PERCO), qui peuvent s'ajouter aux retraites de base et complémentaires.

B Avantages, limites

Le système par capitalisation peut améliorer le rendement des retraites si l'économie est durablement porteuse. Il permet de financer les investissements publics et ceux des entreprises (par le placement des cotisations sous forme d'actions ou d'obligations).

Il ne permet pas – ou difficilement – de prendre en compte la dimension sociale des retraites (par exemple, non-prise en compte de périodes de chômage, de maladie...).

Il peut se révéler très dommageable pour les assurés en cas de récession économique prolongée ou de forte inflation (chute du pouvoir d'achat des retraites).

Les établissements et services sociaux et médico-sociaux

9

51 La loi du 2 janvier 2002 rénovant l'action sociale et médico-sociale

La loi du 2 janvier 2002 a apporté des changements majeurs dans le secteur social et médico-social qui était régi jusqu'alors par la loi du 30 juin 1975 (loi n° 75-535). C'est aujourd'hui la loi de référence des établissements du secteur social et médico-social. On verra essentiellement ici les aspects de la loi relatifs à l'usager.

1 Présentation générale de la loi du 2 janvier 2002

Elle est construite sur la base des orientations suivantes : renforcer la place de l'usager, diversifier les modalités de prise en charge pour une meilleure réponse aux besoins, assurer une évaluation plus rigoureuse et une meilleure programmation des services et établissements (obligation pour les départements d'élaborer des schémas départementaux).

A L'article 1er de la loi

L'article premier est ainsi libellé : « L'action sociale et médico-sociale tend à promouvoir, dans un cadre interministériel, l'autonomie et la protection des personnes, la cohésion sociale, l'exercice de la citoyenneté, à prévenir les exclusions et à en corriger les effets. Elle repose sur une évaluation continue des besoins et des attentes des membres de tous les groupes sociaux, en particulier des personnes handicapées et des personnes âgées, des personnes et des familles vulnérables, en situation de précarité ou de pauvreté, et sur la mise à leur disposition de prestations en espèces ou en nature. Elle est mise en œuvre par l'État, les collectivités territoriales et leurs établissements publics, les organismes de sécurité sociale, les associations ainsi que par les institutions sociales et médico-sociales au sens de l'article L. 311-1 ».

Dès son article 1er, la loi présente les finalités de l'action sociale et médico-sociale en mettant en avant cinq points importants sur lesquels repose l'essentiel de la loi :
- l'autonomie ;
- la protection des personnes ;
- la cohésion sociale ;
- l'exercice de la citoyenneté ;
- l'évaluation des besoins et des attentes notamment des personnes handicapées ou âgées, des personnes et familles vulnérables, en situation de pauvreté ou de précarité.

Ces cinq points essentiels visent à replacer l'usager au cœur de l'action sociale et médico-sociale en réponse à l'une des limites formulées à la loi du 30 juin 1975 souvent critiquée pour son insuffisante prise en compte de la parole et des besoins de l'usager. En 1975, il s'agissait prioritairement de mettre en place pour la première fois un cadre institutionnel cohérent pour le secteur médico-social. La loi de 1975 a représenté un premier cadrage indispensable qui a permis l'avènement de la loi de 2002. Mais l'évolution du public, dans un contexte social lui-même en pleine mutation, a rendu nécessaire une nouvelle approche de l'action sociale et médico-sociale aujourd'hui incarnée par cette loi de 2002. L'ambition de la loi est de mettre en place dans les établissements et services du secteur social et médico-social les outils qui doivent permettre :
- un fonctionnement démocratique ;
- de faire de l'usager et sa famille des acteurs à part entière de la prise en charge ;
- de donner (dans la suite du point précédent) un statut de citoyen à l'usager et sa famille ;
- de favoriser une qualité de prise en charge (notamment par de nouvelles obligations d'évaluation).

D'une façon générale, la loi souhaite faire passer le secteur médico-social d'une conception «assistancielle» de la prise en charge à une conception plus responsabilisante dans le cadre d'une meilleure prise en compte des besoins de l'individu.

B Quels sont les établissements concernés par la loi du 2 janvier 2002?

Le champ d'intervention de la loi du 2 janvier 2002 concerne l'ensemble des établissements sociaux et médico-sociaux avec des nuances selon les publics accueillis et donc un public très nombreux : personnes âgées, personnes en situation de handicap, familles en situation de précarité ou de pauvreté...

2 La place de l'usager

A L'affirmation des droits des usagers

L'article 7 de la loi du 2 janvier 2002 (article L311-3 du code de l'action sociale et de la famille) précise que « L'exercice des droits et libertés individuels est garanti à toute personne prise en charge par des établissements et services sociaux et médico-sociaux. Dans le respect des dispositions législatives et réglementaires en vigueur, lui sont assurés :
- le respect de sa dignité, de son intégrité, de sa vie privée, de son intimité et de sa sécurité ;
- sous réserve des pouvoirs reconnus à l'autorité judiciaire et des nécessités liées à la protection des mineurs en danger, le libre choix entre les prestations adaptées qui lui sont offertes soit dans le cadre d'un service à son domicile, soit dans le cadre d'une admission au sein d'un établissement spécialisé ;
- une prise en charge et un accompagnement individualisé de qualité favorisant son développement, son autonomie et son insertion, adaptés à son âge et à ses besoins, respectant son consentement éclairé qui doit systématiquement être recherché lorsque la personne est apte à exprimer sa volonté et à participer à la décision ;
- la confidentialité des informations la concernant ;
- l'accès à toute information ou document relatif à sa prise en charge, sauf dispositions législatives contraires ;
- une information sur ses droits fondamentaux et les protections particulières légales et contractuelles dont elle bénéficie, ainsi que sur les voies de recours à sa disposition ;
- la participation directe ou avec l'aide de son représentant légal à la conception et à la mise en œuvre du projet d'accueil et d'accompagnement qui la concerne ».

On voit bien que la loi insiste sur la nécessité d'une prise en charge individualisée, mais également sur la reconnaissance de l'individu au travers de la protection de son intimité, des informations le concernant et de la possibilité qui lui est donnée de s'exprimer sur les conditions de sa prise en charge. Afin de rendre ces droits effectifs, la loi a prévu des outils rendus obligatoires dans le secteur social et médico-social.

B Les outils de mise en œuvre des droits

Ces outils, au nombre de sept, doivent permettre aux droits d'être exercés.

- **Premier outil : le livret d'accueil.** C'est le support de présentation de l'établissement, il doit permettre de favoriser le droit à l'information et au libre choix.
- **Deuxième outil : la charte des droits et libertés.** Elle présente de façon claire et accessible les droits de la personne accueillie pour une meilleure information.
- **Troisième outil : le contrat de séjour.** Ce contrat définit les objectifs et la nature de la prise en charge ou de l'accompagnement. Le contrat de séjour doit être conclu dans les établissements qui accueillent des usagers pour un séjour continu ou discontinu d'une durée prévisionnelle supérieure à 2 mois. Le contrat doit être signé, au plus tard, dans le mois qui suit l'admission. La loi prévoit également qu'un avenant au contrat doit être signé dans les 6 mois qui suivent la signature du contrat. Cet avenant, qui repose souvent sur l'élaboration d'un projet personnalisé, permet de préciser les conditions de l'accompagnement de l'usager. Ces conditions doivent ensuite être réactualisées tous les ans.
- **Quatrième outil : le conciliateur/médiateur.** Il doit permettre une protection en cas de litige, par exemple avec le personnel.
- **Cinquième outil : le règlement de fonctionnement de l'établissement ou de service.** Il doit permettre de poser les règles de fonctionnement garantissant le respect des droits des usagers.
- **Sixième outil : le projet d'établissement ou de service** doit permettre d'assurer la qualité et la sécurité de la prise en charge en se fixant des objectifs de qualité.
- **Septième outil : le conseil de la vie sociale** ou une autre forme de participation des usagers. C'est l'outil devant permettre à l'usager de s'exprimer (droit à la participation) sur ses conditions de séjour.

L'ensemble de ces outils – bien qu'obligatoires – connaissent des modalités d'application variables selon les publics accueillis et permettent une application effective des droits seulement à la condition que l'ensemble des personnels d'un service ou d'un établissement soit convaincu de leur légitimité.

3 L'évaluation pour une prise en charge optimisée

La loi impose aux établissements et services une double évaluation dont les résultats sont transmis aux autorités (ARS, conseil départemental). Il s'agit d'une évaluation interne, qui doit être réalisée tous les 5 ans, et d'une évaluation externe, réalisée tous les 7 ans, par un organisme extérieur habilité par l'Agence nationale de l'évaluation et de la qualité des établissements et services sociaux et médico-sociaux (ANESM).

52 Les établissements et services en faveur des personnes âgées

Le vieillissement généralisé de la population pose la question de la capacité à développer des services et des établissements en nombre suffisant pour une prise en charge à la hauteur des enjeux. En découle la question de la formation et de la reconnaissance des professionnels intervenant dans la prise en charge des personnes âgées. On distingue les services intervenant dans le maintien à domicile, les établissements d'hébergement et les établissements assurant un accueil ponctuel. Les centres locaux d'information et de coordination (CLIC) sont également des acteurs importants.

1 Les services intervenant dans le maintien à domicile

A Les services d'accompagnement à domicile

→ Ces services assurent auprès de personnes âgées, vivant à domicile mais qui ne sont plus en mesure d'assurer toutes les activités de la vie quotidienne, des prestations qui favorisent un maintien à domicile.

Il peut s'agir d'une aide à l'entretien du logement, à la réalisation des repas ou encore pour effectuer certaines démarches qui visent, au-delà de l'aide concrète, à maintenir des liens sociaux indispensables pour lutter contre l'isolement social. Les professionnels qui interviennent sont souvent appelés « aides ménagères », « aides à domicile » ou encore « auxiliaires de vie ». Ces professionnels peuvent réaliser des soins d'hygiène sommaires, mais en aucun cas des actes de soins prescrits par un médecin. Les services d'accompagnement peuvent revêtir des statuts très divers : entreprises privées, associations. Dans de nombreuses communes, les centres communaux d'action sociale (CCAS) prennent en charge et organisent de façon variable selon les territoires l'accompagnement à domicile des personnes âgées. Une prise en charge financière de l'aide ménagère peut être assurée par l'allocation personnalisée d'autonomie (APA) versée par le département. Elle n'est pas soumise à conditions de ressources. Néanmoins, au-delà d'un certain seuil de revenus, une participation financière est demandée au bénéficiaire.

B Les services de soins infirmiers à domicile (SSIAD)

→ Il s'agit d'établissements médico-sociaux dont la mission est d'assurer des soins infirmiers à domicile sur prescription médicale.

Ces soins doivent permettre de favoriser le maintien de l'autonomie dans le logement, de prévenir une hospitalisation ou de retarder l'entrée en maison de retraite.
Il est à noter que de nombreux infirmiers libéraux assurent également des soins à domicile.

2 Les établissements d'hébergement pour personnes âgées (EHPA)

Ce sont des établissements médico-sociaux ou des établissements de santé destinés à accueillir les personnes âgées selon des modalités très diverses.

A Maisons de retraite et foyers-logements

→ **Les maisons de retraite sont des lieux d'hébergement collectifs de statut public ou privé avec des tarifications très variables en fonction du niveau de prestations.**

→ **Les logements-foyers sont composés de logements autonomes, en général des appartements, mais avec des équipements communs que les résidents peuvent ou non utiliser. Ainsi, beaucoup de logements-foyers disposent de salles communes de restauration ou d'animation. De statut public ou privé, ils sont parfois appelés « résidence » et appliquent des tarifs très variables en fonction des prestations offertes.**

B Les unités de soin de longue durée (USLD)

→ **Ce sont des services hospitaliers qui accueillent des personnes n'ayant plus d'autonomie et ayant besoin de soins et d'une surveillance constante.**

Les maisons de retraite et les foyers-logements qui accueillent des personnes âgées dépendantes doivent avoir un statut EHPAD (établissement d'hébergement pour personnes âgées dépendantes) pour être autorisés à accueillir ce type de public. Ce statut engage les établissements au respect d'un cahier des charges sur le plan des tarifs et de la qualité de prise en charge. Les problématiques relatives à la dépendance doivent donc pouvoir être assumées par l'établissement notamment en ce qui concerne la formation du personnel. Le statut d'EHPAD est obtenu suite à la signature d'une convention tripartite avec le conseil départemental et l'agence régionale de santé qui sont les principaux financeurs. C'est dans le cadre de cette convention que le cahier des charges est défini et que l'établissement s'engage à le respecter.

C L'accueil ponctuel

→ **Ces dernières années se sont développés des établissements destinés à accueillir de façon ponctuelle de jour ou de nuit des personnes âgées vivant à domicile. La durée de l'accueil peut varier de quelques heures à plusieurs jours.**

Il s'agit soit d'établissements uniquement centrés sur l'accueil ponctuel, soit de maisons de retraite avec un statut EHPAD qui disposent de quelques places réservées à ce type d'accueil. Cette solution présente un intérêt particulier pour les malades d'Alzheimer vivant à domicile, car elle permet tout en préservant le lien social indispensable au malade d'offrir un moment de répit à l'entourage. Ces établissements proposent, pour certains d'entre eux, un accompagnement des familles de façon à les soutenir.
Des équipes pluriprofessionnelles prennent en charge le malade en organisant des activités de stimulation avec un objectif de maintien des capacités d'autonomie.
La prise en charge financière peut avoir lieu dans le cadre de l'allocation personnalisée d'autonomie versée par le département.

3 Les centres locaux d'information et de coordination en gérontologie (CLIC)

A Les missions des CLIC

La politique en faveur des personnes âgées a longtemps souffert d'une certaine dispersion de ses moyens et d'un manque de coordination entre professionnels. Les familles ont rencontré des difficultés pour connaître les aides qu'elles pouvaient solliciter pour un parent âgé vivant à domicile et obtenir des informations sur l'orientation en maison de retraite par exemple. C'est pour répondre à ces difficultés que les CLIC ont d'abord été lancés de façon expérimentale, puis généralisés à partir de 2001. Ils occupent aujourd'hui un rôle central dans la politique en faveur des personnes âgées.
Leurs missions reposent sur une triple logique :
- d'abord la proximité : un CLIC doit pouvoir être rapidement contacté par des personnes âgées ou des proches. Il faut noter que si certains départements ou certaines villes, encore aujourd'hui, ont un maillage efficace de leur territoire, d'autres en revanche connaissent une situation moins favorable. Ainsi, les grandes villes sont généralement mieux dotées. Les situations sont également très variables en fonction de la densité de population. Certains CLIC ont un territoire correspondant à plusieurs communes alors qu'à Paris, par exemple, il y a quinze CLIC ;
- ensuite, un CLIC fonctionne sur le principe du guichet unique. Dans un même lieu, les professionnels du CLIC doivent pouvoir informer, orienter, mettre en relation la personne âgée et ses proches avec les services ou établissements répondant à leur situation ;
- un CLIC doit enfin impulser sur son territoire un travail en réseau, c'est-à-dire favoriser le développement de liens entre professionnels (médecins, responsables de maisons de retraite, responsables de CCAS...) pour faciliter l'orientation et assurer une prise en charge de qualité. Pour chaque cas, une réponse au niveau du territoire d'intervention du CLIC doit répondre aux besoins identifiés.

B Le fonctionnement d'un CLIC

Les CLIC sont des services sociaux et médico-sociaux au sens du code de l'action sociale et des familles. Il s'agit en fait d'un label, ce qui signifie que bien souvent ce sont des associations ou des CCAS qui demandent à obtenir ce label auprès d'une instance en lien avec le conseil départemental et l'agence régionale de santé. L'obtention du label est conditionnée au respect d'un cahier des charges. Les personnels présents sont souvent des travailleurs sociaux et des personnels paramédicaux.

C Trois niveaux de labellisation pour les CLIC

Trois niveaux de label sont possibles.

- **Label de niveau 1** : accueil et information des familles.
- **Label de niveau 2** : évaluation des besoins et conception d'un plan d'aide en plus des activités de label 1.
- **Label de niveau 3** : mise en œuvre du plan d'aide. Le CLIC organise l'intervention des services se rendant au domicile de la personne âgée : services infirmiers ou de portage de repas, par exemple.

Les CLIC de niveau 3 assurent également les fonctions des CLIC de niveau 1 et 2.

D Quel rôle pour un CESF dans un CLIC ?

Les spécificités du conseiller en économie sociale familiale (CESF) au regard des domaines de compétences de son référentiel lui permettent de s'investir à différents niveaux dans le fonctionnement d'un CLIC.

1. Le travail en réseau

La mise en place et l'animation d'un réseau de professionnels constituent une dimension essentielle du fonctionnement d'un CLIC dans laquelle un CESF peut s'investir en s'appuyant sur ses capacités à impulser une dynamique partenariale sur un territoire. La qualité de la prise en charge de personnes âgées par le CLIC va dépendre, de façon significative, de sa capacité à mobiliser un réseau de professionnels, voire de bénévoles. Le CESF peut donc jouer un rôle déterminant, y compris en tant que responsable.

2. L'animation d'ateliers collectifs

L'animation d'ateliers collectifs est une caractéristique forte du métier de CESF. Dans ce domaine, le CLIC représente un terrain intéressant à partir duquel le CESF peut développer des actions collectives destinées aux aidants familiaux de façon à limiter les risques d'épuisement dans le soutien au quotidien d'un conjoint dépendant.

3. La participation à l'évaluation des situations

L'expertise du CESF en lien avec la vie quotidienne, clé de voûte de son métier, représente un atout considérable au regard des missions essentielles du CLIC dans l'évaluation des situations individuelles des personnes âgées à domicile. Le regard du CESF sur les problématiques liées à l'aménagement du logement, à l'alimentation ou encore au budget, vient alimenter et enrichir l'analyse des situations dans une approche pluridisciplinaire.

4. L'accompagnement des personnes dans leurs démarches

Enfin, le CESF est également amené à accompagner les personnes dans le cadre d'une relation individuelle pour des démarches de différentes natures, notamment en termes d'accès aux droits.

53 Les établissements et services en faveur des personnes en situation de handicap

Les réponses actuelles aux situations de handicap sont principalement issues de deux lois : la loi n° 75-534 du 30 juin 1975, qui a fixé un cadre juridique et institutionnel à la prise en charge du handicap, et la loi du 11 février 2005, qui a apporté des changements importants à ce cadre.

1 La notion de handicap

La loi du 11 février 2005 définit le handicap dans les termes suivants : « Constitue un handicap, au sens de la présente loi, toute limitation d'activité ou restriction de participation à la vie en société subie dans son environnement par une personne en raison d'une altération substantielle, durable ou définitive d'une ou plusieurs fonctions physiques, sensorielles, mentales, cognitives ou psychiques, d'un polyhandicap ou d'un trouble de santé invalidant ».

2 Les maisons départementales des personnes handicapées (MDPH)

Issues de la loi du 11 février 2005, les MDPH sont des institutions devenues centrales en matière de handicap :

– elles ont d'abord un **rôle d'information et d'accompagnement** des personnes handicapées et de leurs proches pour toutes les questions qui concernent le handicap. C'est le cas, par exemple, des questions relatives aux prestations et à l'orientation de l'enfant comme de l'adulte ;

– elles ont également un **rôle d'évaluation** des besoins de la personne en situation de handicap qui repose sur une équipe pluridisciplinaire. Cette équipe propose aux adultes un projet personnalisé de compensation sur la base d'un projet de vie. Pour les enfants, l'évaluation des besoins se traduit par un plan personnalisé de scolarisation. Les réponses proposées (allocations, aides matérielles ou humaines) doivent émerger d'un dialogue constructif entre la MDPH et la personne en situation de handicap et ses proches.

Les aides proposées par l'équipe pluridisciplinaire de la MDPH sont soumises à la validation de la commission des droits et de l'autonomie des personnes handicapées (CDAPH). Il s'agit

d'un groupe de travail qui siège à la MDPH et qui est composé de représentants du conseil départemental, de l'État, d'associations en lien avec le handicap et de la Sécurité sociale.
La MDPH est donc l'interlocuteur des personnes en situation de handicap et de leurs familles. C'est là que se prennent les décisions : attributions d'aides, décisions d'orientation pour les jeunes comme pour les adultes. C'est l'idée du guichet unique destiné à faciliter les démarches.

3 Les établissements et services en faveur des jeunes en situation de handicap

A Dépistage et prise en charge du jeune

1. Les centres d'action médico-sociale précoce (CAMSP)

Les CAMSP reçoivent des enfants, de la naissance à 6 ans, qui sont susceptibles de présenter des retards psychomoteurs ou des troubles sensoriels ou intellectuels. Composés d'équipes pluridisciplinaires, ils peuvent avoir un statut associatif ou dépendre directement du conseil départemental. Ils ont pour mission le dépistage du handicap mais aussi l'accompagnement des familles.

2. Les centres médico-psycho-pédagogiques (CMPP)

Ce sont des établissements qui accueillent des enfants et des adolescents. Composés également d'une équipe pluridisciplinaire (médecins, psychologues, orthophonistes...), ils ont une fonction d'accueil, d'écoute et de soins auprès des enfants et de leur famille. Il s'agit de consultations gratuites.
Le rôle du CMPP est notamment de prendre en considération les souffrances des enfants et de tenter de faciliter les relations de l'enfant avec son environnement (école, famille) et de prévenir l'aggravation des situations individuelles.

B La scolarisation

1. Les instituts médicaux-éducatifs (IME)

Ils sont composés généralement d'un institut médico-pédagogique et d'un institut médico-professionnel. Des éducateurs spécialisés prennent en charge des jeunes déficients intellectuels ou polyhandicapés, jusqu'à l'âge de 20 ans, pour leur assurer une initiation scolaire et professionnelle.
L'orientation en IME relève d'une décision de la commission des droits et de l'autonomie de la personne handicapée (CDAPH). Actuellement, la priorité est donnée à une scolarisation en milieu ordinaire dès que cela est possible.

2. Les services d'éducation spéciale et de soins à domicile (SESSAD)

Les SESSAD ont pour mission de faciliter la scolarisation de l'enfant par un suivi global tant sur le plan médical, paramédical qu'en termes d'apprentissage. Financés par l'agence régionale de santé (ARS), ils sont composés d'équipes pluridisciplinaires.
Le terme de « domicile » ne signifie pas nécessairement des interventions au domicile du jeune. Il peut s'agir, par exemple, d'interventions dans une école primaire dans laquelle est scolarisé l'enfant handicapé pour lui apporter un soutien. Un éducateur spécialisé du SESSAD peut intervenir à l'école (dans le cadre d'une scolarisation en milieu ordinaire) de façon ponctuelle pour prendre l'enfant seul quelques heures par semaine et travailler avec lui. Ce genre d'intervention suppose une politique partenariale affirmée du SESSAD pour nouer des

liens avec les écoles. Des professionnels de SESSAD peuvent assurer le suivi d'un jeune au collège ou au lycée, par exemple, et faire le lien avec les enseignants pour une meilleure prise en compte des besoins du jeune. L'orientation en SESSAD relève aussi de la CDAPH.

3. Les instituts d'éducation motrice et les instituts d'éducation sensorielle

Ces deux types d'établissements assurent une scolarité à des enfants en situation de handicap, soit du fait d'une déficience motrice pour les premiers, soit d'une déficience visuelle pour les seconds.

4 Les établissements et services en faveur des adultes

A L'hébergement

L'hébergement des adultes en situation de handicap est variable en fonction de la nature du handicap et de son importance.

1. Les maisons d'accueil spécialisées (MAS)

Financées par l'assurance maladie, elles accueillent des adultes lourdement handicapés nécessitant une surveillance médicale permanente.

2. Les foyers occupationnels

Encore appelés « foyers de vie » et financés par le conseil départemental, ils accueillent des adultes qui n'ont pas la qualité de travailleur handicapé mais ne nécessitent pas de soins constants comme les occupants d'une MAS.

3. Les foyers d'hébergement

Également financés en partie par le conseil départemental, ils accueillent des travailleurs handicapés travaillant en ESAT (établissement et service d'aide par le travail) par exemple. Certains foyers d'hébergement gèrent des appartements (souvent situés dans le foyer) appelés « de transition » : ils sont généralement occupés par deux personnes qui vont bénéficier de davantage d'autonomie mais avec un accompagnement éducatif. Pour les adultes les plus autonomes, certains foyers d'hébergement disposent d'appartements extérieurs situés en ville généralement aussi occupés par plusieurs personnes.

B L'accès au travail

1. Les établissements et services d'aide par le travail (ESAT)

L'ESAT est un établissement médico-social destiné aux travailleurs handicapés qui ont une capacité de travail inférieure à un tiers de celle des travailleurs valides. Il permet aux adultes de réaliser des activités productives.

2. Les centres de rééducation professionnelle

Financés par l'assurance maladie, ils permettent à des adultes en situation de handicap de bénéficier d'une rééducation (par exemple, après un accident de la route) et d'une formation en vue d'une insertion professionnelle.

C L'accompagnement à la vie sociale

1. Les services d'accompagnement à la vie sociale (SAVS)

Créés par la loi du 11 février 2005 et financés par le conseil départemental, ils sont composés d'une équipe pluridisciplinaire qui est chargée d'accompagner l'adulte en situation de handicap en visant son autonomie dans les actes essentiels de la vie quotidienne. Il peut s'agir d'adultes déficients intellectuels vivant seuls ou en couple dans leur logement. Cette prise en charge a lieu dans le cadre d'une orientation validée par la CDAPH.

Quel rôle pour un CESF dans un SAVS ?

Les compétences du conseiller en économie sociale et familiale relatives à la gestion de la vie quotidienne lui permettent d'occuper des fonctions essentielles au regard des missions d'un SAVS. Le suivi des adultes handicapés, tant pour ce qui concerne l'alimentation que l'entretien du logement ou la gestion du linge, permet au CESF de mettre en avant ses compétences techniques dans le cadre d'un suivi social. Les deux dimensions clés du métier de CESF, l'expertise technique et le suivi social, sont des atouts intéressants dans l'accompagnement vers l'autonomie d'adultes en situation de handicap vivant en logement. Cet accompagnement peut se traduire par une aide aux démarches et un suivi des problématiques médicales en lien avec les professionnels de santé.

2. Les services d'accompagnement médico-social pour adultes handicapés (SAMSAH)

Ils assurent les mêmes missions que les SAVS et aussi des prestations de soins, souvent pour des adultes plus lourdement handicapés.

54 Les établissements et services assurant l'accueil et la garde de l'enfant

Avant l'entrée en maternelle, les établissements d'accueil collectif assurent la prise en charge des enfants. Leur ouverture est liée à une autorisation de fonctionnement délivrée par le président du conseil départemental après avis des services de la protection maternelle et infantile (PMI). Ces établissements sont soumis à une règlementation stricte dont le respect va conditionner la possibilité de continuer à accueillir les enfants. Pour les enfants scolarisés, les structures assurant un accueil de loisir sans hébergement (ALSH) prennent en charge des enfants en dehors du temps scolaire sous le contrôle de la direction départementale de la cohésion sociale (DDCS).

1 Les structures d'accueil du jeune enfant

A Généralités sur l'accueil collectif

Ces établissements sont destinés à recevoir collectivement les enfants jusqu'à leur entrée à l'école maternelle ou jusqu'à l'âge de 6 ans en dehors du temps scolaire. Il s'agit pour les plus connus des crèches collectives, halte-garderies, crèches d'entreprise ou crèches parentales.

B L'exemple de la crèche parentale

Il s'agit d'établissements d'accueil collectif gérés par une association de parents. Leur ouverture est conditionnée à une autorisation délivrée par le président du conseil départemental après avis des services de PMI. La prise en charge des enfants dans ce type d'établissement est assurée par des équipes pluridisciplinaires composées de puéricultrices, de médecins, d'éducateurs de jeunes enfants, et d'auxiliaires de puériculture. Les parents sont néanmoins directement impliqués dans la vie et le fonctionnement de la structure. Le nombre d'enfants accueillis étant limité le plus souvent à vingt, il s'agit donc d'une petite structure dont la pérennité dépend du niveau d'implication des parents.

C L'exemple des jardins d'enfants

Il s'agit de structures d'éveil réservées aux enfants âgés de 2 à 6 ans. Leur ouverture est également soumise à une autorisation délivrée par le président du conseil départemental après avis des services de PMI. Les jardins d'enfants fonctionnent sous la responsabilité d'éducateurs de jeunes enfants qui proposent des activités destinées à favoriser l'éveil des enfants. Ils assurent un accueil régulier sur le mode de ce qui est pratiqué par les écoles maternelles ou les crèches.

2 Les accueils de loisirs sans hébergement (ALSH)

Encore souvent appelés «centres aérés» ou «centres de loisirs», les ALSH sont mis en place par des associations, des collectivités territoriales ou des comités d'entreprise. Ils accueillent des enfants scolarisés en dehors du temps scolaire : après la classe, le mercredi, pendant les vacances scolaires. L'encadrement des enfants est assuré par des équipes d'animateurs généralement titulaires du brevet d'aptitude aux fonctions d'animateur (BAFA) et qui travaillent sur la base d'un projet éducatif. Chaque ALSH doit faire l'objet d'une déclaration auprès des services de la direction départementale de la cohésion sociale (DDCS) ou de la direction départementale de la cohésion sociale et de la protection des populations (DDCSPP).

3 Les contrats « enfance et jeunesse »

➔ **Il s'agit d'un contrat d'objectifs et de cofinancement passé entre une CAF et un partenaire, souvent une collectivité territoriale ou un regroupement de communes. L'objectif essentiel du contrat est de développer dans les meilleures conditions l'accueil des moins de 18 ans sur un territoire. Le contrat permet de préciser les engagements financiers réciproques de chacun et les conditions d'accueil des jeunes. Le développement de l'offre d'accueil est une priorité de la politique de la CAF dans son soutien aux familles à une époque où les parents doivent concilier activité professionnelle et vie de famille.**

Les contrats «enfance et jeunesse» doivent permettre à la CAF d'apporter un soutien financier aux collectivités territoriales qui souhaitent développer l'offre d'accueil pour l'enfance et les jeunes du territoire dans le respect d'exigences tant sur le plan de la qualité que de la capacité à répondre aux attentes des familles. Les modes de garde collectifs ou les ALSH peuvent entrer dans le champ d'un contrat «enfance et jeunesse» et ainsi bénéficier d'une aide financière de la CAF. À titre d'exemple, la communauté d'agglomération de Muret en Haute-Garonne a signé un contrat «enfance jeunesse» avec la CAF de la Haute-Garonne couvrant la période 2011-2014 prévoyant l'augmentation de la capacité d'accueil des crèches de 92 places suite à un diagnostic de territoire. Cet exemple est une illustration intéressante des modalités actuelles de développement des territoires dans lesquelles le recours au contrat avec comme préalable un diagnostic des besoins constitue une démarche centrale.

55 L'enfance et l'adolescence en difficulté

L'enfance et l'adolescence en difficulté renvoient à des situations diverses caractérisées par les termes de « maltraitance », de « danger » ou de « risque ». Depuis les lois de décentralisation, le législateur est intervenu à plusieurs reprises pour préciser le champ d'intervention de la puissance publique en matière de protection de l'enfance et de l'adolescence.

1 Situations de maltraitance, de danger ou de risque : de quoi parle-t-on ?

Selon l'article 19 de la Convention internationale des droits de l'enfant du 20 novembre 1989, la maltraitance renvoie à « toute forme de violences, d'atteinte ou de brutalités physiques et mentales, d'abandon ou de négligences, de mauvais traitements ou d'exploitation, y compris la violence sexuelle.... »

L'ODAS (Observatoire national de l'action sociale décentralisée) distingue les enfants en risque des enfants maltraités :
« L'**enfant maltraité** est celui qui est victime de violences physiques, cruauté mentale, abus sexuels, négligences lourdes ayant des conséquences graves sur son développement physique et psychologique ».
« L'**enfant en risque** est celui qui connaît des conditions d'existence qui risquent de mettre en danger sa santé, sa sécurité, sa moralité, son éducation, ou son entretien, mais qui n'est pour autant pas maltraité ».
La loi du 5 mars 2007 relative à la protection de l'enfance parle d'« enfants en danger ». Ce sont les enfants en risque et les enfants maltraités.

2 La protection de l'enfance

Depuis les lois de décentralisation du début des années 1980, la protection de l'enfance repose sur un partage de responsabilités entre les conseils généraux et l'État via le système judiciaire. On distingue d'un côté les mesures administratives qui relèvent du conseil départemental et de l'autre les mesures judiciaires qui relèvent de la justice.

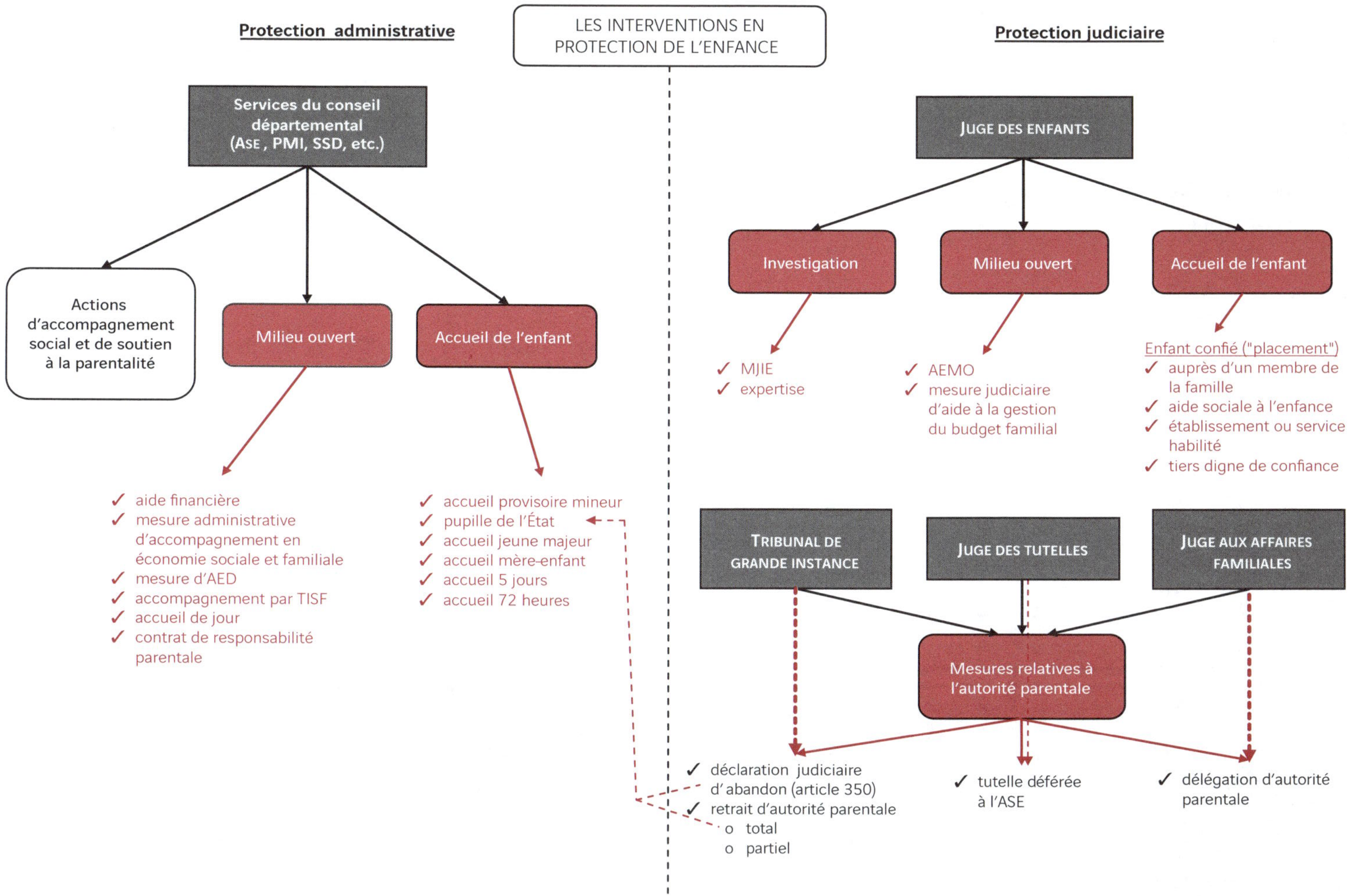
LES INTERVENTIONS EN PROTECTION DE L'ENFANCE
Protection administrative
Services du conseil départemental (ASE, PMI, SSD, etc.)
Actions d'accompagnement social et de soutien à la parentalité
Milieu ouvert
Accueil de l'enfant
✓ aide financière
✓ mesure administrative d'accompagnement en économie sociale et familiale
✓ mesure d'AED
✓ accompagnement par TISF
✓ accueil de jour
✓ contrat de responsabilité parentale
✓ accueil provisoire mineur
✓ pupille de l'État
✓ accueil jeune majeur
✓ accueil mère-enfant
✓ accueil 5 jours
✓ accueil 72 heures
Protection judiciaire
JUGE DES ENFANTS
Investigation
Milieu ouvert
Accueil de l'enfant
✓ MJIE
✓ expertise
✓ AEMO
✓ mesure judiciaire d'aide à la gestion du budget familial
Enfant confié ("placement")
✓ auprès d'un membre de la famille
✓ aide sociale à l'enfance
✓ établissement ou service habilité
✓ tiers digne de confiance
TRIBUNAL DE GRANDE INSTANCE
JUGE DES TUTELLES
JUGE AUX AFFAIRES FAMILIALES
Mesures relatives à l'autorité parentale
✓ déclaration judiciaire d'abandon (article 350)
✓ retrait d'autorité parentale
o total
o partiel
✓ tutelle déférée à l'ASE
✓ délégation d'autorité parentale

3 La loi du 5 mars 2007 réformant la protection de l'enfance

A Les objectifs poursuivis par la loi

La loi du 5 mars 2007 marque un tournant important dans la politique de la protection de l'enfance. Elle s'inscrit dans un contexte marqué à la fois par une crise économique qui augmente le nombre de familles en grande difficulté, et par des difficultés à repérer les situations où les jeunes se retrouvent en danger. Les enfants en sont les victimes directes. Cette loi a été conçue autour de trois objectifs essentiels. Il s'agit d'abord de renforcer la prévention en essayant de détecter le plus tôt possible les situations à risque par des bilans réguliers. Cet objectif s'est traduit par la mise en place d'entretiens au 4e mois de grossesse et de bilans systématiques à l'école. Le rôle des services de PMI a été, à cette occasion, renforcé en matière de protection de l'enfance. Il s'agit ensuite de réorganiser les signalements des enfants en danger pour davantage d'efficacité. Cela s'est traduit par la mise en place d'une cellule départementale de recueil et de traitement des informations préoccupantes. Enfin, l'objectif est également de diversifier les modes de prise en charge des enfants avec des possibilités d'accueils ponctuels hors de la famille sans pour autant qu'il s'agisse d'un placement en établissement ou en famille d'accueil.

B Quelques aspects essentiels de la réforme de 2007

1. Une définition des missions de la protection de l'enfance

L'article 1er de la loi précise les missions de la protection de l'enfance dans les termes suivants (art. L. 112-3 du CASF): « La protection de l'enfance a pour but de prévenir les difficultés auxquelles les parents peuvent être confrontés dans l'exercice de leurs responsabilités éducatives, d'accompagner les familles et d'assurer, le cas échéant, selon des modalités adaptées à leurs besoins, une prise en charge partielle ou totale des mineurs. Elle comporte à cet effet un ensemble d'interventions en faveur de ceux-ci et de leurs parents. Ces interventions peuvent également être destinées à des majeurs de moins de vingt et un ans connaissant des difficultés susceptibles de compromettre gravement leur équilibre... ».

2. La prise en compte de l'intérêt de l'enfant

L'article 112-4 du CASF précise désormais que l'intérêt de l'enfant et la prise en compte de ses besoins fondamentaux, physiques, intellectuels, sociaux et affectifs, ainsi que le respect de ses droits, doivent guider toutes décisions le concernant. Par exemple, le lieu d'accueil de l'enfant lorsqu'il est retiré de son milieu familial doit être recherché dans l'intérêt de l'enfant et afin de faciliter l'exercice du droit de visite et d'hébergement par les parents et le maintien des liens avec ses frères et sœurs. Autre point important, le mineur capable de discernement a le droit d'être entendu par le juge dans toute procédure le concernant. Le juge des enfants peut décider de l'anonymat du lieu d'accueil de l'enfant si son intérêt le nécessite ou en cas de danger.

3. L'affirmation de la place des parents

Aujourd'hui, les interventions de l'aide sociale à l'enfance doivent être présentées dans un document intitulé « projet pour l'enfant » qui précise les actions menées auprès de l'enfant et de sa famille, le rôle des parents, les objectifs, les délais ainsi que la personne et le service ou l'établissement chargé d'assurer la continuité des interventions. Ce document est notamment co-signé par le président du conseil départemental et les parents ou les représentants légaux du jeune.

4. La mise en place d'un observatoire de la protection de l'enfance

Cet observatoire a pour mission de «[...] de recueillir, d'examiner et d'analyser les données relatives à l'enfance en danger dans le département... », « [...] D'être informé de toute évaluation des services et établissements intervenant dans le domaine de la protection de l'enfance et assurée en application de l'article... », « [...] De formuler des propositions et avis sur la mise en œuvre de la politique de protection de l'enfance dans le département... ».

5. Un cadre légal au secret partagé

La loi est ainsi libellée: « Par exception à l'article 226-13 du code pénal, les personnes soumises au secret professionnel qui mettent en œuvre la politique de protection de l'enfance définie à l'article L. 112-3 ou qui lui apportent leur concours sont autorisées à partager entre elles des informationsà caractère secret afin d'évaluer une situation individuelle, de déterminer et de mettre en œuvre les actions de protection et d'aide dont les mineurs et leur famille peuvent bénéficier. Le partage des informations relatives à une situation individuelle est strictement limité à ce qui est nécessaire à l'accomplissement de la mission de protection de l'enfance. Le père, la mère, toute autre personne exerçant l'autorité parentale, le tuteur, l'enfant en fonction de son âge et de sa maturité sont préalablement informés, selon des modalités adaptées, sauf si cette information est contraire à l'intérêt de l'enfant. »

6. La mise en place de nouvelles mesures

Les nouvelles mesures sont les suivantes: l'accompagnement en économie sociale et familiale (art. L 222-3 du CASF); la mesure d'aide à la gestion du budget familial; l'accueil de 72 heures (art. L 223-2 alinéa 4 du CASF); l'accueil de jour (art. L 222-4-2 du CASF); l'accueil périodique et l'accueil modulable (art. L 222-5 du CASF) et l'AEMO avec hébergement (art. 375-2 du code civil).

Le 119: Allo Enfance en danger est un numéro accessible gratuitement 24 heures sur 24. Il permet à tout enfant en danger ou parent en difficulté d'accéder à un service d'écoute, d'orientation, d'information et parfois de transmission d'information aux services départementaux concernés par l'aide sociale à l'enfance.

Les numéros utiles

- ✆ 0 811 91 20 20: Écoute Cannabis
- ✆ 116 000: Enfants disparus
- ✆ 119: Enfance en danger
- ✆ 0 800 00 3456: allo parents-bébé
- ✆ 0 800 23 13 13: drogue Info service
- ✆ 3224: fil santé jeunes
- ✆ 0 811 91 30 30: Écoute alcool

56 Les établissements et services pour enfants et adolescents en difficulté

Deux services sont essentiels : l'aide sociale à l'enfance (ASE) qui relève des conseils départementaux et la protection judiciaire de la jeunesse (PJJ) qui relève du ministère de la Justice. Les professionnels de ces services ont la responsabilité du suivi des jeunes qui leur sont confiés et des établissements qui accueillent certains d'entre eux. Néanmoins, les modalités d'intervention de ces deux services sont à distinguer.

1 L'aide sociale à l'enfance (ASE) : la protection administrative

L'ASE intervient en faveur de l'enfance en danger ou en risque, sans décision de justice, et avec l'accord de la famille.

L'article L221-1 du CASF présente les missions du service de l'aide sociale à l'enfance dans les termes suivants :

« [...] Apporter un soutien matériel, éducatif et psychologique tant aux mineurs et à leur famille ou à tout détenteur de l'autorité parentale, confrontés à des difficultés risquant de mettre en danger la santé, la sécurité, la moralité de ces mineurs ou de compromettre gravement leur éducation ou leur développement physique, affectif, intellectuel et social, qu'aux mineurs émancipés et majeurs de moins de vingt et un ans confrontés à des difficultés familiales, sociales et éducatives susceptibles de compromettre gravement leur équilibre.

– Organiser, dans les lieux où se manifestent des risques d'inadaptation sociale, des actions collectives visant à prévenir la marginalisation et à faciliter l'insertion ou la promotion sociale des jeunes et des familles, notamment celles visées au 2° de l'article L. 121-2.

– Mener en urgence des actions de protection en faveur des mineurs mentionnés au 1° du présent article.

– Pourvoir à l'ensemble des besoins des mineurs confiés au service et veiller à leur orientation, en collaboration avec leur famille ou leur représentant légal.

– Mener, notamment à l'occasion de l'ensemble de ces interventions, des actions de prévention des situations de danger à l'égard des mineurs et, sans préjudice des compétences de l'autorité judiciaire, organiser le recueil et la transmission, dans les conditions prévues à l'article L. 226-3, des informations préoccupantes relatives aux mineurs dont la santé, la sécurité, la moralité sont en danger ou risquent de l'être ou dont l'éducation ou le développement sont compromis ou risquent de l'être, et participer à leur protection.

– Veiller à ce que les liens d'attachement noués par l'enfant avec d'autres personnes que ses parents soient maintenus, voire développés, dans son intérêt supérieur... »

Les activités de l'aide sociale à l'enfance se déclinent donc autour de trois axes:

– il s'agit d'abord de **la prévention**: apporter un soutien matériel éducatif et psychologique aux enfants et à leur famille qui font face à des difficultés sociales. Ce type d'intervention peut prendre différentes formes: versement d'aides financières ponctuelles, d'actions éducatives administratives ou judiciaires ou d'interventions de professionnels de l'économie sociale familiale;

– il s'agit ensuite de **la prévention spécialisée**: elle consiste à prendre en charge un enfant pour éviter sa marginalisation et faciliter son insertion ainsi que celle de sa famille. Les interventions des professionnels sont qualifiées d'AEP (action éducative préventive) ou d'AEAD (action éducative d'aide à domicile);

– enfin, il s'agit de **l'accueil et l'accompagnement** des mineurs et de jeunes majeurs. Certains mineurs sont retirés de leur milieu familial et accueillis dans un établissement de l'ASE ou d'une association habilitée et conventionnée.

2 La protection judiciaire de la jeunesse (PJJ)

La PJJ, quant à elle, intervient dans le cadre de mandats judiciaires, c'est-à-dire suite à la décision d'un juge des enfants également pour des situations de danger, mais aussi dans le cas d'infractions commises par un mineur.

Ses missions sont diverses:

– apporter aux magistrats une aide pour les mineurs délinquants et les mineurs en danger, par des mesures dites « d'investigation » destinées à évaluer la situation des mineurs;

– mettre en œuvre les décisions des tribunaux pour enfants qui se concrétisent, par exemple, au travers d'AEMO (action éducative en milieu ouvert) et correspondent à un suivi du jeune dans son milieu de vie;

– les services de PJJ assurent enfin un suivi éducatif des mineurs détenus en quartier des mineurs ou en établissement pénitentiaire pour mineurs. Ils contrôlent et évaluent l'ensemble des structures publiques et habilitées qui suivent des mineurs sous mandat judiciaire.

D'une façon générale, les professionnels de la PJJ réalisent des actions d'éducation, d'insertion sociale et professionnelle pour des jeunes sous mandat judiciaire dans leur milieu familial ou placés en établissements.

57 L'évaluation des établissements et services sociaux et médico-sociaux

Depuis la loi n° 2002-2 du 2 janvier 2002, les établissements et services sociaux et médico-sociaux sont tenus à une obligation d'évaluation selon une double procédure. Une évaluation interne d'une part, et une évaluation externe d'autre part. Cette obligation d'évaluation contribue selon la loi à la mise en œuvre effective du droit de l'usager à une prise en charge et un accompagnement de qualité, adaptés à ses besoins (art. L. 311-3, 3° du CASF).

1 Les établissements et services sociaux et médico-sociaux (ESSMS)

L'article 312-1 du code de l'action sociale et des familles (CASF) dresse une liste précise des établissements et services sociaux et médico-sociaux. Il s'agit entre autres des établissements et services liés au handicap, à la dépendance, à l'insertion ou à l'hébergement ou encore à l'enfance et l'adolescence en difficulté et aux migrants. Ces établissements sont donc soumis à une obligation d'évaluation initialement prévue par la loi de 2002, mais que la loi du 21 juillet 2009 dite « loi HPST » a modifié.

2 L'Agence nationale de l'évaluation et de la qualité des établissements et services sociaux et médico-sociaux (ANESM)

L'agence a été créée en 2007 pour accompagner les établissements et services sociaux et médico-sociaux dans la mise en œuvre de l'évaluation interne et externe prévue par la loi du 2 janvier 2002. L'agence met à disposition des ESSMS des recommandations de bonnes pratiques pour l'évaluation interne qu'elles a validées ou élaborées. Le rôle de l'ANESM est également de procéder à l'habilitation des organismes qui pourront réaliser l'évaluation externe des ESSMS. C'est donc un acteur incontournable en matière d'évaluation. Son expertise oriente de façon déterminante la politique d'évaluation du champ médico-social.

3 Les deux procédures d'évaluation

A Les finalités de l'évaluation

La circulaire n° DGCS/SD5C/2011/398 du 21 octobre 2011 relative à l'évaluation des activités et de la qualité des prestations délivrées dans les établissements et services sociaux et médicosociaux apporte à ce sujet un éclairage intéressant: « L'évaluation doit également permettre d'apprécier la capacité de l'établissement ou du service concerné à réaliser les missions qui lui sont confiées et la qualité de ses activités au regard de son autorisation. C'est un procédé qui doit permettre à l'institution et à l'ensemble des membres de son équipe d'entreprendre une démarche collective continue d'amélioration de la qualité. Elle doit être distinguée sans équivoque du contrôle notamment mis en œuvre lors d'inspections. L'évaluation doit être le point de départ d'un dialogue interne entre les acteurs des différents niveaux de responsabilité, mais, également, entre l'institution et les autorités publiques chargées de délivrer et de renouveler les autorisations de fonctionnement... ».

B L'évaluation interne

1. Présentation générale

Le code de l'action sociale et des familles est ainsi libellé dans son article L312-8 : « Les établissements et services mentionnés à l'article L. 312-1 procèdent à des évaluations de leurs activités et de la qualité des prestations qu'ils délivrent, au regard notamment de procédures, de références et de recommandations de bonnes pratiques professionnelles validées ou, en cas de carence, élaborées, selon les catégories d'établissements ou de services, par l'Agence nationale de l'évaluation et de la qualité des établissements et services sociaux et médico-sociaux... »

La circulaire du 21 octobre 2011 précise les modalités de l'évaluation interne des ESSMS qui repose sur une démarche continue dont les rapports d'activité doivent témoigner. Sauf dérogation, les résultats de l'évaluation interne sont transmis tous les 5 ans à l'autorité ayant délivré l'autorisation. Le droit commun de la durée de cette autorisation est de 15 ans. Les ESSMS doivent donc procéder à trois évaluations internes durant la période où ils sont autorisés à fonctionner. Pour les établissements et services autorisés et ouverts avant le 22 juillet 2009, les résultats d'une évaluation interne au moins sont communiqués au plus tard 3 ans avant la date du renouvellement de leur autorisation.

2. Le périmètre de l'évaluation interne

Les domaines qui font l'objet d'une évaluation interne sont précisés dans la circulaire du 21 octobre 2011 : « L'évaluation interne portera au minimum sur les quatre grands domaines précisés par l'ANESM dans ses deux recommandations portant sur l'évaluation interne pour l'ensemble des ESSMS. » Ces domaines sont les suivants : la promotion de la qualité de vie, de l'autonomie, de la santé et de la participation sociale ; la personnalisation de l'accompagnement ; la garantie des droits et la participation des usagers ; la protection et la prévention des risques inhérents à la situation de vulnérabilité des usagers.
Cette évaluation porte une appréciation sur : l'insertion et l'ouverture de l'établissement ou du service sur son environnement ; l'intégration des différentes ressources internes et externes ; son organisation interne ; ses ressources humaines et financières ; son système d'information. Elle identifie les effets sur les usagers des actions entreprises. Les ESSMS sont libres d'utiliser les outils d'évaluation de leur choix, mais le périmètre d'évaluation précisé par l'ANESM doit être respecté.

C L'évaluation externe

1. Présentation générale

L'article 312-8 pose le cadre légal de la procédure : « [...] Les établissements et services font procéder à l'évaluation de leurs activités et de la qualité des prestations qu'ils délivrent par un organisme extérieur. Les organismes habilités à y procéder doivent respecter un cahier des charges fixé par décret. La liste de ces organismes est établie par l'Agence nationale de l'évaluation et de la qualité des établissements et services sociaux et médico-sociaux. Les résultats de cette évaluation sont également communiqués à l'autorité ayant délivré l'autorisation. Les établissements et services mentionnés à l'article L. 312-1 sont tenus de procéder à deux évaluations externes entre la date de l'autorisation et le renouvellement de celle-ci. Le calendrier de ces évaluations est fixé par décret. Par dérogation aux dispositions de l'alinéa précédent, les établissements et services mentionnés à l'article L. 312-1 autorisés et ouverts avant la date de promulgation de la loi n° 2009-879 du 21 juillet 2009 portant réforme de l'hôpital et relative aux patients, à la santé et aux territoires procèdent au moins à une évaluation externe au plus tard deux ans avant la date de renouvellement de leur autorisation... ».

2. Le périmètre de l'évaluation externe

La circulaire du 21 octobre 2011 précise sur quels aspects porte l'évaluation externe : l'adéquation des objectifs du projet d'établissement ou de service par rapport aux besoins, aux priorités des acteurs concernés et aux missions imparties ; la cohérence des différents objectifs entre eux ; l'adaptation aux objectifs des moyens humains et financiers mis en place ; l'examen des suites réservées aux résultats issus de l'évaluation interne, comme : les priorités et les modalités de mise en œuvre de la démarche de l'évaluation interne ; la communication et la diffusion des propositions d'amélioration résultant de l'évaluation interne et la manière dont les acteurs ont été impliqués ; la mise en œuvre des mesures d'amélioration et l'échéancier retenu. Elle doit aussi permettre d'examiner certaines thématiques et des registres spécifiques, parmi lesquels : l'appréciation des activités et la qualité des prestations au regard des droits des usagers, et les conditions de réalisation du projet personnalisé ; les activités et la qualité des prestations au regard de l'ouverture de l'établissement ou du service sur son environnement, et des interactions ; la capacité de l'établissement ou du service à évaluer avec les usagers leurs besoins et attentes dans le cadre du projet d'établissement ou de service, en prenant en compte les interactions avec l'environnement familial et social de la personne. Enfin, l'évaluation doit permettre d'élaborer des propositions et/ou préconisations.

3. Les enjeux de l'évaluation externe

L'autorisation est généralement accordée pour une durée de 15 ans, son renouvellement, total ou partiel est subordonné aux résultats de l'évaluation externe qui porte sur la pertinence, l'impact et la cohérence des actions développées par les établissements et services, au regard d'une part, des missions de l'établissement ou du service et, d'autre part, des besoins et attentes des populations accueillies. Les champs des évaluations externe et interne sont de même nature. L'objectif est d'assurer la complémentarité des analyses relatives à un même établissement ou service de manière à apprécier l'impact des mesures adoptées pour l'amélioration continue du service rendu.

58 Les centres sociaux

Les centres sociaux sont des structures de proximité, de statuts variables mais souvent associatifs, et qui ont vocation au travers d'activités diverses à s'adresser à la population d'un quartier, d'une ville ou d'un regroupement de communes. Les activités mises en place à destination des jeunes (soutien scolaire, activités culturelles) et des adultes (ateliers divers) doivent prendre en compte les besoins de la population locale et l'expression de ces besoins par cette population. Cette dimension participative, qui caractérise le développement social local auquel les centres sociaux participent, constitue une caractéristique essentielle de ce type de structure.

1 Historique des centres sociaux

Les centres sociaux sont nés en Angleterre à la fin du 19e siècle. Ils connaissent un développement important en France à partir du début du 20e siècle. La Fédération des centres sociaux et socioculturels de France (FCSF) est créée en 1922. Aujourd'hui, les centres sociaux sont organisés en fédérations locales, départementales ou régionales elles-mêmes rattachées à la FCSF.

En 2000, la Fédération des centres sociaux et socioculturels de France adopte une charte des centres sociaux et socioculturels fédérés. Cette charte fait référence à trois valeurs essentielles pour les centres sociaux : la dignité humaine, la solidarité et la démocratie.

2 Les missions des centres sociaux

- ➜ D'après la circulaire de la Caisse nationale d'allocations familiales (CNAF) de 1995, les missions des centres sociaux sont définies au travers de leurs caractéristiques essentielles. Il faut savoir que l'agrément centre social est délivré par les caisses d'allocations familiales qui financent en partie le fonctionnement des centres sociaux, véritables relais de la politique familiale, par le biais de prestations particulières. Cet agrément est délivré sur la base d'un projet social que le centre doit concevoir et transmettre à la CAF qui décidera de l'attribution ou du renouvellement de l'agrément.
- ➜ L'agrément est généralement délivré pour une période variant entre 3 et 5 ans.

Le centre social est un équipement de quartier à vocation sociale globale, ouvert à l'ensemble de la population habitant à proximité. Il doit permettre un accueil, une animation globale et des activités et des services à finalité sociale.

C'est un équipement à vocation familiale et plurigénérationnelle. C'est un lieu d'échanges et de rencontres entre les générations qui doit permettre de favoriser le développement des liens sociaux et familiaux. D'une manière générale, c'est un lieu d'animation de la vie sociale dont le fonctionnement doit prendre en compte l'expression des demandes et des initiatives des usagers et des habitants. Le centre social est donc au service de la population locale en étant d'abord à son écoute, il doit également parmi ses missions favoriser le développement de la vie associative. Enfin, c'est un lieu d'interventions sociales concertées et novatrices qui contribue au développement du partenariat.

3 La charte des centres sociaux

Elle expose clairement les principes qui doivent guider le fonctionnement des centres sociaux et les valeurs qui fondent leur action et les façons d'agir qui doivent caractériser l'action des centres sociaux. On trouve l'habitant au centre des préoccupations et une volonté affichée de lui permettre de devenir acteur par le biais d'une démarche participative tant au niveau de l'élaboration de l'action que de sa conduite. La charte montre que le centre social s'inscrit dans un territoire, dans une logique de développement social local en connaissant ses difficultés et en s'appuyant sur les potentialités de ce territoire.

La lecture ci-dessous des extraits principaux de cette charte éclaire la compréhension du rôle des centres sociaux dans la mise en œuvre des politiques sociales.

A Préambule et conception du centre social

« Nous, centres sociaux et socio-culturels de France fédérés, divers dans nos origines, nos inscriptions territoriales et nos formes institutionnelles nous entendons, dans notre Charte, expliciter le sens que nous donnons à notre action. Nous nous exprimons alors que notre société est traversée par de profondes mutations qui, tout en ouvrant de nouveaux possibles, mettent à mal nombre de structures sociale et désunissent trop d'existences personnelles. (...) Le Centre social et socioculturel entend être un foyer d'initiatives portées par des habitants associés, appuyés par des professionnels, capables de définir et de mettre en œuvre un projet de développement social pour l'ensemble de la population d'un territoire. »

B Les valeurs de référence

1. La dignité humaine

« Reconnaître la dignité et la liberté de tout homme et de toute femme est l'attitude première des acteurs des centres sociaux et socio-culturels. »

2. La solidarité

« Considérer les hommes et les femmes comme solidaires, c'est-à-dire comme étant capables de vivre ensemble en société, est une conviction constante des centres sociaux et socioculturels depuis leurs origines. »

3. La démocratie

« Opter pour la démocratie, c'est, pour les centres sociaux et socio-culturels, vouloir une société ouverte au débat et au partage du pouvoir. »

C Les façons d'agir

« L'action des centres sociaux et socio-culturels s'enracine dans l'expérience vécue des habitants. Elle associe la sensibilité et la rationalité des acteurs. Elle trouve une condition de son élaboration et de sa conduite dans la convivialité créée par le centre social. »

À partir d'un exemple, on peut voir comment, sur le terrain, la démarche des centres sociaux se met en œuvre.

En 2011, les centres sociaux parisiens et tous les centres sociaux de France ont recueilli les indignations d'habitants sur ce qu'ils considèrent comme des entraves à la dignité humaine. En 2012, le temps est venu de débattre, sur tout le territoire français, des questions qui préoccupent nos concitoyens (l'école, les discriminations, l'isolement, le logement, la précarité, la santé, la démocratie et la citoyenneté). Les objectifs : mieux comprendre ensemble les données d'un problème concret, ouvrir de nouvelles alliances et transformer les réalités locales. Signalons à ce sujet la démarche originale de quatre centres sociaux du 19ᵉ : J2P, Danube, Espace 19 et le centre socioculturel Belleville, qui ont décidé d'organiser ensemble des débats autour de l'école. Nombreuses sont en effet les questions soulevées par les habitants sur ce sujet : fermeture de classes dans un arrondissement parmi les plus peuplés et les plus fragiles de Paris, mixité sociale en berne dans certains établissements, orientation scolaire par défaut en fin de troisième, etc. La démarche des centres s'effectuera en deux temps : en novembre, chacun organisera, en son sein, un débat (avec les parents, mais également avec des personnels de l'Éducation nationale, des associations partenaires…) autour du suivi scolaire, de la relation école-parents ou encore de l'accompagnement des familles par les centres ; le 7 décembre 2012, en fin de journée et en début de soirée, une réunion collective sera organisée dans la salle du conseil de la mairie du 19ᵉ, pour dégager des pistes d'actions possibles à l'échelle de l'arrondissement.

paris.centres-sociaux.fr/2012/05/31/demarche-congres-2013-les-habitants-du-19eme-debattent-ensemble

1. Des habitants acteurs, une démocratie affirmée

La démarche entreprise par les centres sociaux dans le cadre de cette expérience illustre bien les valeurs sur lesquelles ils s'appuient dans leur travail avec la population. Donner la parole aux habitants sur les raisons qui les conduisent à s'indigner et organiser des temps d'échange sur des thématiques telles que l'école, c'est d'abord reconnaître aux citoyens leur capacité à s'emparer de sujets essentiels liés à la vie dans la cité. C'est également une démarche au service de la démocratie locale qui participe au renforcement de la cohésion sociale. Enfin, donner la parole aux habitants permet de s'inscrire dans une démarche de diagnostic partagé.

2. Un diagnostic partagé du territoire

Le diagnostic partagé doit permettre d'une part de mieux connaitre la réalité sociale du territoire et l'état d'esprit de ses habitants. D'autre part, c'est un outil destiné également à créer une dynamique de territoire en mobilisant les habitants de façon à créer des conditions favorables au changement. Ainsi, le centre social répond à l'une de ses finalités essentielles qui est non pas de faire pour mais avec les habitants. Cette démarche implique nécessairement le développement d'un travail en réseau et en partenariat avec les acteurs institutionnels et associatifs du territoire.

3. Une implication dans les politiques sociales

Les modalités d'intervention des centres sociaux et leur fonctionnement expliquent donc qu'ils soient souvent impliqués notamment dans la politique de la ville et plus particulièrement dans les actions destinés aux familles. Ainsi, la mise en place de nombreux réseaux d'écoute, d'appui et d'accompagnement des parents (REAAP) a été initiée par des centres sociaux qui participent à la lutte contre les risques de marginalisation. Dans le même registre, des lieux d'accueil enfants-parents (LEAP) sont développés dans certains centres sociaux. Ils sont destinés aux enfants âgés de moins de 6 ans, accompagnés de leur(s) parent(s) ou d'un adulte familier pour participer à des temps conviviaux de jeux et d'échanges.

Droits et place de l'usager

10

59 Le livret d'accueil et la charte

La loi de rénovation de l'action sociale et médico-sociale du 2 janvier 2002 a prévu la mise en place de différents outils destinés à assurer la mise en œuvre des droits des usagers des établissements sociaux et médico-sociaux. Parmi ces outils, le livret d'accueil et la charte des droits et libertés de la personne accueillie permettent un accès à l'information et un cadrage éthique de la prise en charge et de l'accompagnement de l'usager.

1 Le livret d'accueil

A Que nous dit la loi du 2 janvier 2002 ?

Dans chaque établissement, service, social ou médico-social et lieu de vie et d'accueil, un livret d'accueil doit être remis à la personne prise en charge ou à son représentant légal lors de l'accueil.
Ce livret comporte les documents que cite l'article L 311-4 du code de l'action sociale et des familles : la charte des droits et libertés des personnes accueillies et le règlement de fonctionnement.

B Que trouve-t-on dans le livret d'accueil ?

Le contenu du livret d'accueil a été précisé par la circulaire n° 138 DGAS du 24 mars 2004 qui, à titre indicatif, précise le contenu d'un livret d'accueil. La circulaire apporte la précision suivante : « Les établissements ou services et lieux de vie et d'accueil adaptent le contenu, la forme et les modalités de communication du livret d'accueil en tenant compte, notamment, de leur organisation générale, de leur accessibilité et de la nature de leur activité sociale ou médico-sociale ainsi que de la catégorie de personnes prises en charge ».

La circulaire prévoit différents types d'informations pouvant être utiles dans le livret :
– la situation géographique de l'établissement, du service ou du lieu de vie et d'accueil et les différents sites qui le composent, leurs voies et moyens d'accès ;
– les noms du directeur ou de son représentant ou des informations sur les conditions de facturation des prestations ou l'organisation générale de l'établissement ;
– les principales formalités administratives ou encore les conditions d'accueil des proches ;
– le livret peut comporter la liste des personnes qualifiées remplissant la mission mentionnée à l'article L 311-5 du code l'action sociale et des familles et les modalités pratiques de leur saisine.

2 La charte des droits et libertés de la personne accueillie

A Pourquoi une charte ?

Le contenu de la charte des droits et libertés de la personne accueillie prévue par la loi du 2 janvier 2002 a été défini par un arrêté ministériel en date du 8 septembre 2003. La charte s'applique à l'ensemble des établissements du secteur social et médico-social en posant un certain nombre de principes essentiels destinés notamment à limiter le risque de maltraitance. Elle vise donc à encadrer les pratiques professionnelles par des règles au profit des usagers.

B Le contenu de la charte

La charte pose douze droits et principes essentiels :

- **le principe de non-discrimination** permet une prise en charge équitable quelle que soit la personne ;
- **le droit à une prise en charge ou à un accompagnement adapté** (accompagnement individualisé) ;
- **le droit à l'information** oblige d'informer clairement l'usager des conditions de sa prise en charge ou de son accompagnement ;
- **le principe du libre choix**, du consentement éclairé et de la participation de la personne : selon la situation et l'âge de l'usager, celui-ci ou son représentant légal doit pouvoir choisir une prise en charge et être en mesure de donner un accord en toute connaissance de causes mais aussi de s'exprimer sur la prise en charge ;
- **le droit à la renonciation** permet à une personne de renoncer, à tout moment, par écrit, aux prestations dont elle bénéficie ou en demander le changement. Cela dans le respect des décisions de justice et des procédures d'orientation ;
- **le droit au respect des liens familiaux** ;
- **le droit à la protection** : il s'agit du droit à la sécurité sanitaire, alimentaire et de celui de la protection de la confidentialité de l'information ;
- **le droit à l'autonomie** : il favorise dans la mesure du possible et dans le respect du cadre légal, le maintien des liens avec l'extérieur ou la possibilité de conserver des effets personnels ou de se déplacer dans l'institution ;
- **le principe de prévention et de soutien** : il s'agit, par exemple, de faciliter les liens avec la famille qui peut soutenir la personne dans des circonstances difficiles ;
- **le droit à l'exercice des droits civiques** attribués à la personne accueillie : l'établissement ou le service d'accueil doit favoriser l'exercice des droits civiques (droit de vote, par exemple) ;
- **le droit à la pratique religieuse** : les pratiques religieuses, à condition de ne pas perturber le fonctionnement normal de l'établissement, doivent pouvoir être exercées ;
- **le respect de la dignité de la personne et de son intimité** (dans les limites liées à sa prise en charge).

60 Le contrat de séjour et le règlement de fonctionnement

Le contrat de séjour et le règlement de fonctionnement sont deux autres outils prévus par la loi de rénovation de l'action sociale et médico-sociale du 2 janvier 2002 destinés également, comme le livret d'accueil et la charte, à assurer une certaine effectivité des droits reconnus aux usagers.

1 Le contrat de séjour et son avenant

A Que nous dit la loi du 2 janvier 2002 ?

L'article 8 de la loi du 2 janvier est ainsi libellé : « Un contrat de séjour est conclu, ou un document individuel de prise en charge est élaboré, avec la participation de la personne accueillie ou de son représentant légal. Ce contrat ou document définit les objectifs et la nature de la prise en charge ou de l'accompagnement dans le respect des principes déontologiques et éthiques, des recommandations de bonnes pratiques professionnelles et du projet d'établissement. Il détaille la liste et la nature des prestations offertes ainsi que leur coût prévisionnel. »

Ce contrat est applicable à un grand nombre d'établissements, mais certains ne sont pas concernés : il n'est pas obligatoire pour les établissements hébergeant des enfants confiés par décision judiciaire au titre de l'assistance éducative ou de l'enfance délinquante. En effet, la décision de justice par principe d'application obligatoire vient heurter le principe de la liberté contractuelle. Les enfants placés suite à une décision de justice n'ont pas le choix d'accepter ou de refuser, ni leurs représentants légaux d'ailleurs.
Le contrat de séjour est conclu entre la personne accueillie ou son représentant légal, et le représentant de l'établissement ou du service et lorsque la prise en charge comporte un séjour d'une durée prévisionnelle supérieure à 2 mois. La personne accueillie ou son représentant légal a la possibilité de refuser la signature du contrat. On procède alors à l'établissement d'un document individuel. Ce document individuel de prise en charge est également élaboré quand la prise en charge ne nécessite pas de séjour ou si le séjour est inférieur à 2 mois.
La loi précise qu'un avenant, c'est à dire un texte précisant les conditions de prise en charge contenues dans le contrat de séjour, doit être signé dans les 6 mois qui suivent la signature du contrat. Cette période doit permettre aux professionnels de mieux appréhender les besoins de l'usager et d'apporter les évolutions nécessaires.

B Pourquoi un contrat de séjour ?

Le contrat doit définir d'un commun accord les objectifs de la prise en charge, il doit mentionner l'ensemble des prestations offertes de toute nature. Ces prestations doivent être les « plus adaptées ». Le contrat doit aussi décrire les conditions de séjour, d'accueil et d'intervention à domicile.

Le contrat est donc un outil au service de la reconnaissance de l'usager comme acteur à part entière de sa prise en charge puisque l'établissement ou le service d'accueil n'est plus seul à déterminer les conditions de séjour. Celles-ci sont définies dans le cadre d'une relation contractuelle. On retrouve au travers de cet outil l'ambition de la loi de 2002 : placer l'usager au cœur de l'action sociale et médico-sociale. En outre, l'avenant doit permettre de faire évoluer, si nécessaire, les conditions de l'accompagnement.

C Le projet personnalisé

La loi impose aux professionnels d'établir un projet d'accueil et d'accompagnement qui, en pratique, est souvent qualifié de projet personnalisé, qu'il ne faut pas confondre avec le contrat de séjour. C'est une démarche complémentaire qui vise, dans un esprit de co-construction, à personnaliser l'accompagnement en cherchant à concilier les attentes de l'usager, de ses proches et des professionnels.

Les éléments de ce projet personnalisé peuvent nourrir les contenus de l'avenant au contrat de séjour.

2 Le règlement de fonctionnement

A Que dit la loi du 2 janvier 2002 ?

L'article 11 de la loi inséré dans le code de l'action sociale et des familles (art. L. 311-7) nous dit notamment : « Dans chaque établissement et service social ou médico-social, il est élaboré un règlement de fonctionnement qui définit les droits de la personne accueillie et les obligations et devoirs nécessaires au respect des règles de vie collective au sein de l'établissement ou du service. Le règlement de fonctionnement est établi après consultation du conseil de la vie sociale ou, le cas échéant, après mise en œuvre d'une autre forme de participation ».

B Pourquoi un règlement de fonctionnement ?

L'article 7 de la loi du 2 janvier 2002 affirme sept droits en faveur de l'usager d'un établissement social ou médico-social :

- le respect de sa dignité, de son intégrité, de sa vie privée, de son intimité et de sa sécurité ;
- le libre choix des prestations ;
- un accompagnement individualisé et de qualité, respectant un consentement éclairé ;
- la confidentialité des données le concernant ;
- l'accès à toute information le concernant ;
- une information sur ses droits fondamentaux, sur les protections légales et contractuelles dont il bénéficie et les voies de recours à sa disposition ;
- sa participation directe au projet d'accueil et d'accompagnement.

Le règlement de fonctionnement doit permettre aux usagers un accès aux informations qui les concernent. Il permet au droit à l'information de se concrétiser. Dans la mesure où le conseil de vie sociale doit être consulté pour l'élaboration du règlement de fonctionnement, il incarne aussi d'une certaine manière le droit à la participation de l'usager car celui-ci est représenté par le conseil de vie sociale.
D'une manière générale, le règlement de fonctionnement impose aux établissements et aux services de définir des règles de vie liées au séjour de l'usager de façon transparente et dont ce dernier peut se prévaloir. L'usager évolue dans un environnement dont le fonctionnement est clairement établi, ce qui participe à en faire un acteur responsabilisé dans le cadre de sa prise en charge.

61 Le conseil de vie sociale et le projet d'établissement

Le conseil de vie sociale et le projet d'établissement ont apporté des changements importants dans le secteur social et médico-social. Ils ont amené les professionnels à repenser leurs relations avec l'usager et leur implication dans le devenir de leur établissement.

1 Le conseil de vie sociale (CVS)

A Que nous dit la loi du 2 janvier 2002 ?

L'article 10 de la loi du 2 janvier 2002 (article L. 311-6 du code de l'action sociale et des familles) est rédigé ainsi : « Afin d'associer les personnes bénéficiaires des prestations au fonctionnement de l'établissement ou du service, il est institué soit un conseil de la vie sociale, soit d'autres formes de participation. Les catégories d'établissements ou de services qui doivent mettre en œuvre obligatoirement le conseil de la vie sociale sont précisées par décret ».

Aujourd'hui, les modalités de fonctionnement du conseil de vie sociale sont définies notamment par le décret n° 2005-1367 du 2 novembre 2005. Ainsi, la composition du CVS doit obéir aux règles suivantes : deux représentants des personnes accueillies ou prises en charge ; s'il y a lieu, un représentant des familles ou des représentants légaux ; un représentant du personnel ; un représentant de l'organisme gestionnaire. Enfin, le décret d'application précise que le nombre des représentants des personnes accueillies, d'une part, et de leur famille ou de leurs représentants légaux, d'autre part, doit être supérieur à la moitié du nombre total des membres du conseil.

Selon le public accueilli dans l'établissement, le décret prévoit des modalités de fonctionnement adaptées : « Lorsque le très jeune âge des bénéficiaires rend impossible leur représentation directe, le collège des personnes accueillies ne peut être formé, seul le collège des familles ou des représentants légaux est constitué ». Le CVS est obligatoire pour les établissements assurant un hébergement continu comme les centres d'hébergement et de réinsertion sociale (CHRS) ou les établissements d'hébergement pour personnes âgées dépendantes (EHPAD), ou pour ceux assurant un accueil de jour continu, ce qui est le cas des ESAT.

B Pourquoi un conseil de la vie sociale ?

Le CVS trouve un premier fondement dans l'article 2 de la loi du 2 janvier 2002 qui précise les missions essentielles de l'action sociale et médico-sociale : « L'action sociale et médico-sociale tend à promouvoir, dans un cadre interministériel, l'autonomie et la protection des personnes, la cohésion sociale, l'exercice de la citoyenneté... » Le CVS doit bien être compris comme un outil au service de l'exercice de la citoyenneté de l'usager qui peut ainsi s'exprimer sur ses conditions de séjour. Le CVS trouve un autre fondement dans l'article 6 de la même loi qui précise les droits des usagers et notamment le droit à la participation.

C L'exemple d'un CVS dans un EHPAD

Dans un EHPAD, le CVS doit être consulté sur l'élaboration ou la modification du règlement de fonctionnement et du projet d'établissement. Il donne son avis et peut faire des propositions sur de nombreux sujets : l'organisation intérieure et la vie quotidienne ; les activités, les animations socioculturelles et les services thérapeutiques ; les projets de travaux et d'équipement ; le prix des services rendus ; l'entretien des locaux ; l'animation. Le mandat des membres du CVS peut aller de 1 an à 3 ans au maximum. Il est renouvelable. Le CVS se réunit au moins trois fois par an.

2 Le projet d'établissement

A Que dit la loi du 2 janvier 2002 ?

L'article 12 de la loi du 2 janvier 2002 (article L. 311-8 du code de l'action sociale et des familles) est ainsi rédigé : « Pour chaque établissement ou service social ou médico-social, il est élaboré un projet d'établissement ou de service, qui définit ses objectifs, notamment en matière de coordination, de coopération et d'évaluation des activités et de la qualité des prestations, ainsi que ses modalités d'organisation et de fonctionnement. Ce projet est établi pour une durée maximale de cinq ans après consultation du conseil de la vie sociale ou, le cas échéant, après mise en œuvre d'une autre forme de participation. »

B Pourquoi un projet d'établissement ?

Le projet d'établissement, rendu obligatoire par la loi, trouve pleinement sa justification dans les ambitions affichées par la loi de 2002 en termes de fonctionnement du secteur social et médico-sociale et de la qualité de la prise en charge. L'article 12 de la loi affirme clairement que le projet d'établissement doit avant tout définir des objectifs pour une durée maximum de 5 ans sur le plan de la prise en charge, de la qualité et du fonctionnement d'une manière générale. Cette obligation légale oblige les équipes en lien avec les usagers à mener la réflexion nécessaire sur la prise en charge et à définir les modalités à mettre en œuvre dans un souci permanent d'amélioration de la qualité. Cette démarche permet donc d'affirmer la place de l'usager dans les préoccupations de l'établissement. C'est également l'occasion de mobiliser les équipes autour d'une dynamique institutionnelle sur les questions de qualité et de devenir de la prise en charge.

62 Les droits des usagers dans les établissements de santé

La loi n° 2002-303 du 4 mars 2002 relative aux droits des malades et à la qualité du système de santé a apporté des changements majeurs en définissant avec précision les droits des usagers du secteur sanitaire. Cette loi a participé de façon significative au développement d'un principe aujourd'hui clairement affirmé, celui de la démocratie sanitaire.

1 Qu'est-ce que la démocratie sanitaire ?

La démocratie sanitaire doit être comprise comme une démarche dont l'objectif est d'associer, à la conception et à la mise en œuvre des politiques de santé, les acteurs du système de santé. Ainsi, les citoyens d'une façon générale, et notamment les usagers, les professionnels de santé et les élus, sont considérés comme des interlocuteurs des pouvoirs publics et des administrations chargés de la santé en France. La démocratie sanitaire suppose donc d'organiser la mise en relation de l'ensemble de ces acteurs afin de permettre un échange et des confrontations pour nourrir la réflexion et éclairer les prises de décision. La loi du 2 janvier 2002, la loi du 4 mars 2002 et la loi « HPST » du 21 juillet 2009 visent chacune à affirmer et à renforcer l'idée de démocratie sanitaire.

L'affirmation de cette idée se met en place principalement au travers de trois grands principes consacrés par les lois. Il s'agit d'abord de la concertation, qui doit être rendue possible par l'organisation de débats ouverts aux citoyens. Les conférences de territoire ainsi que la conférence régionale de santé et de l'autonomie prévues par la loi HPST sont une illustration de cette idée. Il s'agit ensuite de la participation de malades dans la gouvernance des établissements de santé, permise notamment par la place reconnue aux associations. Enfin, la démocratie sanitaire s'impose d'une façon plus générale par la reconnaissance des droits des usagers du secteur sanitaire et social. L'affirmation de ces droits, au travers des deux lois de 2002, vise à permettre à l'usager de devenir acteur de sa prise en charge, participant ainsi à l'édification de la démocratie sanitaire.

2 Les droits affirmés par la loi du 4 mars 2002

A Le droit à la sécurité

« Le droit fondamental à la protection de la santé doit être mis en œuvre par tous moyens disponibles au bénéfice de toute personne. Les professionnels, les établissements et réseaux

de santé, les organismes d'assurance maladie ou tous autres organismes participant à la prévention et aux soins, et les autorités sanitaires contribuent, avec les usagers, à développer la prévention, garantir l'égal accès de chaque personne aux soins nécessités par son état de santé et assurer la continuité des soins et la meilleure sécurité sanitaire possible».
Au-delà de l'affirmation du droit à la sécurité, cet extrait de l'article 3 est également l'occasion de préciser le champ de la loi pour ce qui concerne les professionnels et les différentes organisations impliqués dans le système de santé.

B Le droit à la dignité

« La personne malade a droit au respect de sa dignité ».

C L'égalité et l'absence de discriminations

« Aucune personne ne peut faire l'objet de discriminations dans l'accès à la prévention ou aux soins ».

D Le respect de la vie privée et le droit au secret

« Toute personne prise en charge par un professionnel, un établissement, un réseau de santé ou tout autre organisme participant à la prévention et aux soins a droit au respect de sa vie privée et du secret des informations la concernant. »

1. Le champ du respect

Excepté dans les cas de dérogation expressément prévus par la loi, ce secret couvre l'ensemble des informations concernant la personne, venues à la connaissance du professionnel de santé, de tout membre du personnel de ces établissements ou organismes et de toute autre personne en relation, de par ses activités, avec ces établissements ou organismes. Il s'impose à tout professionnel de santé, ainsi qu'à tous les professionnels intervenant dans le système de santé.
Deux ou plusieurs professionnels de santé peuvent toutefois, sauf opposition de la personne dûment avertie, échanger des informations relatives à une même personne prise en charge, afin d'assurer la continuité des soins ou de déterminer la meilleure prise en charge sanitaire possible. Lorsque la personne est prise en charge par une équipe de soins dans un établissement de santé, les informations la concernant sont réputées confiées par le malade à l'ensemble de l'équipe.

2. La confidentialité

Afin de garantir la confidentialité des informations médicales mentionnées aux alinéas précédents, leur conservation sur support informatique et leur transmission par voie électronique entre professionnels sont soumises à des règles définies par décret en Conseil d'État pris après avis public et motivé de la Commission nationale de l'informatique et des libertés (Cnil). Ce décret détermine les cas où l'utilisation de la carte professionnelle de santé mentionnée au dernier alinéa de l'article L. 161-33 du code de la sécurité sociale est obligatoire.
Le fait d'obtenir ou de tenter d'obtenir la communication de ces informations en violation du présent article est puni de 1 an d'emprisonnement et de 15 000 euros d'amende. En cas de diagnostic ou de pronostic grave, le secret médical ne s'oppose pas à ce que la famille, les proches de la personne malade ou la personne de confiance définie à l'article L. 1111-6 reçoivent les informations nécessaires destinées à leur permettre d'apporter un soutien direct à celle-ci, sauf opposition de sa part. Le secret médical ne fait pas obstacle à ce que les informations concernant une personne décédée soient délivrées à ses ayants droit, dans

la mesure où elles leur sont nécessaires pour leur permettre de connaître les causes de la mort, de défendre la mémoire du défunt ou de faire valoir leurs droits, sauf volonté contraire exprimée par la personne avant son décès ».

3. L'information à caractère secret

La loi du 4 mars 2002 précise dans cet article 3 ce que l'on doit considérer comme information à caractère secret. Il s'agit des informations qui concernent le patient et qui sont venues à la connaissance des professionnels et de toute autre personne intervenant dans l'organisme de prise en charge du patient.

4. Le secret partagé

En outre, la loi dans ce même article instaure la notion de secret partagé : « Deux ou plusieurs professionnels de santé peuvent toutefois, sauf opposition de la personne dûment avertie, échanger des informations relatives à une même personne… » Néanmoins, le respect de certaines limites s'impose : les professionnels poursuivent un même but ; le partage est limité à ce qui est strictement nécessaire pour atteindre ce but ; l'usager a été averti ou a donné son accord.

E Le droit de recevoir des soins appropriés

« Toute personne a, compte tenu de son état de santé et de l'urgence des interventions que celui-ci requiert, le droit de recevoir les soins les plus appropriés et de bénéficier des thérapeutiques dont l'efficacité est reconnue et qui garantissent la meilleure sécurité sanitaire au regard des connaissances médicales avérées. Les actes de prévention, d'investigation ou de soins ne doivent pas, en l'état des connaissances médicales, lui faire courir de risques disproportionnés par rapport au bénéfice escompté.
Les dispositions du premier alinéa s'appliquent sans préjudice de l'obligation de sécurité à laquelle est tenu tout fournisseur de produit de santé, ni des dispositions du titre II du livre 1er de la première partie du présent code.
Toute personne a le droit de recevoir des soins visant à soulager sa douleur. Celle-ci doit être en toute circonstance prévenue, évaluée, prise en compte et traitée.
Les professionnels de santé mettent en œuvre tous les moyens à leur disposition pour assurer à chacun une vie digne jusqu'à la mort ».

La loi impose donc une prise en compte de la douleur par les équipes médicales qui doivent orienter leurs soins en considérant la question de la douleur. Celle-ci ne peut être ignorée ou sous-estimée.

F Le droit à une poursuite de la scolarité

« Dans la mesure où leurs conditions d'hospitalisation le permettent, les enfants en âge scolaire ont droit à un suivi scolaire adapté au sein des établissements de santé ».

G Le libre choix

Le malade a le droit de choisir son praticien et son établissement. Des limites existent néanmoins à l'application de ce principe, notamment pour des questions de capacités techniques ou d'accueil des établissements.

H Le consentement et la participation aux décisions

Le patient est associé aux prises de décisions qui le concernent.

I Le droit à l'information

Toute personne a droit d'être informée sur son état de santé.

J L'accès aux informations

Toute personne a accès à l'ensemble des informations qui concernent sa santé détenues par des professionnels et des établissements de santé. C'est en vertu de ce droit qu'un patient hospitalisé peut, au moment de sa sortie, demander une copie de son dossier médical à l'établissement.

K La participation des usagers au fonctionnement du système de santé

L'affirmation de ce droit est la reconnaissance par la loi du rôle que peuvent jouer les associations de malades dans le système de santé, tant au niveau des établissements qu'au niveau des instances locales et nationales

L La désignation de la personne de confiance

La loi précise dans son article 11 : « Toute personne majeure peut désigner une personne de confiance qui peut être un parent, un proche ou le médecin traitant, et qui sera consultée au cas où elle-même serait hors d'état d'exprimer sa volonté et de recevoir l'information nécessaire à cette fin. Cette désignation est faite par écrit. Elle est révocable à tout moment. Si le malade le souhaite, la personne de confiance l'accompagne dans ses démarches et assiste aux entretiens médicaux afin de l'aider dans ses décisions ».

Les dispositions de la loi du 4 mars 2002 qui figurent dans le code de la santé publique visent à faire du patient un partenaire de sa prise en charge apte à participer aux décisions le concernant. Au-delà des principes essentiels posés par la loi, la relation entre les patients et les professionnels de santé doit s'inscrire dans un climat de respect mutuel et de confiance indispensable à la qualité de la prise en charge.

Dans le domaine social et médico-social, la loi de rénovation sociale du 2 janvier 2002 avait ouvert la voie en réaffirmant la place de l'usager dans les établissements sociaux et médico-sociaux et en créant de nouveaux outils pour une mise en œuvre effective des droits. Dans les deux lois, c'est l'individu qui est affirmé en tant que sujet de droits dans le cadre de sa prise en charge. Usagers et professionnels doivent s'emparer de ce cadre législatif pour bâtir des relations où chacun sera pris en compte dans ses demandes légitimes.

63 Les outils de la loi du 4 mars 2002

La loi n° 2002-303 du 4 mars 2002 relative aux droits des malades et à la qualité du système de santé a permis d'affirmer des droits au profit de l'ensemble des usagers du système de santé. Comme dans le cadre de la loi de rénovation sociale et médico-sociale du 2 janvier 2002, le législateur a prévu des outils permettant une mise en œuvre effective de ces droits. Comment ces outils peuvent-ils renforcer la place et plus globalement le rôle des malades dans leurs relations avec les institutions et les professionnels du secteur sanitaire?

1 Le livret d'accueil et la charte du patient hospitalisé

A Le livret d'accueil

L'arrêté du 15 avril 2008 précise les conditions auxquelles doit répondre le livret d'accueil: « Dans chaque établissement de santé, un livret d'accueil est remis à toute personne hospitalisée prise en charge par l'établissement ou, le cas échéant, au proche de la personne hospitalisée. Le livret a pour objet de présenter l'établissement de santé et de fournir des informations utiles à l'ensemble des personnes hospitalisées sur leurs conditions de prise en charge. Des informations écrites, spécifiques, liées à la nature des activités de l'établissement, aux différents modes de prise en charge ou à la typologie des patients sont données en complément (...). Le livret fait l'objet d'une mise à jour régulière ».

Le livret d'accueil est un outil au service du droit à l'information de l'usager. Il doit également permettre à l'usager d'exercer un autre droit: celui du libre choix de l'établissement. Aujourd'hui, de nombreux établissements de santé proposent de télécharger leur livret d'accueil sur leur site.

L'arrêté du 15 avril précise le contenu du livret d'accueil:
- il s'agit de **l'organisation générale** de l'établissement, des formalités administratives, de la situation géographique de l'établissement et des différents sites qui le composent;
- il doit faire apparaître les **coordonnées** postales, téléphoniques et électroniques de l'établissement et, le cas échéant, celles des différents sites concernés et les moyens permettant à la personne hospitalisée d'être mise en relation avec les représentants des usagers et les associations de bénévoles ayant conclu une convention avec l'établissement et les moyens d'obtenir la liste et les coordonnées de ces associations. La présence des informations permettant de rentrer en contact avec des représentants d'usagers et des associations de bénévoles montre la préoccupation des pouvoirs publics de prendre en compte dans le fonctionnement du système de santé la parole des usagers au travers des associations. On a là une illustration de l'idée de démocratie sanitaire;

– le livret doit préciser les **moyens** permettant aux familles et aux proches des personnes hospitalisées de connaître les conditions, notamment horaires, dans lesquelles ils peuvent être reçus par les médecins ainsi que les moyens permettant à la personne hospitalisée et à son entourage de connaître les horaires les concernant (repas, visite, accueil téléphonique...);
– il présente les principales **formalités administratives** d'admission et de sortie à accomplir;
– le livret précise que les principes généraux de la charte de la personne hospitalisée lui sont annexés et que le document intégral, en plusieurs langues et en braille, est accessible sur le site internet www.sante.gouv.fr et qu'il peut aussi être obtenu gratuitement, sans délai, sur simple demande, auprès du service chargé de l'accueil de l'établissement. Le livret d'accueil doit donc contenir un résumé de la charte;
– les principales règles du **respect de la vie collective** interne de l'établissement sont rappelées.

B La charte de la personne hospitalisée

La charte de la personne hospitalisée est la nouvelle appellation de la charte du patient hospitalisé datant de 1995. Cette dernière a fait l'objet d'un certain nombre de changements liés à l'entrée en vigueur de différentes lois, dont celle du 4 mars 2002 relative aux droits des malades et à la qualité du système de santé. La charte dans sa nouvelle version a aussi intégré la loi du 22 avril 2005 relative aux droits des malades et à la fin de vie.
L'objectif de cette charte est de faire connaître aux personnes accueillies dans les établissements de santé leurs droits essentiels tels qu'ils sont affirmés par la loi du 4 mars 2002. C'est un outil précieux qui permet une concrétisation du droit à l'information. En effet, on imagine mal des personnes hospitalisées consulter la loi dans sa version initiale. La charte constitue un support facilitant l'accès et la compréhension de l'information.
Quels sont les éléments essentiels de cette charte ? Elle est construite à partir de onze principes fondés sur les droits du patient et qui constituent un engagement général des professionnels et des institutions à l'égard de la personne hospitalisée et de son entourage. La charte se distingue donc de la loi, bien qu'elle en soit inspirée, par sa dimension éthique et déontologique. À titre d'exemple, le point quatre de la charte est ainsi rédigé dans son principe essentiel : « Un acte médical ne peut être pratiqué qu'avec le consentement libre et éclairé du patient. Celui-ci a le droit de refuser tout traitement. Toute personne majeure peut exprimer ses souhaits quant à sa fin de vie dans des directives anticipées ».

2 Le dossier médical

La loi impose aux établissements de santé de constituer un dossier médical pour toute hospitalisation. Aujourd'hui, ce dossier est le plus souvent informatisé.

Le code de la santé publique (art. L. 1111-7) après avoir intégré la loi du 4 mars 2004 précise que : « toute personne a accès à l'ensemble des informations concernant sa santé détenues par des professionnels et établissements de santé, qui sont formalisées et ont contribué à l'élaboration et au suivi du diagnostic et du traitement ou d'une action de prévention ou ont fait l'objet d'échanges écrits entre professionnels de santé (...) à l'exception des informations mentionnant qu'elles ont été recueillies auprès de tiers n'intervenant pas dans la prise en charge thérapeutique ou concernant un tel tiers ». La loi précise que la personne peut accéder à son dossier.

La communication du dossier est une obligation pour l'établissement de santé et un droit pour le patient. Cette communication peut s'effectuer directement ou par l'intermédiaire d'un médecin désigné par le patient.
Le patient doit, pour obtenir la communication de son dossier médical, en faire la demande écrite au directeur de l'hôpital ou au chef du service concerné. La communication peut se faire sur place à l'hôpital ou par envoi postal. Le patient peut, en pratique, consulter son dossier sur place ou en demander une copie. L'exemplaire orignal demeure dans l'établissement de santé.
La loi précise le contenu du dossier. Il doit contenir de nombreuses données comme les informations formalisées recueillies lors des consultations externes dispensées dans l'établissement, lors de l'accueil au service des urgences ou au moment de l'admission et au court du séjour hospitalier, et notamment : la lettre du médecin qui est à l'origine de la consultation ou de l'admission ; les motifs d'hospitalisation ; la recherche d'antécédents et de facteurs de risques ; les conclusions de l'évaluation clinique initiale ; le type de prise en charge prévu et les prescriptions effectuées à l'entrée ; la nature des soins dispensés et les prescriptions établies lors de la consultation externe ou du passage aux urgences ; les informations relatives à la prise en charge en cours d'hospitalisation (état clinique, soins reçus, examens para-cliniques, notamment d'imagerie) ; le dossier de soins infirmiers.
Dans le cas où le praticien qui a prescrit l'hospitalisation demande communication du dossier médical du patient, cette communication ne peut intervenir qu'après accord de celui-ci ou de son représentant légal, ou de ses ayants droit en cas de décès.

3 La CRUQPC et le projet d'établissement

A La commission des relations avec les usagers et de la qualité de la prise en charge (CRUQPC)

Cette commission a été instituée par l'article 16 de la loi du 4 mars 2002. Dans les hôpitaux, elle est présidée généralement par le directeur de l'hôpital et est composée d'un médiateur médecin, d'un médiateur non médecin et de deux représentants des usagers.
Le rôle de la commission est principalement d'examiner les réclamations adressées à l'hôpital par les usagers et de les informer sur les voies de conciliation et de recours. Elle formule également des avis et des propositions sur l'accueil et la prise en charge à l'hôpital.
La commission se réunit en général au moins une fois par trimestre et chaque fois que nécessaire pour procéder à l'examen des réclamations qui lui sont transmises.
La CRUQPC est un lieu d'échange, d'information, de réflexion et de médiation qui doit permettre de mettre en lien l'usager et les professionnels de santé. Les droits à l'information et la participation affirmés par la loi du 4 mars 2002 trouvent à s'appliquer concrètement au travers de cette commission.

B Le projet d'établissement

Imposé par la loi dans tous les établissements de santé, le projet d'établissement fixe pour une période de 5 ans maximum les grandes orientations de l'établissement. Adopté par le conseil de surveillance, dans le cas d'un établissement hospitalier, il doit impliquer les personnels et les usagers qui, au travers de leurs représentants au conseil de surveillance, participent au devenir de l'hôpital. Le projet d'établissement est un acte politique majeur qui engage l'ensemble des personnels. Sur la base d'une évaluation du fonctionnement de l'établissement, il vise à améliorer la qualité du service rendu à l'usager au travers de l'adoption de mesures concrètes. Il peut s'agir, par exemple, de la réorganisation de services ou d'un réaménagement des conditions d'accueil.

64 Éthique et déontologie

Éthique et déontologie sont des termes d'usage courant dans le secteur social et médico-social, mais dont le sens n'est pas toujours bien appréhendé. Bien que complémentaires, ils se distinguent.

1 L'éthique : de quoi parle-t-on ?

A Comment définir l'éthique ?

Le terme d'éthique vient du grec *ethikos*, la morale et d'*ethos*, les mœurs. Sur un plan étymologique, éthique et morale sont donc très liées, ces mots sont même couramment considérés comme synonymes.

➜ **Parmi les différentes approches possibles du terme d'éthique, on peut retenir celle-ci : ensemble de principes moraux qui servent de référence à la conduite d'un individu.**

Bien qu'ils soient souvent considérés comme synonymes, on peut néanmoins tenter de distinguer ces deux termes. Si la morale repose sur des valeurs fortes de la société qui s'imposent à tous et qui permettent aux individus de distinguer ce qu'il faut faire de ce qu'il ne faut pas faire, l'éthique en revanche est davantage liée à des choix opérés par un individu ou un groupe tentant de répondre à une question fondamentale : comment me comporter avec l'autre. Par conséquent, l'éthique se distingue de la morale dans le sens où elle est, par nature, un questionnement alors que la morale ne repose pas d'abord sur un questionnement mais plutôt sur l'affirmation de principes.
Évidemment, les deux notions sont étroitement imbriquées. Quand on parle d'éthique, on associe souvent le terme à des professionnels ou à un domaine d'activité particulier. Ainsi, on parle de « bioéthique » s'agissant des règles d'éthique liées à la médecine et à la recherche biologique. Où doit-on fixer les limites en matière de recherche biologique ? En France, des lois de bioéthique tentent d'apporter des réponses et le Comité consultatif national d'éthique (CCNE) délivre des avis sur les questions dont il est saisi.

B L'éthique dans le secteur social et médico-social

Les travailleurs sociaux sont confrontés de façon permanente, du fait de la nature même de leur travail, à des questions éthiques. Il en va de même pour les différents professionnels du champ médico-social. La relation à l'usager à domicile ou dans une institution génère nécessairement des questions d'ordre éthique. Par exemple, comment concilier les principes de libertés individuelles et d'autonomie avec la nécessité d'intervenir ? On pense notamment aux mesures liées à la protection de l'enfance. Autre exemple : comment concilier partage de l'information et respect de la confidentialité ? Le philosophe Paul Ricœur, dans son ouvrage *Soi-même comme un autre* publié aux Éditions du Seuil en 1990, dit que la mise en œuvre de l'éthique « consiste à inventer les comportements justes et appropriés à la singularité des cas ». Chaque situation étant unique, l'éthique consiste à prendre de la distance au regard de la situation, à engager une réflexion et à prendre des décisions qui viseront à concilier des principes humains avec des impératifs juridiques et/ou organisationnels. L'éthique repose donc nécessairement sur un questionnement.

2 La déontologie : de quoi parle-t-on ?

A Comment définir la déontologie ?

→ **La déontologie est l'ensemble des règles de bonne conduite relatives au comportement professionnel. Elle repose à la fois sur le droit, la morale et l'éthique, mais elle se distingue de cette dernière. La déontologie relève de la règle instituée que les professionnels doivent respecter, contrairement à l'éthique qui n'est pas une injonction comme on l'a vu mais une interrogation.**

La déontologie est un ensemble de règles de bonne conduite qui sont réunies pour certaines professions dans des codes. Elles peuvent aussi faire l'objet de chartes. L'un des codes les plus connu est probablement le code de déontologie médicale. Il est établi par l'Ordre national des médecins qui représente la profession mais il est soumis à l'administration, au Conseil d'État et au gouvernement, de façon à vérifier sa conformité avec les règles de droit. Le code est publié au *Journal officiel*. Les médecins sont soumis au respect des règles de ce code, comme le secret médical dont la violation les expose à des poursuites disciplinaires. Ces poursuites peuvent se traduire par des blâmes et, dans les cas les plus graves, par une radiation de l'ordre et une interdiction d'exercer.

B La déontologie dans le secteur social et médico-social

En ce qui concerne le travail social, le Conseil supérieur du travail social (CSTS), qui est une instance consultative, formule des avis par le biais de sa commission éthique et déontologie sur des questions à caractère déontologique et participe ainsi à l'édification d'un cadre de référence précieux pour les travailleurs sociaux. Le CSTS a ainsi eu l'occasion d'intervenir sur les difficultés auxquelles sont confrontées certains travailleurs sociaux qui accompagnent des personnes en situation irrégulière. Le CSTS a émis à ce sujet un avis transmis au gouvernement en date du 3 juin 2008 affirmant : « La finalité du travail social est l'aide à toutes personnes, fondée sur leur respect et leur dignité. Les axes forts du métier des travailleurs sociaux qui reposent avant tout sur l'intérêt de la personne, le respect de son autonomie, la non-discrimination nécessitent le secret professionnel destiné à protéger les usagers du travail social ».

65 La protection de l'information

Si le secret professionnel est une obligation de se taire imposée par la loi, c'est également un devoir déontologique dont le respect est indispensable pour instaurer le climat de confiance indispensable avec l'usager ou le client et pour crédibiliser les professionnels.

1 Que dit la loi ?

A Le principe : le secret professionnel

L'article 226-13 du code pénal est rédigé dans les termes suivants : « la révélation d'une information à caractère secret par une personne qui en est dépositaire, soit par état, ou par profession, soit en raison d'une fonction ou d'une mission temporaire, est punie d'un an d'emprisonnement et de 15 000 euros d'amende ».

B Les dérogations au principe : la révélation du secret

L'article 226-14 prévoit des situations dans lesquelles l'article 226-13 n'est pas applicable. Ce sont les cas suivants où la loi impose ou autorise la révélation du secret :

– **à celui qui informe les autorités** judiciaires, médicales ou administratives de privations ou de sévices, y compris lorsqu'il s'agit d'atteintes ou mutilations sexuelles, dont il a eu connaissance et qui ont été infligées à un mineur ou à une personne qui n'est pas en mesure de se protéger en raison de son âge ou de son incapacité physique ou psychique ;

– **au médecin** qui, avec l'accord de la victime, porte à la connaissance du procureur de la République les sévices ou privations qu'il a constatés, sur le plan physique ou psychique, dans l'exercice de sa profession et qui lui permettent de présumer que des violences physiques, sexuelles ou psychiques de toute nature ont été commises. Lorsque la victime est un mineur ou une personne qui n'est pas en mesure de se protéger en raison de son âge ou de son incapacité physique ou psychique, son accord n'est pas nécessaire ;

– **aux professionnels de la santé ou de l'action sociale** qui informent le préfet et, à Paris, le préfet de police, du caractère dangereux pour elles-mêmes ou pour autrui des personnes qui les consultent et dont ils savent qu'elles détiennent une arme ou qu'elles ont manifesté leur intention d'en acquérir une. Le signalement aux autorités compétentes effectué dans les conditions prévues au présent article ne peut faire l'objet d'aucune sanction disciplinaire.

C Qu'entend-on par secret ?

1. La notion de secret

Le secret concerne des éléments de la vie privée qui ne peuvent pas être révélés. Dès lors que ce secret est confié à un professionnel, les règles du code pénal s'appliquent.

2. La notion de secret partagé

L'article L. 1110-4 du code de santé publique inséré par la loi du 4 mars 2002 érige le secret au rang de droit de la personne et affirme la légalité du secret partagé entre professionnels de santé. Ces derniers peuvent échanger des informations dans certaines conditions à propos d'un patient sans risquer de poursuites pénales.

2 Les travailleurs sociaux et le secret professionnel

A Le principe

Les travailleurs sociaux sont soumis aux articles 226-13 et 226-14 du code pénal. Les dérogations prévues par l'article 226-14 permettent à un travailleur social soumis au secret professionnel de parler sans risque d'être poursuivi. Cette autorisation de parler ne doit pas être comprise comme une obligation. Le professionnel peut donc ne pas parler.

B Les interventions dans le cadre de l'aide sociale à l'enfance (ASE)

L'article L-221-6 du code de l'action sociale et des familles précise que : « toute personne participant aux missions de service de l'aide sociale à l'enfance est tenue au secret professionnel sous les peines et dans les conditions prévues par les articles 226-13 et 226-14 du code pénal ».

Si les travailleurs sociaux participant aux missions de l'ASE sont tenus au secret professionnel, le code de l'action sociale et des famille précise néanmoins qu'ils sont également tenus de transmettre sans délai au président du conseil départemental ou responsable désigné par lui toute information nécessaire pour déterminer les mesures dont les mineurs et leurs familles peuvent bénéficier et notamment toute information sur les mineurs qui font l'objet de mauvais traitements ou de privation afin d'en assurer la protection. Ainsi, un éducateur spécialisé qui informerait le président du conseil départemental des mauvais traitements subis par un mineur ne pourrait pas être sanctionné au titre de la violation du secret professionnel.

3 La déontologie

Les exigences de respect du secret ont également un fondement déontologique. Le code de déontologie médicale précise ce qu'il entend par « secret médical ». Le non-respect de cette obligation déontologique expose les médecins et les professionnels qui entourent le patient à des sanctions disciplinaires qui viennent s'ajouter à d'éventuelles sanctions pénales.

66 Le rôle des associations de malades

Les associations de malades bénéficient aujourd'hui d'une reconnaissance légale en tant qu'acteur du système de santé. Cette reconnaissance passe par un agrément permettant à ces associations de participer à de nombreuses instances pour porter la voie des usagers du système de santé. La place affirmée des associations dans le système de santé est une des manifestations du principe de démocratie sanitaire.

1 Les associations agréées

La loi du 4 mars 2002 relative aux droits des malades et à la qualité du système de santé, modifiée par la loi du 9 août 2004 relative à la politique de santé publique, reconnaît et organise la représentation des usagers du système de santé. La loi crée une procédure d'agrément qui permet aux associations, sous certaines conditions, de représenter les usagers dans les instances hospitalières et de santé publique et de participer à l'élaboration des politiques de santé.

A La représentation au sein des institutions

Ainsi, les associations agréées peuvent proposer des représentants pouvant siéger dans les instances hospitalières ou de santé publique pour défendre les droits et porter la parole de l'ensemble des usagers du système de santé. Elles peuvent faire des propositions pour faire évoluer le système de santé et sur les politiques de santé au niveau national ou régional. Concrètement, c'est l'agence régionale de santé qui est chargée par la loi d'organiser au niveau de la région la procédure d'agrément des associations de façon à rendre effective l'idée de démocratie sanitaire.

Les associations agréées au niveau régional ont des représentants dans de nombreuses instances au niveau local dont :

- la conférence régionale de la santé et de l'autonomie. C'est une instance majeure de la démocratie sanitaire dans la région. Elle donne son avis sur le programme régional de santé (PRS). Elle peut faire des propositions sur l'évolution de la politique régionale de santé. Elle permet l'expression des besoins des usagers du système de santé, des personnes en situation de handicap ou des retraités et des personnes âgées. Elle peut également organiser des débats publics sur des questions de santé ;
- le conseil de surveillance des ARS ;
- les commissions des relations avec les usagers et la qualité de la prise en charge (CRUQPC) ;
- les conseils de surveillance des établissements de santé ;
- les conférences de territoire ;

- les centres de lutte contre le cancer ;
- les centres de coordination de la lutte contre le VIH (COREVIH).

D'autres associations agréées au niveau national sont présentes dans les instances suivantes :
- la Conférence nationale de santé ;
- la Commission nationale des accidents médicaux ;
- l'Office national d'indemnisation des accidents médicaux (ONIAM).

Depuis le vote de la loi HPST du 21 juillet 2009, des représentants issus d'associations du secteur médico-social peuvent siéger dans certaines instances dont les conférences régionales de santé et le conseil de surveillance des ARS pour représenter les retraités, les personnes âgées et les personnes en situation de handicap, au côté des représentants proposés par les associations agréées. Enfin, chaque ARS peut repérer sur son territoire des associations qui s'investissent dans le domaine de la défense des droits des usagers pour les encourager à présenter un dossier de demande d'agrément.

B L'agrément régional

Les agréments régionaux sont délivrés par le directeur de l'agence régionale de santé, alors que les agréments nationaux sont délivrés par le ministre de la Santé après avis de la Commission nationale d'agrément.
Les associations sont agréées sur le plan national et local pour une durée de 5 ans. Il est de leur responsabilité de demander le renouvellement de l'agrément.

2 Quel est le profil des associations agréées ?

Ce sont des associations qui ont une activité effective et publique en faveur des malades et des usagers du système de santé. Il peut s'agir d'activités relatives à la promotion des droits des personnes malades et des usagers du système de santé ou bien d'activités d'aide et de soutien en faveur du même public. Sauf exception, une ancienneté de 3 ans minimum est attendue pour ces activités.

3 Les associations non agréées

En dehors des associations bénéficiant d'un agrément national ou régional, d'autres associations jouent un rôle dans le domaine de la santé. Il s'agit d'associations qui, souvent, développent des activités de soutien et d'accompagnement auprès de malades. Sans être agréées, elles jouent un rôle important dans certains établissements de santé où elles aident à améliorer les conditions de séjour des personnes hospitalisées. De nombreux établissements hospitaliers passent des conventions avec des associations de façon à préciser les conditions d'intervention de ces associations dans la cadre du fonctionnement des établissements. Si ces associations ne peuvent pas participer aux prises de décisions sur le fonctionnement de l'hôpital, elles peuvent néanmoins alimenter la réflexion des acteurs de l'hôpital sur les pratiques professionnelles et les relations avec les patients.

11

Le secteur associatif

67 La place du secteur associatif dans l'action sociale

Les associations représentent plus d'1 million d'emplois en équivalent temps plein et environ 14 millions de bénévoles. Avec plus de 60 000 nouvelles associations créées chaque année, ce secteur connaît un dynamisme important, mais présente des particularités en fonction des secteurs.

1 Le profil des associations du secteur social et de la santé

A Un rôle important pour les salariés

Tableau 68.1. Nombre d'associations selon le secteur d'activité

	A	B	C	D
Action humanitaire	35 400	5 400	40 800	4 %
Action sociale/Santé	88 100	35 700	123 800	11 %
Défense droits/Causes	163 600	7 100	170 700	15 %
Éducation/Formation	29 300	15 500	44 800	4 %
Sports	216 200	48 500	264 700	24 %
Culture	173 400	31 400	204 800	19 %
Loisirs	179 900	16 200	196 100	18 %
Économie	29 600	11 000	40 600	4 %
Autres	12 500	1 200	13 700	1 %
Total	928 000	172 000	1 100 000	100 %

A : Associations sans salariés. **B** : Associations employeurs. **C** : Total. **D** : Ensemble

Enquête CNRS Matisse – Centre d'économie de la Sorbonne auprès des associations – 2005-2006.

À partir de la lecture de ces données chiffrées, on peut tirer des enseignements intéressants sur la place et le profil des associations du champ de la santé et du social :
– ces associations arrivent en cinquième position en ce qui concerne le nombre d'associations sans salarié. Elles représentent 11 % des associations. On voit que les associations sont beaucoup plus nombreuses dans le domaine du sport et des loisirs ;
– en revanche, en ce qui concerne les associations employeurs, elles arrivent en deuxième position après le sport. On peut donc en conclure que bien qu'elles ne représentent que 11 % du total des associations, elles représentent un secteur d'emploi important dans le

monde associatif. Cela s'explique par le fait que les associations du secteur social et de la santé sont des associations très fortement professionnalisées. Cela est lié au niveau de formation exigée dans la prise en charge des publics.

B Des recettes tirées essentiellement des activités et des subventions

Tableau 68.2. Structure des ressources selon le secteur d'activité principal des associations

	A	B	C	D	E
Action humanitaire	2 %	26 %	38 %	34 %	100 %
Action sociale/Santé	3 %	4 %	54 %	39 %	100 %
Défense des droits et des causes	24 %	7 %	45 %	25 %	100 %
Éducation, formation et insertion	4 %	2 %	65 %	29 %	100 %
Sports	38 %	6 %	32 %	24 %	100 %
Culture	17 %	5 %	38 %	40 %	100 %
Loisirs et vie sociale	18 %	2 %	49 %	31 %	100 %
Défense des intérêts économiques	11 %	2 %	44 %	43 %	100 %
Autres	11 %	9 %	58 %	22 %	100 %
Ensemble	12 %	5 %	49 %	34 %	100 %

A : Cotisations. **B** : Dons et mécénat. **C** : Recettes d'activités publiques et privées.
D : Subventions publiques. **E** : Total

Enquête CNRS Matisse – Centre d'économie de la Sorbonne auprès des associations – 2005-2006.

La comparaison des différents secteurs associatifs en fonction de la structure de leurs ressources montre une autre caractéristique intéressante des associations du champ de la santé et du social. Ces dernières sont en grande partie financées par des recettes d'activités (54 %) et par des subventions à hauteur de 39 %. En revanche, les cotisations représentent une source de financement très limitée : 3 %. Ces chiffres tendent à démontrer que les associations du champ de la santé et du social réalisent des activités qui dégagent des recettes et participent de façon importante à leur financement et que, en outre, les pouvoirs publics au travers de l'État et des collectivités territoriales soutiennent financièrement leurs activités.

2 Diversité et importance du secteur associatif dans l'action sociale et médico-sociale

Le secteur social et médico-social représente dans son ensemble près de 24 500 structures pour environ 1 million de places et plus de 400 000 professionnels. On estime que les associations gèrent globalement 60 % des places du secteur social et médico-social. La grande majorité des personnes accompagnées et prises en charge le sont donc dans le cadre de structures associatives. Avant de voir la diversité des structures associatives, il faut s'interroger sur les raisons d'une telle importance.

A Les raisons du poids prépondérant du monde associatif dans le champ de l'action sociale et médico-sociale

1. Des raisons d'ordre historique

L'action sociale puise ses racines dans la mise en œuvre du devoir de charité chrétienne auquel le statut d'association, à partir du 20e siècle, a apporté un cadre juridique et lui a permis un certaine assise territoriale que l'on mesure encore aujourd'hui. Nombre d'associations impliquées dans l'action sociale sont effectivement fondées sur des valeurs chrétiennes tout en étant en phase avec les principes républicains et notamment la laïcité.

2. Des raisons d'ordre sociologique

Le poids des associations dans le domaine social et médico-social correspond à l'émergence et la reconnaissance de l'individu comme acteur social capable de s'organiser et de peser sur les choix politiques. Beaucoup d'associations, en particulier dans le domaine de la santé (associations de malades), sont nées et se sont développées à partir de convictions personnelles partagées par certaines personnes désireuses de s'organiser pour accompagner des malades et sensibiliser l'opinion publique aux problématiques liées à la maladie. En matière de handicap, l'engagement personnel de parents d'enfants handicapés a également été un élément moteur du développement associatif.

3. Des raisons juridiques et politiques

Depuis la première vague de décentralisation du début des années 1980, confirmée et complétée en 2003 et 2004, les collectivités territoriales à qui on a confié de nombreuses compétences, en particulier dans le champ de l'action sociale, se sont appuyées sur les associations présentes sur leur territoire pour mettre en œuvre leurs compétences. Des partenariats ont donc été développés par le biais de subventions publiques et de délégations de compétences. Les collectivités territoriales ont bien compris l'intérêt à confier des activités à des associations bien implantées sur le territoire avec une bonne connaissance des publics et de leurs problématiques. Ce mouvement n'est cependant pas sans poser problème en matière d'indépendance pour les associations. Beaucoup d'associations sont devenues le « bras armé » de l'administration qui les tient dans une dépendance financière. Dès lors, que reste-t-il de l'esprit de la loi du 1er juillet 1901 qui reconnaît aux individus la liberté de s'associer pour défendre leurs intérêts et promouvoir leurs idées ?

B Où trouve-t-on les associations dans l'action sociale et médico-sociale ?

La majorité des établissements accueillant les publics de l'action sociale et médico-sociale ont un statut juridique d'association.
Dans le domaine du handicap, les instituts médico-éducatifs (IME) sont gérés par des associations. C'est souvent le cas des centres d'action médico-sociale précoces (CAMSP). La protection de l'enfance s'appuie également de façon importante sur les associations qui gèrent des établissements d'accueil. En matière d'insertion, les centres d'hébergement et de réinsertion sociale (CHRS) sont le plus souvent gérés par des associations tout comme certaines maisons de retraite qui ont un statut associatif.

68 Les instances nationales de la vie associative

Le poids économique et social du monde associatif avec 1,4 million d'associations déclarées, 14 millions de bénévoles et plus de 1,5 million de salariés justifie la mise en place d'institutions représentatives au niveau national.

1 Le Haut Conseil à la vie associative (HCVA)

A Les missions du HCVA

Créé le 28 juin 2011, le HCVA est une instance d'expertise et de dialogue avec les associations qui remplace le Conseil national de la vie associative (CNVA). L'objectif est de favoriser le dialogue entre les pouvoirs publics et les associations et d'améliorer la pertinence des mesures prises par les pouvoirs publics en faveur du monde associatif ; le Haut Comité à la vie associative est un relais entre la diversité du monde associatif et le gouvernement dont un des ministres est chargé de la vie associative.

Le HCVA est saisi de tous les textes législatifs et réglementaires concernant les associations pour avis. Les associations elles-mêmes peuvent, sous certaines conditions, le saisir sur toute question intéressant l'ensemble des associations. Pour être plus précis, le Haut Conseil à la vie associative peut être saisi par au moins cent associations couvrant au moins trois régions et ayant un objet statutaire comparable sur toute question intéressant l'ensemble des associations. Cette procédure permet à des responsables associatifs de terrain de faire remonter des difficultés et d'en assurer ainsi une certaine diffusion.

Il a aussi pour mission de formuler des propositions et des recommandations auprès des pouvoirs publics pour améliorer la connaissance des réalités de la vie associative. Il est aussi chargé d'établir tous les 2 ans, pour le gouvernement, un bilan rendu public de la vie associative.

B La composition du HCVA

Présidé par le Premier ministre, le Haut Conseil est composé de vingt-cinq membres ayant une expérience effective de la vie associative. Ces membres sont nommés pour une durée de 5 ans par arrêté du Premier ministre, sur proposition du ministre chargé de la vie associative.

La composition est la suivante :

- 5 personnalités qualifiées en raison de leurs compétences respectivement en matière de droit, de fiscalité, d'économie et de gestion, de sociologie et de ressources humaines ;
- 3 représentants des régions, des départements et des maires de France ;
- 1 député ;
- 1 sénateur ;

– 1 représentant avec voix consultative des ministres chargés de la jeunesse, de la vie associative, du budget, de la cohésion sociale, de la culture, de l'économie, de l'éducation nationale, de l'environnement, de l'intérieur, de la justice, de la santé, des sports, de la ville.
Le Haut Conseil à la vie associative doit se réunir au moins deux fois par an en séance plénière. Ses membres sont nommés depuis l'arrêté du Premier ministre du 15 septembre 2011.

2 L'Institut national de la jeunesse et de l'éducation populaire (INJEP)

C'est un établissement public national placé sous la tutelle du ministre chargé de la Jeunesse. L'INJEP porte l'Observatoire de la jeunesse et des politiques de jeunesse, et un centre de ressources destiné aux professionnels et décideurs du secteur. Il est une des composantes de l'agence du service civique avec l'Agence nationale pour la cohésion sociale et l'égalité des chances (ACSÉ) et l'association France volontaires.

Les missions de l'INJEP sont les suivantes :
– observer et analyser les pratiques, les attentes des jeunes et les politiques et actions qui leur sont destinées ;
– participer à l'évaluation des actions et des politiques destinées aux jeunes ;
– réaliser et diffuser des études et des analyses conduites dans ces domaines aussi bien sous forme papier que numérique ou dans le cadre de conférences, séminaires, colloques ou rencontres ;
– contribuer à la connaissance et à l'analyse des politiques en faveur de la jeunesse des autres pays, particulièrement de l'Union européenne ;
– exercer une veille documentaire et constituer un centre de ressources pour les acteurs de la jeunesse et de l'éducation populaire ;
– proposer, en complémentarité avec ces missions, des activités de formation, d'études et de conseil, ou sa participation à l'organisation de manifestations en faveur de la jeunesse.
L'INJEP a donc été conçu comme un lieu de ressources et d'expertise au profit des acteurs impliqués dans les activités liées à la jeunesse et à l'éducation populaire.

69 Le cadre juridique des associations

Les associations sont gérées par la loi du 1er juillet 1901.

1 La création de l'association

A L'association non déclarée

Une association non déclarée est qualifiée d' « association de fait». Il s'agit de la situation dans laquelle plusieurs personnes décident de se regrouper pour agir ensemble dans un domaine qui les intéresse sans procéder à une formalité administrative. C'est le cas, par exemple, d'une association regroupant des habitants qui se mobilisent pour la vie de leur quartier. D'un point de vue juridique, cette absence de déclaration entraîne une conséquence essentielle : l'absence de statut juridique et de personnalité juridique. Par conséquent, l'association de fait n'existe pas aux yeux du droit, ce qui lui interdit de participer à la vie juridique : elle ne peut ni acheter, ni vendre, ni louer et ne peut pas ouvrir de compte en banque.

B L'association déclarée

Pour obtenir le statut d'association déclarée et donc un statut juridique, les membres fondateurs doivent entreprendre les démarches prévues par la loi. Il faut déclarer la création de l'association à la préfecture ou à la sous-préfecture du siège social de l'association.
Il existe pour cette déclaration un formulaire officiel, le formulaire Cerfa, intitulé « création d'une association loi 1901 – déclaration préalable ». Cette déclaration doit être obligatoirement accompagnée d'un exemplaire des statuts. Avant même de déclarer l'association, les membres fondateurs, c'est-à-dire au moins deux personnes, doivent rédiger des statuts. Ensuite, un récépissé est adressé par l'administration dans les 5 jours qui suivent la remise de la déclaration. Ce document atteste que l'association a été déclarée. Il doit être conservé. Enfin, c'est la publication de la création de l'association au *Journal officiel des associations et des fondations d'entreprise*. Cette publication est l'acte de naissance de l'association qui devient ainsi une personne sur le plan juridique : une personne morale de droit privé à but non lucratif. Ce statut juridique implique que la finalité d'une association n'étant pas de réaliser des objectifs, elle ne doit pas permettre à ses membres un enrichissement personnel.

2 Les statuts de l'association

Les statuts d'une association constituent le contrat par lequel deux personnes au moins décident de s'associer. Ces statuts dont la rédaction est libre doivent être rédigés avec soin car ils précisent l'objet de l'association, c'est-à-dire son but et ses modalités de fonctionnement. Ces statuts étant un contrat, ils sont la règle commune que tous les adhérents doivent respecter. Généralement, on y trouve les informations suivantes : le titre de l'association, le lieu de son siège, la composition de l'association (les différentes catégories de membres qui la compose et qui sont : les membres fondateurs, bienfaiteurs ou associés). Les statuts précisent l'organisation du pouvoir dans l'association, c'est-à-dire les modalités d'élection des dirigeants et le fonctionnement des organes de décision. Les statuts fixent également les règles financières de l'association. Les préfectures mettent à disposition des modèles de statuts pour guider les personnes souhaitant créer une association.

3 Le fonctionnement de l'association

A L'organisation du pouvoir et de la prise de décision

Les associations fonctionnent sur une exigence démocratique forte. Tous les membres de l'association se réunissent généralement une fois par an en assemblée générale pour prendre toutes les grandes décisions de l'association et procéder à la désignation des dirigeants : le président de l'association qui représente l'association et les membres du conseil d'administration. L'assemblée générale est donc l'organe souverain et décisionnel de l'association. Le conseil d'administration, organe exécutif de l'association, se réunit plusieurs fois par an pour organiser la mise en œuvre des décisions de l'assemblée générale dont il prépare les décisions. Les associations fonctionnent généralement avec un bureau composé du président de l'association, du trésorier et du secrétaire qui se réunissent en fonction des besoins de façon plus souple que le conseil d'administration.

B Les membres de l'association

L'assemblée générale, dont est issu le conseil d'administration, est composée de tous les membres de l'association qui, par principe, sont bénévoles. Néanmoins, les associations qui en ont la capacité financière peuvent fonctionner avec des équipes de salariés. Ces derniers ne peuvent être membres de l'assemblée générale. Ils ne participent pas aux prises de décisions qu'ils sont chargés en tant que salariés d'appliquer.

C Le financement

Les associations ordinaires, au-delà des cotisations des membres, peuvent bénéficier de subventions ou de dons manuels. Les associations reconnues d'utilité publique (RUP) peuvent aussi bénéficier de legs. Cette reconnaissance est accordée sous la forme d'un décret du ministère de l'Intérieur après avis du Conseil d'État.

70 L'exemple d'une fédération : l'UNAPEI

Afin de faciliter la reconnaissance de leur action par les pouvoirs publics, les associations peuvent s'organiser sous forme de fédérations ou d'unions. Dans le secteur médico-social, les enjeux de la reconnaissance sont essentiels pour les publics accompagnés et pris en charge.

1 Qu'est-ce qu'une fédération ?

Une fédération est une association dont les membres sont eux-mêmes des associations. C'est donc un regroupement d'associations, qui peut être dénommé « union ». Ainsi, existent la Fédération Léo Lagrange et l'Union nationale des associations France-Alzheimer. D'avantage qu'une différence de nature juridique, les deux formes se distinguent par le type de relations entre les associations membres et la fédération et l'union. L'union est, en effet, une association.

A Le fonctionnement

Dans un fonctionnement de type fédéral, les associations fédérées fonctionnent dans un cadre posé par la fédération. Alors que dans le cas de l'union, les associations locales ont fait le choix de créer une union pour se faire représenter et assurer une meilleure lisibilité à l'échelon national des causes qu'elles défendent. Néanmoins, comme la fédération, l'union est composée de différentes associations.

B Les missions

Les fédérations et les unions ont comme intérêt d'être des interlocuteurs plus facilement identifiés par les pouvoirs publics. Elles constituent des relais entre la réalité locale et les pouvoirs publics. En outre, elles permettent de créer un espace d'échange entre les associations, de favoriser la mutualisation et de développer une culture commune aux associations impliquées. L'adhésion à certaines fédérations suppose la signature d'une charte qui cadre le positionnement éthique des associations rattachées à la fédération. Sur le fond, union et fédération s'inscrivent dans une même logique : représenter à un niveau national des associations locales et par conséquent la distinction entre les deux termes n'est pas toujours claire dans l'esprit des responsables associatifs.

2 Qu'est-ce que l'UNAPEI ?

Le site internet de l'UNAPEI (Union nationale des associations de parents, de personnes handicapées mentales et de leurs amis) indique qu'elle est la première fédération d'associations françaises de représentation et de défense des intérêts des personnes handicapées mentales et de leurs familles. On voit immédiatement la proximité entre les termes d'union et de fédération.

→ **L'UNAPEI représente 600 associations locales qui gèrent sur l'ensemble du territoire de très nombreux établissements et services médico-sociaux destinés aux adultes et aux jeunes en situation de handicap. Au total, 75 000 professionnels travaillent dans le cadre des activités de l'UNAPEI, 60000 familles sont adhérentes des associations locales et 180000 personnes en situation de handicap sont accompagnées par les professionnels et les bénévoles de l'UNAPEI.**

Les associations locales sont regroupées au niveau régional au sein des URAPEI (unions régionales des associations de parents, de personnes handicapées mentales et de leurs amis) qui regroupent toutes les associations locales ou départementales d'une même région. Au niveau départemental, les associations sont regroupées au sein des UDAPEI (unions départementales d'associations de parents et amis de personnes handicapées mentales) et des ADAPEI (associations départementales de parents et amis de personnes handicapées mentales). Ces regroupements aux différents échelons territoriaux permettent, au même titre que l'UNAPEI à un niveau national, d'entrer en contact avec les pouvoirs publics pour assurer une représentation de l'action des associations locales.

3 Le projet de l'UNAPEI

L'UNAPEI poursuit, au travers de ses activités, différents objectifs qui sont précisés dans son projet associatif.

La lecture de ces objectifs permet de bien saisir le rôle d'une union d'associations :
« Faire reconnaître le handicap mental (quels qu'en soient la nature, l'origine et le degré de gravité), en approfondir la connaissance et en définir les compensations ».
« Susciter les recherches indispensables à une meilleure connaissance du handicap mental et de son accompagnement ».
« Représenter les personnes handicapées mentales auprès des pouvoirs publics nationaux et internationaux et affirmer la primauté de la personne sur toute autre considération afin de défendre leurs intérêts et obtenir les moyens financiers et juridiques de nature à leur garantir une authentique insertion sociale ainsi qu'une pleine citoyenneté ».
« Faire connaître et défendre le rôle, les droits et les besoins des familles ».
« Informer les associations et les soutenir dans leurs actions quotidiennes et dans leurs projets ».
« Fédérer les associations affiliées à l'UNAPEI et coordonner l'ensemble de leurs actions ».

71 Les unions départementales des associations familiales (UDAF)

Les UDAF sont associées à l'élaboration de la politique familiale et à sa mise en œuvre au travers de leur implication à différents niveaux.

1 Une représentation des familles au niveau national

Les UDAF présentes dans tous des départements sont au nombre de 100 sur le territoire français. Elles sont affiliées à l'Union nationale des associations familiales (UNAF) qui les représente au plan national. L'UNAF est née en 1945 de la volonté du gouvernement de mettre en place une structure qui puisse représenter les familles et assurer le rôle d'interlocuteur des pouvoirs publics dans la construction de la politique familiale. Une ordonnance du 3 mars 1945 institue l'UNAF et les UDAF.

Depuis 1945, l'UNAF et les UDAF sont donc les partenaires des pouvoirs publics pour la conception et la mise en œuvre de la politique familiale. L'UNAF est une association loi 1901 qui est composée exclusivement de personnes morales : les 100 UDAF ainsi que des mouvements familiaux. La présence des UDAF au conseil d'administration de l'UNAF permet de porter à un niveau national la voix des familles, leurs attentes et leurs besoins. L'UNAF participait aux conférences de la famille aujourd'hui remplacées par le Haut Conseil à la famille, une instance dont les objectifs sont de développer un dialogue avec le gouvernement, de permettre l'expression des besoins des familles et de faire émerger des solutions innovantes pour répondre à ces besoins.

2 Organisation et interventions des UDAF

A Fédérer au niveau départemental

Chaque UDAF est une association loi 1901 composée de membres bénévoles issus de différents mouvements familiaux ou associations familiales du département. Des représentants des associations départementales des amis et parents d'enfants inadaptés ou des familles rurales (ADAPEFR) sont présents au conseil d'administration des UDAF. C'est le cas également pour l'Association des paralysés de France (APF) ou l'Association des familles catholiques.

B Intervenir à de multiples niveaux

L'article L211-3 du CASF présente dans les termes suivants le rôle de l'UNAF et des UDAF : « (...) Donner leur avis aux pouvoirs publics sur les questions d'ordre familial et leur proposer les mesures qui paraissent conformes aux intérêts matériels et moraux des familles (...) », « (...) Représenter officiellement auprès des pouvoirs publics l'ensemble des familles et notamment désigner ou proposer les délégués des familles aux divers conseils, assemblées ou autres organismes institués par l'État, la région, le département, la commune (...) », « (...) Gérer tout service d'intérêt familial dont les pouvoirs publics estimeront devoir leur confier la charge (...) », « (...) Exercer devant toutes les juridictions, sans avoir à justifier d'un agrément ou d'une autorisation préalable de l'autorité publique, notamment de l'agrément prévu à l'article L. 421-1 du code de la consommation, l'action civile relativement aux faits de nature à nuire aux intérêts moraux et matériels des familles, y compris pour les infractions prévues par l'article 227-24 du code pénal (...) ». Trois points importants caractérisent donc l'intervention des UDAF.

1. La gestion de services

Les pouvoirs publics ont confié aux UDAF la gestion de nombreuses missions sur l'ensemble du territoire. Il s'agit des services de tutelles aux majeurs protégés, des services de tutelles aux prestations sociales, d'interventions en économie sociale familiale, de médiation familiale, d'accompagnement dans le cadre du RSA, de formations aux savoirs de base, d'aide aux familles immigrées. Au total, environ 6 000 personnes travaillent dans les services gérées par les UDAF. De nombreux travailleurs sociaux et notamment des conseillers en économie sociale et familiale sont salariés des UDAF.

2. La représentation des familles dans les instances locales

Si l'UNAF représente les familles à un niveau national, les UDAF désignent des délégués des familles à un niveau local. Des délégués sont présents dans les commissions de surendettement des particuliers ou sont associés à l'élaboration du plan départemental d'action pour le logement des personnes défavorisées (PDALPD). Des délégués à la famille sont aussi présents dans les commissions d'attribution de logements sociaux. Ils interviennent aussi au niveau des CAF, des conseils de surveillance des centres hospitaliers ou des conseils d'administration des CCAS.

3. La représentation des familles en justice

La loi du 11 juillet 1975 reconnaît à l'UNAF et aux UDAF la possibilité d'agir en justice sans autorisation préalable pour représenter les intérêts des familles dès lors qu'une affaire est susceptible de nuire aux intérêts moraux et matériels des familles.

72 Les associations intermédiaires

L'insertion par l'activité économique doit permettre à des personnes sans emploi et qui rencontrent des difficultés sociales et professionnelles particulières de bénéficier de contrats de travail pour faciliter leur insertion sociale et professionnelle. Différents types de structures sont destinées à la prise en charge et l'accompagnement de ces personnes. Il s'agit des structures d'insertion par l'activité économique, dites SIAE, qui sont des outils au service de la lutte contre l'exclusion. Parmi celles-ci, les associations intermédiaires jouent un rôle essentiel.

1 Présentation générale des associations intermédiaires

A Qu'est-ce qu'une association intermédiaire ?

Les associations intermédiaires (AI) remplissent deux rôles distincts et complémentaires. D'une part, elles embauchent des personnes sans emploi qui rencontrent des difficultés sociales et professionnelles et mettent à disposition ces personnes au profit d'utilisateurs qui peuvent être des particuliers mais aussi des entreprises ou encore des collectivités territoriales ou des associations. Cette mise à disposition, qui représente un service, se fait à titre onéreux. D'autre part, les associations intermédiaires assurent auprès de ces personnes un accompagnement social et professionnel afin de favoriser leur insertion dans un emploi durable. La finalité est donc un retour à un emploi pour le bénéficiaire. La reconnaissance du statut d'association intermédiaire nécessite de passer une convention avec l'État par l'intermédiaire des directions régionales des entreprises, de la concurrence, de la consommation, du travail et de l'emploi (DIRECCTE).

B Le public des associations intermédiaires

Il s'agit le plus souvent de demandeurs d'emploi de longue durée, de bénéficiaires du RSA, mais également de travailleurs reconnus handicapés. Les associations intermédiaires reçoivent aussi des jeunes sans qualification. Les personnes sont généralement orientées par des partenaires locaux parmi lesquels on trouve : Pôle emploi, Cap emploi (équivalent de Pôle emploi pour les personnes en situation de handicap) ou encore les CCAS ou les missions locales. Les associations d'insertion sont nécessairement impliquées dans un réseau de partenaires intervenant dans le champ de l'insertion sociale et professionnelle. Une fois accueillies, les personnes sont qualifiées de salarié en insertion.

C Le principe de la mise à disposition et de la mission de travail

Les AI sont des intermédiaires entre des demandeurs d'emploi – souvent qualifiés –, des personnes éloignées ou très éloignées de l'emploi et des particuliers, des entreprises ou des collectivités territoriales ayant besoin d'un service. Les salariés en insertion embauchés par l'association intermédiaire réalisent des missions de travail ponctuelles au profit, par exemple, d'un particulier. Il s'agit d'activités ponctuelles qui ne nécessitent pas l'embauche d'un salarié à temps complet. Beaucoup d'associations intermédiaires sont positionnées sur des travaux d'entretien de jardins pour des particuliers ou sur la garde d'enfants ou bien de personnes âgées. Autant d'activités ponctuelles pour lesquelles les particuliers ont des difficultés à trouver des personnes intéressées. En outre, le recours à une association intermédiaire ouvre droit à des réductions fiscales. Le salarié peut être embauché dans le cadre d'un contrat unique d'insertion ou d'un contrat à durée indéterminée à temps partiel. La mission de travail doit être comprise comme un outil d'aide à l'insertion. Elle vise à permettre au bénéficiaire d'apprendre ou de réapprendre des règles essentielles indispensables à une insertion professionnelle. Le respect des horaires, de la hiérarchie et des clients fait partie de ces règles. Les missions sont aussi l'occasion d'apprendre à travailler en équipe et d'intégrer les exigences liées à la sécurité et à l'hygiène des conditions de travail. Au-delà de ces exigences, les missions doivent constituer un moyen de reprendre confiance en soi au travers d'activités utiles socialement.

2 L'accompagnement professionnel et social

Parallèlement aux missions, les salariés en insertion bénéficient d'un accompagnement professionnel et social. Sur le plan professionnel, les bénéficiaires sont suivis par un chargé d'insertion de façon à travailler sur leur projet professionnel et les techniques de recherche d'emploi. Cet accompagnement vise à permettre au salarié en insertion d'acquérir des savoirs et des savoir-faire qui seront des atouts supplémentaires pour son insertion professionnelle. L'accès à des savoirs essentiels ou à une formation peut emprunter différentes modalités en fonction du profil du salarié en insertion. Le suivi peut avoir lieu dans le cadre d'entretiens individuels, d'ateliers collectifs ou en lien avec des organismes de formation. L'accompagnement social vise, quant à lui, à travailler avec le bénéficiaire à partir de certains problèmes qui constituent des obstacles à une insertion socio-professionnelle. Il peut s'agir d'une difficulté relative à l'accès au logement ou encore un problème d'ouverture de droits, pour l'accès à certaines prestations familiales par exemple.

73 L'association France Alzheimer

Le vieillissement de la population entraînera dans les décennies à venir une augmentation inéluctable du nombre de malades. C'est dans ce contexte que l'association France Alzheimer développe ses activités.

1 La maladie d'Alzheimer en France

La maladie d'Alzheimer est une maladie neurodégénérative qui entraîne des pertes progressives et incurables des fonctions mentales dont notamment la mémoire. Cette pathologie entraîne des troubles du comportement qui conduisent à une perte d'autonomie exposant le malade et son entourage à des difficultés importantes au quotidien.

Il y aurait en France, selon les estimations, environ 850 000 personnes atteintes de la maladie d'Alzheimer.

2 Présentation générale de l'association

A Une création récente

France Alzheimer a été créée en 1985 à l'initiative de familles de personnes malades et de professionnels du secteur sanitaire et social. Elle est aujourd'hui la seule association nationale reconnue d'utilité publique dans le domaine de la maladie d'Alzheimer et des maladies apparentées. Elle a très largement contribué, par la diversité de ses actions, à mieux faire connaître la maladie d'Alzheimer dans l'opinion publique et à faire évoluer les décideurs politiques sur les orientations à mettre en œuvre.

B Le fonctionnement de l'association

L'appellation exacte de l'association est Union nationale des associations France Alzheimer et maladies apparentées. Comme l'UNAPEI, il s'agit donc d'une union. C'est un réseau d'associations (une centaine au total) présentes sur l'ensemble du territoire français. Chacune de ces associations a pour objectif de soutenir les malades et leurs familles. L'Union nationale des associations Alzheimer est une association loi 1901.

Elle fonctionne comme toutes les associations avec une assemblée générale, un conseil d'administration et un bureau. L'assemblée générale est composée des associations de l'union, mais aussi des comités locaux et de personnes adhérentes. Le conseil d'administration est composé de 15 à 24 membres appartenant à une association adhérente de l'union. Le bureau est composé de membres du conseil d'administration désignés par ces derniers.

3 Les actions de France Alzheimer

Les actions de l'association sont multiples.

A Venir en aide aux familles et aux malades

France Alzheimer met en place une politique visant à venir en aide aux familles et aux malades pour améliorer leur prise en charge et la qualité de leur accompagnement. À titre d'exemple, l'association est à l'origine du concept des accueils thérapeutiques de jour autonomes qui sont des lieux de soins et de relations sociales répondant par leurs spécificités aux besoins de certains malades et de leur famille. Ce type de structure propose des activités adaptées aux personnes accueillies de façon ponctuelle.

B Apporter écoute et soutien

C'est également un lieu d'écoute et de soutien pour l'entourage du malade qui tente de répondre aux besoins des aidants familiaux souvent épuisés par la prise en charge de personnes qui ont perdu de nombreux repères indispensables à la vie quotidienne.

C Faire avancer la recherche

L'association France Alzheimer développe aussi ses activités pour faire avancer la recherche. Elle soutient financièrement des projets scientifiques qui interviennent dans les domaines des sciences médicales et des sciences humaines.

D Agir auprès des pouvoirs publics

France Alzheimer agit auprès des pouvoirs publics pour que la maladie d'Alzheimer et les besoins des familles et des malades soient reconnus et pris en considération dans leur action. Dans le cadre de cette action, elle a obtenu que la maladie d'Alzheimer soit inscrite dans la liste des 30 affections de longue durée (ALD) et soit déclarée Grande cause nationale 2007. L'association agit auprès des pouvoirs publics afin que les familles puissent obtenir davantage d'aides financières pour améliorer la prise en charge des malades.

E Sensibiliser l'opinion publique

Ses actions consistent aussi à sensibiliser l'opinion publique et les médias aux questions relatives aux maladies dégénératives, notamment à l'occasion de la journée mondiale de la maladie qui a lieu le 21 septembre. L'objectif poursuivi est de faire évoluer le regard de la population pour peser sur les décisions politiques.

F Mettre en place des formations pour les professionnels

France Alzheimer est reconnue officiellement comme organisme de formation depuis 1988. Elle met en place des formations qualifiées destinées aux professionnels qui prennent en charge des personnes atteintes de la maladie. Il peut s'agir de personnels médicaux ou paramédicaux ou encore de professionnels intervenant dans le cadre d'un soutien à domicile.

G Former les aidants familiaux

L'association participe à la formation des aidants familiaux. Il s'agit le plus souvent du conjoint du malade qui intervient au quotidien auprès de celui-ci quand il vit à domicile.

74 Emmaüs France

La lutte contre les exclusions repose de façon significative sur de nombreuses associations. Chacune, avec son histoire et ses spécificités, accompagne les publics les plus en difficulté pour qui les réponses institutionnelles de la protection sociale n'ont pas permis de surmonter leurs difficultés. Emmaüs tient une place importante parmi ces associations.

1 Présentation de l'association

Emmaüs France est une association loi 1901, membre d'Emmaüs International qui fédère l'ensemble des groupes Emmaüs en France. Fondée par l'abbé Pierre dans l'après-guerre pour agir contre la crise du logement, l'association, reconnue d'utilité publique, participe à la lutte contre les exclusions en développant de nombreuses activités sur le territoire.

Emmaüs France se présente comme un mouvement solidaire et laïc. Il regroupe plus de 15 000 personnes dont environ 4 000 salariés, près de 38 000 compagnons et enfin plus de 7 000 bénévoles. Ces chiffres montrent l'importance de l'association et le poids qu'elle représente dans le secteur social.

2 L'organisation de l'association

L'association est organisée en trois branches distinctes en fonction des actions menées.

A La branche communautaire

Les communautés sont des lieux d'accueil, de vie, de travail et de solidarité, qui fonctionnent sans aucune subvention et uniquement grâce à l'activité de récupération d'objets des compagnons. Les personnes accueillies à la communauté ont pour obligation de respecter les règles de vie en commun. La durée du séjour n'est pas fixée. Ces personnes sont appelées « les compagnons d'Emmaüs ».

L'objectif des communautés est de permettre à des personnes, hommes ou femmes, souvent en grande difficulté, de retrouver des repères essentiels et une estime de soi au travers d'activités menées pour d'autres personnes ou familles en difficulté. Il s'agit de donner du sens à sa vie. L'activité traditionnelle des communautés Emmaüs est la récupération et la valorisation d'objets donnés et collectés par les compagnons. Au-delà de la récupération d'objets et de matériels divers, le travail des compagnons dans les communautés permet la mise en place d'épiceries solidaires dont peuvent profiter des familles en situation de fragilité. En contrepartie du travail fourni, la communauté s'engage à répondre aux besoins fondamentaux des personnes accueillies en termes d'hébergement, d'alimentation et d'hygiène. Il existe aujourd'hui en France plus d'une centaine de communautés Emmaüs.

B La branche Action sociale et logement

L'association intervient en matière d'action sociale à de multiples niveaux. Parmi les actions sociales développées, il faut citer les activités d'alphabétisation et la lutte contre l'illettrisme, l'accompagnement des publics fragilisés sur les questions de l'ouverture des droits, mais aussi la prévention du surendettement. Emmaüs gère aussi des accueils de jour, des structures d'hébergement d'urgence et de réinsertion sociale ainsi que des maisons-relais et elle intervient sur des dispositifs de médiation locative pour faciliter l'accès au logement de familles en difficulté.

Ce travail d'action sociale est réalisé par de nombreuses associations locales qui appartiennent au mouvement Emmaüs, mais qui prennent des formes différentes. Il peut s'agir d'associations gérant des centres d'hébergement et de réinsertion sociale (CHRS) ou bien encore d'autres associations gérant des centres d'accueil de demandeurs d'asile (CADA) Un autre exemple intéressant est celui d'Emmaüs habitat-solidarité qui accompagne des familles en difficulté dans des travaux de rénovation de leur logement et participe à la lutte contre l'habitat indigne.

C La branche Économie solidaire et insertion

Les activités de cette branche se concrétisent par la mise en place d'actions d'insertion par l'emploi. Des ateliers et chantiers d'insertion (ACI) sont mis en œuvre par des associations appartenant au mouvement Emmaüs. Parmi les acteurs de cette branche, on peut citer le Relais qui développe une activité illustrant bien la philosophie du mouvement Emmaüs dans le domaine de l'économie solidaire et de l'insertion. Le Relais est agréé par l'État en tant qu'entreprise d'insertion ; il recrute prioritairement des personnes répondant aux critères de l'insertion par l'activité économique et qui sont embauchées par le biais de contrats d'insertion.

L'objectif est donc de favoriser l'insertion de personnes en difficulté par la création d'emplois durables. L'activité centrale est la collecte de vêtements et de chaussures déjà portés que les particuliers sont incités à donner plutôt que de les jeter. Ces vêtements et chaussures valorisés et recyclés par des personnes en insertion permettent de créer de l'emploi dans une démarche de développement durable. Il existe en France 13 000 conteneurs dans lesquels les particuliers peuvent déposer leurs vêtements.

75 Médecins du Monde

Dans le secteur associatif, les organisations non gouvernementales (ONG) occupent une place particulière. Certaines ONG ont fait le choix d'intervenir à l'étranger et sur le territoire français. C'est le cas de Médecins du Monde.

1 Médecins du Monde à l'international

Les ONG interviennent à l'étranger sans représenter l'État dans lequel elles ont leur siège. C'est la raison pour laquelle elles sont qualifiées de « non gouvernementales » par opposition à l'Organisation des Nations unies (ONU) qui représente les États qui la composent et agit au nom de ces États. On parle pour l'ONU d'organisation inter gouvernementale (OIG). L'Organisation mondiale de la santé (OMS) et l'Unicef qui dépendent de l'ONU sont également des OIG.

Médecins du Monde (MdM) réalise des actions humanitaires dans un grand nombre de zones de la planète. Aujourd'hui, 44 pays bénéficient des programmes humanitaires mis en œuvre par l'association. Ces pays se trouvent en Europe, en Asie, au Moyen-Orient, en Amérique latine, aux Caraïbes et en Afrique. Les interventions de Médecins du Monde sont construites autour de quatre activités.

A Les soins aux migrants et déplacés

Les guerres civiles ainsi que les conflits entre États et les événements climatiques provoquent des déplacements de population qui exposent celles-ci à des risques sanitaires majeurs. Les équipes de Médecins du Monde interviennent auprès de certaines de ces populations sur un plan préventif et curatif.

B La promotion de la santé sexuelle et reproductive

La santé sexuelle et reproductive concerne différents aspects de la santé des femmes. Il s'agit de la santé maternelle et infantile, mais aussi de la prévention et de la prise en charge des grossesses non désirées, de la lutte contre les infections sexuellement transmissibles et de la prévention de la transmission mère-enfant du VIH.

C Lutte contre le VIH et réduction des risques

Médecins du Monde apporte une aide humanitaire à des populations à risques telles que les usagers de drogues et les personnes se prostituant. C'est dans ce cadre que Médecins du Monde a développé un programme de réduction des risques (RDR) dans plusieurs pays de la planète au profit de populations stigmatisées que sont notamment les toxicomanes et les personnes se prostituant.

D Crises et conflits

Il s'agit d'intervenir dans des situations d'urgence au-delà de l'acheminement de l'aide humanitaire en organisant des dispositifs au plan local pour prendre en charge les besoins d'accès aux soins non couverts.

2 Médecins du Monde en France

A L'accès aux soins des personnes défavorisées

→ En France, Médecins du Monde travaille sur la problématique de l'accès aux soins des personnes défavorisées et cherche à mettre en place des solutions adaptées à des publics fragilisés au travers d'un réseau de quinze délégations régionales. Dans le cadre de ces activités, Médecins du Monde développe 70 programmes dans 32 villes en 2016. 2 000 bénévoles et 87 salariés participent à ces programmes. L'association gère 20 centres d'accueil de soins et d'orientation qui réalisent environ 40 000 consultations médicales par an. Médecins du Monde gère également un centre de soins pédiatriques à Mayotte.

Les équipes de MdM se déplacent dans le cadre d'actions mobiles de proximité pour aller à la rencontre de certains publics. Ces actions se traduisent par des maraudes auprès de personnes sans abri et par des rencontres avec des personnes se prostituant. L'association peut aussi être présente dans certains rassemblements comme les raves.

B La création de l'Observatoire de l'accès aux soins

Dans le cadre des activités de l'observatoire, Médecins du Monde publie un rapport annuel sur l'accès aux soins, notamment à partir de témoignages.

EXEMPLE DE TÉMOIGNAGE

Maria est une infirmière grecque de 39 ans sans emploi. Elle a bénéficié d'une couverture maladie jusqu'en 2009. Gagnant environ 400 euros pas mois, elle travaille sans être déclarée en tant qu'auxiliaire de soins pour une femme âgée. « Mes revenus couvraient le logement et la nourriture. J'étais enceinte et sans couverture maladie, je ne pouvais payer ni les examens ni les médicaments. » En Grèce, grâce au dernier décret présidentiel du 5 juin 2014, quiconque vivant légalement en Grèce sans couverture maladie peut bénéficier d'une consultation médicale à l'hôpital. Néanmoins, ce décret est mal connu et peu appliqué. Ainsi, pour qu'il soit appliqué, les travailleurs sociaux de MdM impriment des exemplaires du décret et l'expliquent aux professionnels de santé. Ils expliquent le cas de chaque patient et en font le suivi. Maria a pu bénéficier d'examens gratuits et accoucher à l'hôpital dans de bonnes conditions. Toutefois, les vaccins ou les médicaments n'étant pas toujours disponibles à l'hôpital, le suivi médical du bébé et ses vaccinations sont encore assurés par les équipes de MdM.

Médecins du Monde Grèce, La Canée, septembre 2014.

C La lutte contre le saturnisme

MdM intervient en particulier dans la lutte conte le saturnisme infantile. Aujourd'hui, on estime à 85 000 le nombre d'enfants atteints par l'intoxication au plomb. Depuis 1993, l'association a mis en place des missions de lutte contre le saturnisme destinées à repérer et à protéger les enfants ainsi qu'à informer les familles et les acteurs de santé. MdM intervient donc auprès des populations les plus fragilisées qui échappent aux dispositifs de protection sociale classiques et pour qui l'intervention des associations constitue un ultime recours.

76 Les associations d'éducation populaire

Très présente dans le monde associatif, l'éducation populaire est à la fois un courant de pensée et une façon d'agir qui imprègne de nombreux acteurs du travail social.

1 Qu'est-ce que l'éducation populaire ?

A Les origines

L'éducation populaire trouve ses origines dans un rapport de Condorcet de 1792 intitulé *L'organisation générale de l'instruction publique*. Ce rapport est construit sur la base de principes essentiels qui fondent le courant de pensée de l'éducation populaire. L'instruction a une finalité civique car elle doit permettre d'établir une égalité entre les citoyens. Elle doit se construire en deux temps qui sont l'éducation à l'école primaire, puis l'éducation tout au long de la vie. C'est ce dernier point, l'éducation tout au long de la vie, qui est le principe fondateur de l'éducation populaire. Au-delà de ce principe, plusieurs conceptions ont émergé pour définir l'éducation populaire.

B Les différentes conceptions

L'éducation populaire est souvent présentée comme un ensemble d'interventions visant à donner à chacun l'instruction et la formation nécessaires pour devenir un acteur capable de participer à la vie du pays. Pour certains intellectuels, l'éducation populaire c'est aussi partager leur savoir avec d'autres. C'est dans ce courant de pensée que s'inscrivent les universités populaires. L'éducation populaire, c'est aussi une vision militante de la société car cette dernière doit, au travers de pratiques culturelles et éducatives, favoriser l'émancipation des individus et des peuples de façon à leur permettre de devenir des acteurs du jeu démocratique.

C Les principes essentiels

Si cette dimension militante de l'éducation populaire n'est pas toujours présente dans l'esprit des responsables associatifs inscrivant leur action dans le courant de pensée de l'éducation populaire, il n'en demeure pas moins qu'elle repose sur certains principes essentiels. L'éducation populaire intervient sur le temps libre, celui des loisirs de façon complémentaire avec l'école et la famille. C'est bien l'idée de l'éducation tout au long de la vie permettant, au travers d'activités éducatives et culturelles, des échanges réciproques de savoirs et la construction de la citoyenneté. Elle s'oppose à une occupation du temps libre qui ne serait consacrée qu'à des activités de loisirs relevant d'une simple consommation sans autres ambitions pour l'individu. L'éducation populaire, ce sont également des valeurs de solidarité, de justice, de participation citoyenne à la vie sociale, de lutte contre les discriminations, de développement durable et de mixité sociale, intergénérationnelle ou culturelle. L'éducation populaire, c'est aussi un ensemble de méthodes guidées par le souci de faire avec les individus et non à leur place, de façon à leur permettre d'être acteurs en pesant sur le cours de leur vie. Les valeurs essentielles de l'éducation populaire sont affirmées par la charte de l'éducation populaire adoptée en 2005 par le Comité pour les relations nationales et internationales des associations de jeunesse et d'éducation populaire (CNAJEP). La structure associative est le cadre idéal pour le développement des activités s'inscrivant dans le champ de l'éducation populaire.

2 Les domaines de l'éducation populaire

A De nombreuses associations

→ **L'éducation populaire existe par le biais d'environ 500 000 associations qui touchent 20 millions de personnes au travers de leurs activités. C'est également 6 millions de bénévoles et environ 680 000 salariés selon le site www.educ-pop.org. Aujourd'hui, parmi les principales associations d'éducation populaire, on retrouve : la Ligue de l'enseignement ; les CEMEA (centres d'entraînement aux méthodes d'éducation actives) ; la Fondation Léo-Lagrange; les Éclaireuses et Éclaireurs de France; l'association Peuple et Culture ; la JOC (Jeunesse ouvrière chrétienne); les MRJC (Mouvement rural de jeunesse chrétienne).**

B Les activités

Les activités mises en œuvre par l'ensemble de ces associations sont nombreuses et diversifiées. Il s'agit d'activités de loisirs liées à la jeunesse avec l'organisation de séjours en centres de vacances, de pratiques culturelles diverses et d'accompagnement après l'école pour solidifier les acquis scolaires. Les adultes bénéficient également des activités en lien avec l'éducation populaire. De nombreux centres sociaux sont inscrits dans une logique d'éducation populaire en permettant aux habitants d'un quartier de se retrouver autour d'un échange de savoirs réciproques ou pour acquérir des savoirs fondamentaux dans le cadre d'ateliers sociolinguistiques.

Les associations développant des activités d'éducation populaire participent donc à créer du lien social en permettant aux individus et aux groupes d'accéder aux loisirs, à la culture, au sport et d'affirmer ainsi leur place dans la société. L'association « Soleil et Santé » créée en 1931 et reconnue d'utilité publique en 1939, qui a organisé durant de nombreuses années des séjours en centres de vacances pour des enfants et des adolescents issus de quartiers populaires ainsi que des séjours familiaux, a contribué à son échelle à donner une place citoyenne à des générations de jeunes et d'adultes. Il existe un agrément « jeunesse-éducation populaire » délivré par le ministère chargé de la Jeunesse à certaines associations. C'est un label de qualité qui reconnaît la valeur éducative de l'association et permet à celle-ci d'être une interlocutrice reconnue des pouvoirs publics.

77 Les associations de consommateurs

L'une des avancées majeures de la loi de 1901 relative aux associations est de permettre aux individus de se regrouper pour défendre leurs droits. Les associations de consommateurs correspondent à cette idée : les individus sont informés et, le cas échéant, défendus en tant que consommateurs.

1 Représenter et informer les consommateurs

A Leur rôle

Les associations de bénévoles sont indépendantes des pouvoirs publics. Leurs ressources proviennent d'abord des cotisations des adhérents, de ressources propres, et éventuellement de subventions.

Certaines associations agréées et reconnues par les pouvoirs publics comme occupant une place particulière représentent les consommateurs auprès des pouvoirs publics en siégeant dans certaines instances consultatives. Ce rôle leur permet d'une part de communiquer aux responsables politiques les difficultés rencontrées par les consommateurs et d'autre part de tenir informés ces derniers des évolutions sur le plan réglementaire et de la qualité de produits ou services.

B Les instances

Ces instances sont les suivantes :

- le Conseil national de la consommation ;
- l'Institut national de la consommation (INC) : il joue un rôle essentiel, étant à la fois un centre d'expertise et d'information pour les consommateurs et leurs associations. Il réalise des essais comparatifs de produits dont il communique les résultats aux associations de consommateurs et au grand public ;
- la Commission des clauses abusives ;
- la Commission de la sécurité des consommateurs ;
- la Commission de la médiation de la consommation.

D'une façon générale, les associations informent les consommateurs par différents moyens (sites internet, brochures, revues). Elles peuvent également donner des informations personnalisées. Selon les associations, ces informations sont données gratuitement ou nécessitent le paiement d'une cotisation.

2 Les associations agréées

A Les conditions d'obtention d'agrément

Les articles L. 411-1 et R. 411-1 et suivants du code de la consommation prévoient les conditions d'obtention d'agrément. Celui-ci peut être accordé à des associations locales, départementales, régionales ou nationales. Pour obtenir l'agrément, les associations doivent avoir au moins une année d'existence et justifier d'une activité effective et publique en vue de la défense des intérêts des consommateurs. En outre, une condition de représentativité est à remplir, c'est-à-dire avoir un certain nombre de cotisants. Enfin, elles doivent exercer leur activité en toute indépendance. L'agrément est délivré pour une durée de 5 ans et peut être renouvelé. L'agrément des associations nationales est accordé par arrêté conjoint du ministre chargé de la Consommation et du garde des Sceaux. Il est publié au *Journal officiel*. L'agrément des associations locales, départementales ou régionales est accordé par arrêté du préfet du département dans lequel l'association a son siège social. Cet agrément, au-delà de la possibilité qu'il donne aux associations de siéger dans certaines instances comme on l'a vu, leur permet de défendre en justice l'intérêt collectif des consommateurs et de saisir certaines instances (Commission des clauses abusives, Autorité de la concurrence...).

B Les associations agréées

15 associations sont aujourd'hui agréées : ADEIC - Association de défense, d'éducation et d'information du consommateur ; AFOC - Association Force Ouvrière consommateurs ; ALLDC - Association Léo Lagrange pour la défense des consommateurs; CGL - Confédération générale du logement; CLCV - Confédération de la consommation, du logement et du cadre de vie ; CNAFAL - Conseil national des associations familiales laïques ; CNAFC - Confédération nationale des associations familiales catholiques ; CNL - Confédération nationale du logement; CSF - Confédération syndicale des familles; FF - Familles de France; FR - Familles rurales; FNAUT - Fédération nationale des associations d'usagers des transports; INDECOSA CGT ; UFC Que Choisir ; UNAF.

3 Agir en justice

Les associations de consommateurs agréées peuvent agir en justice et exercer l'action civile dans les situations suivantes :

- en cas d'infraction pénale, elles peuvent demander des dommages-intérêts et demander au juge d'ordonner la cessation des pratiques illicites ;
- en cas de litige contractuel : les associations peuvent se substituer au consommateur lésé qui a, seul, intérêt pour agir ;
- elles peuvent accompagner un consommateur devant le tribunal ;
- l'action préventive en l'absence de litiges : à titre d'exemple, les associations peuvent demander au juge civil la suppression de clauses abusives dans des modèles de contrats proposés aux consommateurs ;
- l'action en réparation conjointe : quand plusieurs consommateurs ont subi des préjudices individuels commis par le fait d'un même professionnel, deux au moins de ces consommateurs peuvent donner mandat d'agir en leur nom à une association agréée.

78 Le droit au logement

Le logement est un secteur investi par le monde associatif dont les interventions dans le contexte de crise actuelle prennent une importance particulière à côté des dispositifs d'action sociale mis en œuvre par les pouvoirs publics, dont le département qui est chargé du plan départemental pour l'accès au logement des personnes défavorisées (PDALPD). Aujourd'hui, environ 3 millions de personnes sont en situation de mal-logement ou d'absence de logement.

1 Le droit au logement : de la loi à la réalité

A Les textes

- La **loi Besson de 1990** stipule dans son article 1er : « Garantir le droit au logement constitue un devoir de solidarité pour l'ensemble de la nation. Toute personne ou famille éprouvant des difficultés particulières, en raison notamment de l'inadaptation de ses ressources ou de ses conditions d'existence, a droit à une aide de la collectivité, dans les conditions fixées par la présente loi, pour accéder à un logement décent et indépendant ou s'y maintenir et pour y disposer de la fourniture d'eau, d'énergie et de services téléphoniques ».

- La **loi solidarité renouvellement urbain** (SRU) du 13 décembre 2000 affiche un objectif de mixité sociale dans son article 55 en fixant aux communes de plus de 3 500 habitants (1 500 en Île-de-France) situées dans les agglomérations de plus de 50 000 habitants comprenant au moins une commune de plus de 15 000 habitants de disposer d'au moins 20 % de logements locatifs sociaux par rapport à leur parc de résidences principales.

- La **loi relative au droit au logement opposable** (DALO) du 5 mars 2007 vise à garantir le droit à un logement à toute personne qui, résidant en France de façon stable et régulière, n'est pas en mesure d'accéder à un logement décent ou de s'y maintenir. Cette loi désigne l'État comme le garant du droit au logement qui a une obligation de résultat et non plus seulement de moyens pour assurer l'accès à un logement digne à toute la population. La loi reconnaît par ailleurs aux personnes accueillies dans un hébergement d'urgence le droit d'y rester jusqu'à ce qu'il leur soit proposé une place dans un logement adapté à leur situation.

- La **loi Alur** du 20 février 2014 prévoit un ensemble de mesures pour lutter contre les marchands de sommeil et contraindre les bailleurs à réaliser les travaux indispensables pour maintenir le logement décent. Cette même loi introduit également un dispositif d'encadrement des loyers dans les zones dites tendues. Enfin, la loi prévoit de rééquilibrer l'effort financier entre bailleur et locataire au moment de la mise en location. Il s'agit, en l'occurrence, de remettre en cause une habitude selon laquelle le montant des honoraires d'agence équivaut au montant d'un loyer.

B Le contexte

→ **Malgré l'intervention du législateur, les difficultés sont encore très nombreuses. Selon l'Insee, 86 000 personnes sont sans domicile en France métropolitaine, 643 000 sont dépourvues de logement personnel (hébergement chez des tiers, en camping, etc.) et 2 900 000 vivent dans des conditions très difficiles (absence de chauffage, d'équipements sanitaires, etc.).**

Les dispositifs d'hébergement sont saturés, l'accès au logement social est rendu de plus en plus difficile, le recours à l'hébergement par des tiers se développe. Cette situation s'explique par l'insuffisance de l'effort de construction et le montant des loyers qui pèsent de plus en plus lourdement dans le budget des familles. Les associations qui interviennent dans la lutte contre le mal logement ont regretté pour certaines d'entre elles que la loi ne modifie pas les procédures d'expulsions locatives et considèrent que la prévention des expulsions constitue le volet manquant de la loi. La Cour des comptes elle-même, dans son rapport « Les personnes sans domicile » de mars 2007, a constaté le mauvais fonctionnement du dispositif de prévention des expulsions. Dans ce contexte, le rôle des associations est crucial : elles accompagnent les familles et permettent à la question du mal-logement de rester d'actualité.

2 Présentation de l'association Droit au logement (DAL)

Le DAL a été créé en 1990 par des familles mal-logées ou sans logement et des militants associatifs à Paris. C'est aujourd'hui une fédération composée des comités locaux du DAL répartis sur l'ensemble du territoire et qui sont eux-mêmes des associations. Les objectifs de la fédération Droit au logement sont de divers ordres. D'abord, unir et organiser les familles concernées par le mal-logement pour faire valoir leur droit à un logement décent. C'est également exiger l'arrêt des expulsions sans relogement et exiger le logement décent de toute famille ou personne sans logement ou mal logée. Enfin, exiger l'application de la loi sur les réquisitions pour les logements vacants appartenant notamment à des collectivités territoriales, des banques ou des compagnies d'assurance.

L'association bénéficie du soutien d'autres associations impliquées dans la lutte contre l'exclusion comme Médecins du Monde ou Emmaüs. L'association n'attribue pas de logements, mais accompagne les familles et les personnes isolées dans leurs démarches pour l'obtention d'un logement. Elle cherche également à sensibiliser l'opinion publique et les pouvoirs publics sur la question de l'accès au logement. Cette volonté de sensibilisation a pu se traduire par des opérations très médiatisées autour de squats parisiens.

3 Exemples d'interventions des divers comités locaux DAL

Les comités interviennent directement pour certains auprès des préfectures pour demander à ce que les forces de police ou de gendarmerie ne soient pas mobilisées pour l'expulsion d'une ou plusieurs familles suivies par l'association. Les comités se mobilisent aussi avec d'autres associations dans le cadre de rassemblements pour demander l'arrêt des expulsions d'une façon générale. Enfin, des actions de soutien sont organisées auprès de personnes vivant dans des campements illégaux.

79 Le bénévolat

De nos jours, il n'est pas rare que les curriculum vitæ mettent en évidence des engagements bénévoles dont certains peuvent même faire l'objet d'une reconnaissance des acquis de l'expérience professionnelle.

1 Bénévolat : de quoi parle-t-on ?

On compte près de 14 millions de bénévoles en France (enquête CNRS- Matisse-Centre d'économie de la Sorbonne auprès des associations - 2005/ 2006). Le bénévolat a pris une place importante dans la société française et bien au-delà des frontières hexagonales puisque 2011 a été déclarée année européenne du bénévolat et que le 5 décembre est la journée mondiale du bénévolat.

A Salariat et bénévolat

Mais quelle signification revêt ce terme ? Le bénévolat se définit sur un plan juridique par opposition au salariat, c'est-à-dire à la situation dans laquelle existe un contrat de travail.
La loi ne définit pas la relation salariale qui est une construction jurisprudentielle. Le salarié est la personne qui, par le biais d'un contrat de travail, s'est placée dans une situation de subordination avec un employeur qui a la possibilité de donner des ordres et des directives. Le salarié perçoit une rémunération en contrepartie du travail fourni.
Le bénévolat ne connaît pas de définition légale en droit français. Aucune loi ne le définit, mais on considère généralement qu'est bénévole toute personne qui s'engage librement pour mener une action non salariée en direction d'autrui, en dehors de son temps professionnel et familial. Cette définition résulte d'un avis du Conseil économique et social du 24 février 1993.

B Les formes de bénévolat

Les formes de bénévolat sont variables. On parle souvent de « bénévolat informel » quand il s'agit d'aider des relations de voisinage de façon ponctuelle et de « bénévolat formel » quand les personnes exercent leurs activités dans le cadre d'une structure associative.
Le bénévole est celui ou celle qui participe à l'activité de l'organisme sans en recevoir aucune rémunération ni compensation à l'exception des remboursements de frais. C'est un point essentiel qui distingue le bénévole du salarié. Le bénévole n'est pas obligatoirement membre de l'association car il ne s'est pas forcément acquitté de sa cotisation ; il ne peut donc pas participer à l'assemblée générale et prendre part aux décisions ou être élu dans les instances dirigeantes. Ce qui ne lui interdit pas de participer aux activités de l'association.
A contrario, on peut être membre d'une association sans être bénévole car on ne participe pas d'une façon ou d'une autre aux activités. Il peut s'agir uniquement d'un soutien financier.
En revanche, il est clairement établi que les membres de l'association (ceux ayant payé leur cotisation) qui sont nécessairement membres de l'assemblée générale et éventuellement du conseil d'administration et du bureau participent à la vie de l'association à titre bénévole et ne peuvent être salariés de celle-ci. Le président d'une association est nécessairement une personne bénévole.

2 La question de la reconnaissance et de la valorisation du bénévolat

En France, la grande majorité des 70 000 associations créées chaque année sont gérées uniquement par des bénévoles. Ce sont environ 14 millions de personnes au total qui s'investissent dans la vie associative. Ces personnes acquièrent des savoir-faire, développent des projets et interviennent auprès de publics parfois en difficulté ou ayant simplement besoin d'être accompagnées. Un outil a été mis en place afin d'assurer une meilleure reconnaissance d'une expérience de bénévolat : il s'agit du portefeuille de compétences du bénévolat. Cet outil, appelé à évoluer, a été réalisé sous l'égide du ministère de l'Éducation nationale et de la vie associative durant l'année 2011. Son objectif est d'aider une personne qui a une expérience de bénévolat à la présenter sous forme de compétences pour en assurer une plus grande lisibilité vis-à-vis de responsables associatifs, d'enseignants ou de recruteurs potentiels. Ce passeport est construit à partir de compétences génériques qui sont ensuite déclinées de façon personnalisées en fonction des expériences.

La liste de ces compétences génériques illustre bien le panel de compétences que des bénévoles peuvent développer dans le cadre associatif : animer des équipes ; travailler en équipe ; gérer et travailler dans une équipe interculturelle ou internationale ; négocier des moyens d'action ; organiser ; constituer et animer un ou des réseaux ; communiquer ; être source d'initiative et force de proposition ; être force d'innovation ; apprendre autrement par la pratique.

De nombreuses associations ont créé leur propre carnet ou passeport de compétences pour attester de l'acquisition de compétences par les bénévoles. Le portefeuille de compétences peut aider les responsables associatifs et les bénévoles à renseigner les carnets ou passeports en question. Le portefeuille de compétences peut aussi aider à remplir le « Youthpass » ou « l'Europass », mis à disposition par l'Union européenne, qui permettent d'enregistrer l'acquisition de compétences.
Le portefeuille de compétences peut être aussi utile dans le cadre d'une procédure de validation des acquis de l'expérience (VAE) qui permet l'obtention d'un diplôme sur la base d'une expérience professionnelle.

80 Les maisons des associations

Chaque année environ 70 000 associations sont créées en France. Le tissu associatif se caractérise par un morcellement très important auquel les maisons des associations tentent d'apporter une réponse par la mise en lien des associations d'un territoire.

1 Le rôle des maisons des associations

Les maisons des associations sont elles-mêmes des associations loi 1901 créées souvent à l'initiative des communes. Elles poursuivent un objectif essentiel qui est de soutenir la vie associative locale en proposant aux associations implantées sur le territoire un certain nombre de services. Le soutien ainsi apporté au secteur associatif peut prendre différentes formes.

A Mettre des locaux à disposition des associations

Au sein de ces maisons, les associations peuvent bénéficier de certains équipements :
- mise à disposition de bureaux avec un équipement informatique et une ligne téléphonique qui peuvent être utilisés par certaines associations de façon ponctuelle pour tenir par exemple des permanences. Ainsi, certaines maisons des associations permettent aux associations de leur secteur de réserver un bureau une à deux fois par semaine sur un créneau horaire défini ;
- mise à disposition de salles de réunion au profit des associations qui peuvent ainsi, éventuellement, y organiser leur assemblée générale ;
- mise à disposition d'espaces destinés à des expositions ou à d'autres manifestations culturelles.

B Développer les liens entre associations

La maison des associations, comme son nom l'indique, est une structure physique où les membres des différentes associations locales vont se croiser et découvrir le panel des activités développées par l'ensemble des associations. C'est donc un lieu d'échanges qui permet, par une mutualisation de moyens, aux différentes associations de mieux se connaître et de peser davantage dans la vie locale.

C Accompagner les associations

L'accompagnement proposé aux associations est variable en fonction des structures. Néanmoins, les maisons des associations mettent souvent en place des centres de ressources qui permettent aux responsables associatifs et aux bénévoles d'accéder à des bases de données utiles à la vie d'une association. Les informations à caractère juridique, fiscal et comptable occupent une place essentielle dans ces bases de données. L'accompagnement des associations peut également prendre d'autres formes comme la mise en place de formations destinées aux responsables associatifs. De nombreuses maisons des associations mettent en place un accueil permettant d'aider les associations dans l'instruction des dossiers de demande de subventions. Cet accueil permet de diffuser les appels à projet et de guider les associations qui souhaitent se porter candidates. Les maisons des associations se caractérisent comme un lieu de ressources à différents niveaux au profit de la vitalité associative locale.

2 Le Réseau national des maisons des associations

Les maisons des associations de nombreuses villes ont fait le choix de se mettre en réseau. L'objectif est de mutualiser leurs expériences, leurs savoir-faire et de faire progresser la réflexion sur la réalité de la vie associative. Le réseau développe des synergies entre les maisons des associations, il conseille les responsables des collectivités territoriales dans la mise en place de maisons d'associations. Le réseau a aussi comme ambition d'être une force de proposition dans la mise en place des politiques locales ou nationales destinées à soutenir le secteur associatif. Il s'appuie pour cela sur son expertise du secteur associatif acquise par le biais des diagnostics qu'il réalise sur les besoins des associations. On retrouve, au travers de cet exemple, la logique qui anime la création et la mise en place d'un réseau. Il s'agit de créer du lien pour fédérer des acteurs locaux à un échelon territorial plus vaste et leur assurer ainsi une meilleure reconnaissance.

3 L'observation de la vie associative locale

De nombreuses maisons des associations ont mis en place un observatoire de la vie associative afin de prendre la mesure et de mieux comprendre l'évolution des associations de leur territoire aussi bien en termes d'activités que de gouvernance ou encore de ressources humaines. Cette démarche a été initiée par le Réseau national des maisons des associations. L'objectif a donc été de réaliser une photographie de la réalité locale sur le plan associatif. Les résultats de cette observation permettent d'établir certaines comparaisons, de mieux cerner les spécificités du territoire et de poursuivre l'accompagnement des associations. À l'échelon du territoire national, les résultats de cette observation constituent une source d'informations essentielle que seule une logique de fonctionnement en réseau permet de constituer.

81 Les associations dans le contexte européen

Dans le contexte actuel d'une mondialisation très marquée, beaucoup d'entreprises privées sont tenues de développer des stratégies leur permettant de conserver un rôle dans les échanges mondiaux. Mais qu'en est-il du secteur associatif ? Même si, pour les associations, la mondialisation ne se pose pas dans les mêmes termes que pour les entreprises, il n'en demeure pas moins que dans le cadre de l'Union européenne se pose la question de la reconnaissance des associations françaises et de leur régime juridique. Quelle est l'existence juridique à un niveau européen des associations loi 1901 du champ médico-social ? La réponse est donnée par la Commission européenne.

1 Les services d'intérêt général (SIG)

Au niveau de l'Union européenne, la notion de service public telle qu'on la connaît en France n'est pas reconnue en tant que telle. Deux concepts ont été élaborés : les services d'intérêt général (SIG) et les services d'intérêt économique général (SIEG). Ces deux notions recouvrent ce que nous considérons en France comme service public. Il s'agit de services qui sont orientés vers l'intérêt général, qui peuvent être marchands ou non marchands et qui ne sont pas nécessairement rentables. Ainsi, la notion de SIEG recouvre, entre autres, des activités liées au transport, à l'énergie et aux communications.

2 Les services sociaux d'intérêt général (SSIG)

Les SIG se déclinent aussi en services sociaux d'intérêt général (SSIG) qui ont été définis à un niveau européen à partir des **critères** suivants :
- un fonctionnement fondé sur la solidarité ;
- une absence d'équivalence entre prestations et cotisations ;
- un caractère polyvalent et personnalisé ;
- une absence de but lucratif ;
- une participation de volontaires et de bénévoles ;
- un ancrage marqué dans la tradition culturelle.

Deux grandes **catégories** de SSIG sont ainsi distinguées :
- les régimes légaux et complémentaires de protection sociale ;
- les services à la personne dans les domaines de l'inclusion sociale, de la formation professionnelle, du handicap, du logement social, des soins aux plus jeunes et aux personnes âgées.

On voit, à partir de ces deux grandes catégories, que le champ médico-social que nous connaissons en France et qui repose en grande partie sur le secteur associatif correspond pour les institutions européennes aux principes des services sociaux d'intérêt général (SSIG). En outre, la Commission européenne définit les services sociaux de la façon suivante : « les services répondant à des besoins sociaux concernant les soins de santé et de longue durée, la garde d'enfants, l'accès et la réinsertion sur le marché du travail, le logement social, les soins et l'inclusion sociale des groupes vulnérables ». Les associations françaises loi 1901 du secteur médico-social sont considérées dans leur majorité comme relevant des SSIG par l'Union européenne. Néanmoins, les SSIG intègrent également des services qui n'ont pas le statut d'association. Il s'agit par exemple de la Sécurité sociale, des mutuelles ou des services ou établissements directement rattachés à des collectivités territoriales. Le statut d'association loi 1901 n'a donc pas d'existence juridique au-delà des frontières de la France. En revanche, les SSIG correspondent à un statut juridique au plan européen. Ce statut permet de définir les règles à respecter dans l'octroi d'aides publiques aux associations et les conditions dans lesquelles elles sont mises en concurrence pour se porter candidates à la prise en charge de missions de service public. Sur ce dernier point, la procédure reconnue au niveau européen est celle du mandat. Le statut de SSIG permet, en l'état actuel du droit européen, aux associations du champ médico-social de continuer à bénéficier d'un soutien financier public sans qu'il soit considéré qu'il y ait une entorse aux règles communautaires de la concurrence. Il faut noter que le Fonds social européen (FSE) intervient pour soutenir l'action de certaines associations dans toute l'Union européenne, en particulier sur les questions de cohésion sociale et de lutte contre les exclusions.

3 Le statut de fondation européenne

En 2012, la Commission européenne a présenté une proposition de statut de « fondation européenne », dont le but est de permettre aux fondations de se consacrer plus facilement à des activités d'utilité publique au niveau de l'Union européenne. La « fondation européenne » serait un statut facultatif et volontaire ouvert aux fondations d'utilité publique. Ce nouveau statut permettrait aux fondations européennes de bénéficier de la personnalité et de la capacité juridiques dans tous les États membres, ce qui les aiderait à développer des activités dans l'Union européenne. Le statut de la fondation européenne serait le même dans tous les États. Pour que ce nouveau statut voie le jour, il devra obtenir l'accord unanime de tous les États membres et l'approbation du Parlement.

Le travail en réseau et le partenariat

12

82 La notion de territoire

Devenu omniprésent, le terme de territoire nécessite d'être compris pour mieux appréhender les politiques et les démarches qui s'inscrivent dans une logique territoriale.

1 Espace et territoire

A Le territoire est bien plus qu'un espace

L'espace est une notion géographique qui correspond à une surface physique délimitée par des frontières naturelles ou politiques. C'est le cas d'un État ou d'une région par exemple. La notion de territoire quant à elle se détache de celle d'espace et va au-delà d'une délimitation physique. Plusieurs approches peuvent être identifiées et, parmi elles, l'approche sociologique permet de mieux comprendre le territoire tel qu'il est entendu en action sociale ou en santé publique.

B L'approche sociologique du territoire

Ici, le territoire évoque certes un espace géographique mais à partir duquel on peut identifier des particularités et des réalités sociales qui le distinguent d'autres territoires. Un espace devient territoire dès lors qu'une présence humaine a façonné cet espace et l'a rendu singulier. Le territoire peut donc être de taille variable, allant du hall d'immeuble jusqu'à l'intercommunalité, voire au-delà. Ce qui importe, c'est la réalité sociale qui caractérise l'espace et qui en fait donc un territoire. Ce qui caractérise un territoire au sens sociologique, c'est donc d'abord sa réalité humaine.

2 Le rôle accordé au territoire en action sociale et santé publique

A Le territoire, une notion longtemps étrangère aux politiques sociales

Historiquement, la France s'est construite à partir d'un État centralisateur fort, laissant peu de marge à d'autres acteurs que lui, que sont aujourd'hui les collectivités territoriales. La méfiance du pouvoir central envers une partie de sa population et le principe d'égalité républicaine ont constitué un terrain favorable à des politiques publiques uniformes. Dans le champ de l'action sociale, ce mode de gouvernance s'est traduit par des politiques dites « verticales » caractérisées par des décisions adoptées par le ministère et s'appliquant de manière uniforme sur l'ensemble du territoire national.

B L'émergence du territoire en politique sociale

À partir du milieu des années 1970 émerge l'idée selon laquelle l'action publique pourrait être conçue différemment en s'appuyant davantage sur des acteurs locaux pour tenter de mieux comprendre la réalité sociale et mieux y répondre. C'est le point de départ de la politique de la ville qui se développe à partir de la fin des années 1970 et du début des années 1980. Cette nouvelle approche se traduit par de nouveaux dispositifs qui intègrent une logique contractuelle sur une base territoriale. Ainsi, l'État définit un cadre d'intervention, aujourd'hui les contrats de ville qui visent à développer des programmes d'action en partenariat avec les collectivités territoriales. Dès lors que l'État s'engage dans une relation partenariale avec des collectivités territoriales, les particularités du territoire par exemple, les problématiques de certains quartiers sont au centre des préoccupations. Le territoire devient donc une réalité.

C Le virage de la décentralisation

La décentralisation, à partir des années 1980 et ses différents développements jusqu'aux années 2014/2015, installe une reconnaissance du territoire en confiant des compétences aux collectivités territoriales et en leur accordant une autonomie renforcée. Aujourd'hui, « chef de file de l'action sociale », le département est responsable sur son territoire de la compréhension des besoins et des réponses à y développer. Mais au-delà des dispositifs contractuels de la politique de la ville et de la décentralisation, qu'en est-il du territoire aujourd'hui en action sociale et santé publique ?

3 La territorialisation de l'action sociale et de la santé publique

On parle aujourd'hui de territorialisation des politiques publiques, notamment dans le champ sanitaire et social, pour mettre en avant l'idée de territoire. Cette territorialisation repose sur deux points essentiels.

A Un projet et des acteurs

La territorialisation correspond d'abord à l'idée suivante : différents acteurs dont des habitants qui se mobilisent et se mettent en mouvement au service d'un projet de développement. Par conséquent, le territoire n'existe pas en action sociale ou en santé sans projet ni dynamique d'acteurs, sans lesquels, d'ailleurs, le changement n'est pas possible. Il appartient donc aux responsables du champ sanitaire et social d'impulser une dynamique d'acteurs autour de projets pour afficher une volonté sincère d'approche territoriale. Pour y parvenir, la loi a créé des outils de gouvernance territoriale ; il s'agit notamment des conférences de territoires sur lesquelles les agences régionales de santé (ARS) s'appuient.

Par ailleurs, certains départements ont développé des contrats de territoire pour fournir un cadre méthodologique à une territorialisation de leurs interventions avec les intercommunalités.

B S'adapter aux réalités locales

La territorialisation vise à adapter les politiques aux réalités locales. Cette adaptation ne peut se faire sans rencontre avec les acteurs locaux et les citoyens. Ainsi les ARS poursuivent cet objectif en s'appuyant notamment sur les conférences de territoires et, certains départements mettent en place des contrats de territoire pour adapter leurs interventions à la diversité de leur territoire. Dans les deux cas, c'est bien la mobilisation de différents acteurs dans un projet de changement, qui doit permettre aux politiques de s'adapter à la réalité locale.

83 Le développement social local (DSL)

Le développement social local ou territorial s'est imposé depuis une trentaine d'années en France à la fois comme façon de penser l'action sociale et comme mode d'intervention. Son essor prend appui sur une certaine remise en question de l'action sociale traditionnelle et sur une approche différente des publics considérés dans leur contexte de vie à l'échelle d'un territoire significatif.

1 Le développement social local : de quoi parle-t-on ?

A DSL : trois termes complémentaires

1. Le développement

Que doit-on entendre par développement ? Ce terme, d'un usage très courant, dépasse largement le champ de l'action sociale mais il a, au regard de celui-ci, un sens qu'il faut bien appréhender. D'une façon générale, l'idée de développement induit la recherche de réponses à des difficultés et vise à améliorer une situation. Le développement peut exister sur un plan individuel ou collectif.

2. Le développement social

En parlant de développement social, on associe à la notion du développement celle de la solidarité. Au-delà de la résolution des problèmes, il s'agit de permettre aux individus et aux groupes de gagner en autonomie pour une meilleure prise en charge par eux-mêmes de leur quotidien. C'est dans cette optique que le développement social repose sur un rôle actif de l'individu. Par le biais d'une participation et d'une responsabilisation, celui-ci devient acteur à part entière du projet individuel ou collectif dans lequel il est impliqué.

3. Le développement social local

Il vise le mieux-être des habitants en agissant sur leur lieu de vie pour une amélioration des conditions de vie au quotidien et en s'appuyant sur toutes les richesses du territoire. Il s'agit donc de développer les solidarités, de renforcer le lien social et de permettre l'émergence de la parole.

B Les sources du DSL

En France, le développement social local trouve ses fondements dans le mouvement de l'éducation populaire qui permet un accès à la culture au sens large et au savoir en dehors des structures traditionnelles de diffusion du savoir (école, famille) durant des temps de loisirs par la rencontre et l'échange.

Les centres sociaux sont des acteurs de l'éducation populaire : ils développent des activités portées par les habitants d'un territoire et permettent ainsi l'échange et la reconnaissance de la diversité des pratiques culturelles.
En dehors des centres sociaux, de nombreuses associations, par exemple dans le domaine des loisirs pour les jeunes, fondent leurs activités sur les principes de l'éducation populaire.
Alors que dans les années 1960 aux États-Unis se développe un mouvement appelé « développement communautaire », il faut attendre la fin des années 1970 en France pour voir émerger le développement social local qui se traduit par des interventions dépassant le cadre de la relation individuelle entre le travailleur social et le public.
C'est à partir de la mise en place de la politique de la ville que le DSL se généralise et s'inscrit dans les pratiques. Aujourd'hui, le DSL dépasse largement les mesures liées à la politique de la ville et constitue un cadre de référence en travail social.

C Les caractéristiques essentielles du DSL

Le développement social local doit être compris comme un mode d'intervention sociale mis en œuvre dans le cadre de certaines politiques sociales et par certains acteurs tels que les centres sociaux ou encore les centres communaux d'action sociale (CCAS). Il n'existe pas de définition officielle du développement social local dont la logique peut être appliquée à différents degrés. Néanmoins, le DSL est fondé sur certains principes essentiels.

1. L'individu acteur : une démarche ascendante et participative

Parmi les démarches entreprises, le diagnostic partagé permet la participation de l'habitant aux choix qui sont opérés en lien avec son cadre de vie, par exemple en s'exprimant sur son quotidien dans son quartier. Les travailleurs sociaux, responsables associatifs et élus locaux peuvent ainsi mieux connaître et mieux comprendre la réalité sociale de leur territoire d'intervention.
Dans le cadre de la politique de la ville, la mise en place des ateliers Santé Ville (ASV) constituent une bonne illustration de cette exigence de participation des habitants, qui peut s'appliquer à toutes les phases du projet et de sa réalisation. On parle de « démarche participative et ascendante ». « Participative » car les individus sont amenés à s'exprimer et « ascendante » car la mise en place de réponses est issue des habitants pour une mise en œuvre à une échelle collective. A contrario, on parle de « logique descendante » lorsque des décisions prises en amont trouvent à s'appliquer sans réel processus de participation.
Cette démarche demande souvent d'y consacrer du temps, ce qui n'est pas toujours en adéquation avec les exigences de « rendement » que connaissent de nombreux travailleurs sociaux. Faire participer exige également de la part de ces mêmes travailleurs sociaux d'accepter l'idée que le public est un expert de son quotidien, capable de faire évoluer le regard du professionnel et de mettre celui-ci face à certaines réalités qu'il ignorait jusqu'alors.
Enfin, la participation du public doit se réaliser dans un cadre éthique irréprochable permettant à tous ceux qui le souhaitent de s'exprimer, y compris ceux qui éprouvent des difficultés à prendre la parole.

2. Le territoire et ses potentialités

Le DSL prend appui sur la notion de territoire. L'idée est d'agir à l'échelle d'un territoire et de prendre en considération l'ensemble des données de ce territoire aussi bien pour le diagnostic que pour la mise en place des réponses. La taille du territoire est variable : ce qui compte

c'est sa cohérence en tant que terrain d'intervention pour les travailleurs sociaux. On peut ainsi imaginer un centre social ou une antenne sociale CAF intervenir dans un quartier ou à l'échelle d'une commune, voire d'une intercommunalité. Quoi qu'il en soit, le développement social local est construit sur l'idée que tout territoire possède des atouts sur lesquels il faut s'appuyer pour lui permettre de dépasser ses difficultés.
La première des richesses d'un territoire est constituée par ses habitants à qui il faut permettre de s'exprimer. Au-delà des habitants, de nombreux territoires sont marqués par un cloisonnement important des différents acteurs présents. Ces derniers représentent une richesse, mais leur cloisonnement constitue un frein qu'un projet de développement social local peut lever. Le diagnostic est donc une phase déterminante qui doit permettre de faire, entre autres, un état des lieux de l'existant.

3. La dynamique de projet

Le développement social local ne peut s'imaginer en dehors d'une logique de projet trouvant à s'appliquer dans un territoire. L'intervention en DSL doit se mettre en œuvre au travers d'une démarche de projet qui suppose la maîtrise par les travailleurs sociaux de repères méthodologiques essentiels. On a vu à ce sujet l'importance du diagnostic, première phase du projet. Au-delà de la rigueur de travail que permet la méthodologie de projet, tout projet doit être porteur d'une dynamique dans le territoire sans laquelle aucun changement véritable n'est possible.

2 Territorialisation des politiques sociales et de santé publique

A Quand peut-on parler de territorialisation ?

Les politiques sociales sont traditionnellement mises en œuvre au niveau des collectivités territoriales, communes et départements essentiellement. Pour autant, la territorialisation des politiques sociales et de santé publique n'est pas nécessairement à l'œuvre. Ainsi, lorsque qu'un conseil départemental organise le découpage de son territoire en circonscriptions pour des raisons d'organisation administrative, en déclinant ses politiques de façon semblable dans chacune des ces circonscriptions, il ne s'agit pas de territorialisation.
Un simple découpage administratif ne correspond pas à une logique de territorialisation qui repose sur la prise en compte des particularités du territoire pour développer des politiques adaptées.
La territorialisation nécessite un diagnostic associant des acteurs du territoire et une mise en œuvre des politiques dans une logique de projet nécessairement partenariale.

B Des exemples de territorialisation

En matière de santé publique, les agences régionales de santé (ARS) impulsent, au niveau local, des projets au travers des contrats locaux de santé, qui fédèrent dans un territoire une diversité d'acteurs mobilisés autour de problématiques diagnostiquées.
Si les ARS relaient au niveau local la politique de santé publique gouvernementale, elles ont également pour mission d'adapter cette politique aux réalités des territoires, participant ainsi à une territorialisation des politiques publiques.

Certains conseils départementaux développent des contrats de territoire avec les intercommunalités du département pour définir de façon partagée la mise en œuvre de leurs missions sociales à partir d'un diagnostic partagé avec des acteurs de l'intercommunalité. Il s'agit donc de prendre en considération des particularités locales pour une application plus efficace des interventions du département. Le département du Finistère, notamment, a développé cette approche territorialisée.

84 Logiques institutionnelles et stratégies organisationnelles

Les organisations du secteur médico-social développent des stratégies organisationnelles qui s'inscrivent dans une logique et une dynamique institutionnelles. L'interaction permanente entre ces éléments façonne la vie des établissements et des services médico-sociaux.

1 Les organisations du secteur médico-social

A Qu'entend-on par organisation ?

1. La définition

On trouve de nombreuses définitions du terme organisation qui se recoupent et mettent en évidence des éléments communs. De façon essentielle, il faut retenir qu'une organisation correspond à un ensemble de moyens humains, matériels et financiers orientés vers la poursuite d'objectifs communs dans un cadre structuré par un ou des systèmes de communication ainsi que par une répartition du pouvoir et des activités. Au-delà de la définition, il est intéressant de se pencher sur les grandes caractéristiques des organisations pour mieux en comprendre la réalité.

2. Les grandes caractéristiques

Une organisation se caractérise par de nombreux éléments. Sans rechercher l'exhaustivité, cinq caractéristiques essentielles aident à mieux cerner la notion d'organisation.

- **Un statut juridique** : ce statut définit l'ensemble des règles de droit applicables à l'organisation. Parmi ces statuts, on trouve majoritairement dans le secteur médico-social des personnes morales de droit privé à but non lucratif (associations) et des personnes morales de droit public (collectivités territoriales, établissements hospitaliers publics). Des personnes morales de droit privé à but lucratif (entreprises orientées vers la recherche d'un profit) sont également présentes dans le secteur médico-social (certains services à domicile ou les cliniques). Certaines organisations n'ont pas de statut juridique (des réseaux). Si l'absence de statut juridique peut constituer un frein au développement de l'activité d'une organisation, elle n'est pas systématiquement un obstacle majeur.
- **Une mission ou des missions**: la mission d'une organisation, c'est sa raison d'être, c'est-à-dire ce pourquoi elle existe, ce pourquoi elle a été créée. Toute organisation poursuit une ou des missions autour desquelles elle va développer ses activités. Dans le secteur médico-social, ces missions sont souvent confiées par la loi, on parle alors de «compétences», terme

qu'il faut comprendre dans son sens juridique. Les lois de décentralisation ont confié aux conseils départementaux une série de compétences en matière d'action sociale, qui se traduisent en termes de missions. Dans le cas de l'aide sociale aux personnes âgées confiées par la loi aux conseils départementaux, c'est une compétence posée par la loi, c'est-à-dire un champ d'intervention obligatoire pour le département qui décline cette compétence sous forme de missions, dans son fonctionnement, destinées à répondre à la compétence confiée par la loi. En dehors de ce cas, les missions ont le plus souvent une base légale même en dehors de la loi. Par exemple, un conseil départemental décide de confier la mise en œuvre de certaines de ses missions à une association par le biais d'une convention. Ce support constitue le cadre légal de l'exercice par l'association des missions qui lui sont confiées. La délégation de service public répond à la même logique. Enfin, toute association déclarée précise dans ses statuts son objet qui détermine les missions qu'elle se fixe. Les statuts de l'association constituent la base légale de la mise en œuvre de ses missions.

- **Des activités** : ce sont les actions mises en œuvre, construites autour d'objectifs, et qui doivent permettre d'atteindre les missions.
- **Un ou des publics** : les missions et leur déclinaison sous forme d'activités sont nécessairement orientées vers un ou des publics dont l'organisation cherche à répondre aux besoins.
- **Des partenaires** : il s'agit des autres organisations ou des professionnels avec lesquels les organisations développent une collaboration afin de répondre aux missions.

B La diversité des organisations du secteur médico-social

Le champ du secteur médico-social étant particulièrement étendu, les organisations présentes sont nombreuses et d'une grande diversité. La question est donc de savoir sur la base de quel critère il est possible de distinguer ces organisations. Le choix peut se porter sur le public, la nature juridique ou encore la forme prise par l'organisation. Sur ce dernier point, il faut distinguer les établissements classiques (maisons de retraite, centres hospitaliers...) des réseaux qui, bien qu'étant des organisations, ne sont pas identifiables au travers d'une structure physique car il s'agit souvent de professionnels qui collaborent dans un même territoire sans être présents dans un même établissement.

2 Les logiques institutionnelles

Toute organisation s'inscrit dans une logique institutionnelle qu'il est important de bien situer pour analyser son fonctionnement et comprendre comment elle s'inscrit dans les politiques sociales. La logique institutionnelle doit être comprise, d'une part, au travers du fonctionnement institutionnel de l'organisation et, d'autre part, au travers de son fonctionnement sur le plan des relations humaines. Dans les deux cas, il s'agit de voir quels sont les « marqueurs » de cette logique institutionnelle.

A Le fonctionnement institutionnel

Il s'agit d'abord des missions de l'organisation. Ces missions qui peuvent découler de la loi, d'une convention ou de statuts vont orienter toute l'activité de l'organisation. S'intéresser à la logique institutionnelle, c'est d'abord s'intéresser aux missions de l'organisation.
Il s'agit ensuite des modalités d'organisation du pouvoir et de prise de décisions dans l'organisation. Dans le cadre d'une association, l'assemblée générale est l'organe souverain où les décisions majeures sont adoptées, le conseil d'administration étant chargé de l'application

de ces décisions. Ce fonctionnement très démocratique imprègne la logique institutionnelle des associations qui se distinguent des autres organisations où la prise de décisions est moins partagée. Les mécanismes du pouvoir dans une organisation sont également des « marqueurs » importants de la logique institutionnelle d'une organisation. Ainsi, les statuts de certaines associations prévoient que l'assemble générale est notamment composée de représentants d'autres associations partenaires. Ce choix traduit une volonté qui formate la logique institutionnelle de l'organisation en question.

Il s'agit également des modalités de financement propres à l'organisation. On peut distinguer les associations dont le fonctionnement repose essentiellement sur des subventions publiques de celles qui tentent de préserver leur autonomie en choisissant des modes de financement liés davantage à la générosité du public. Les choix de financement répondent donc à des logiques institutionnelles variables.

B Les relations humaines

Les membres d'une organisation s'inscrivent dans le fonctionnement de cette dernière et de son histoire, mais sont aussi porteurs d'une culture professionnelle qui va marquer la nature des relations entre les professionnels et avec l'usager. Cette dimension humaine du fonctionnement de l'organisation s'inscrit dans une logique institutionnelle. Le poids de la hiérarchie va façonner les relations entre les individus et constitue sans nul doute un des « marqueurs » les plus visibles de la logique institutionnelle.

3 Les stratégies organisationnelles : une interaction permanente avec la logique institutionnelle

Elles correspondent à des choix opérés dans la mise en œuvre des activités qui s'inscrivent dans la logique institutionnelle et interagissent avec elle. Ces choix apparaissent au travers des modalités d'accompagnement du public comme dans les partenariats développés par l'organisation ou le travail en réseau mis en place. Deux institutions s'inscrivant dans une logique institutionnelle similaire peuvent donc développer des stratégies organisationnelles sensiblement différentes. Deux EHPAD de natures comparables peuvent opérer des choix en termes d'animations très différents liés à des orientations de politiques partenariales distinctes. La stratégie organisationnelle répond à la question suivante : comment répondre aux missions de l'organisation en prenant en compte les contraintes financières, humaines et matérielles ? La capacité de mobilisation et le sens de l'innovation, qui s'inscrivent dans une dynamique institutionnelle, sont donc déterminants.

4 Dynamiques institutionnelles et stratégie organisationnelle

La dynamique institutionnelle correspond pour une organisation à la « mise en mouvement » de celle-ci. Elle peut être plus ou moins forte en fonction de nombreux facteurs : volonté des responsables, disponibilité des personnels, motivation, contraintes en tous genres. Cette dynamique est plus ou moins favorable, en fonction de son niveau, à l'émergence de projets et d'actions innovantes. Les stratégies organisationnelles s'appuient donc sur cette dynamique pour se développer, mais elles alimentent et entretiennent également cette dynamique. Au final, l'identité de l'organisation résulte d'une interaction entre logique institutionnelle, dynamique institutionnelle et stratégie organisationnelle.

85 Le travail en réseau et le partenariat

Le travail en partenariat et en réseau, dans l'action sociale et médico-sociale, a connu depuis le début des années 1980 un essor considérable sous l'effet de deux facteurs essentiels. La décentralisation, d'une part, et, d'autre part, l'émergence du VIH/sida et l'augmentation considérable des maladies chroniques ont favorisé et rendu nécessaires les rapprochements de professionnels d'horizon divers sur un même territoire. Au cœur du partenariat, et du réseau, qui en est une déclinaison, l'enjeu est le décloisonnement, pour un accompagnement au plus près des besoins du public.

1 Le partenariat

A Qu'entend-on par partenariat ?

1. La notion de partenariat

→ Selon la Commission de terminologie et de néologie du domaine social, le partenariat est ainsi défini : « Coopération entre des personnes ou des institutions généralement différentes par leur nature et leurs activités. L'apport de contributions mutuelles différentes (financement, personnel…) permet de réaliser un projet commun. »

Au-delà de cette définition, les pratiques professionnelles et les modes d'intervention des organisations sociales et médico-sociales montrent qu'il n'existe pas de démarche type, mais une diversité d'approches et de mises en œuvre du partenariat. Toutefois, on peut affirmer que le partenariat se caractérise par une pluralité d'acteurs qui, bien qu'ils ne sont pas nécessairement animés par des motivations communes et n'ont pas toujours le même poids, se retrouvent autour d'objectifs communs qui constituent le socle d'une action à laquelle chacun prend part, selon les modalités définies par les partenaires eux-mêmes.
Chacun apporte une contribution définie, mais les partenaires restent autonomes et conservent l'un vis à vis de l'autre leur indépendance. Il arrive toutefois que le poids financier de l'un des partenaires et le pouvoir qui en découle mettent à mal cette indépendance.

2. La typologie des partenaires

Différents types de partenaires peuvent être identifiés.
- **Les partenaires institutionnels** : il s'agit des institutions bien connues du paysage de l'action sociale au nombre desquels on compte le conseil départemental, les centres communaux d'action sociale, les caisses d'allocations familiales, les différents ministères et les services déconcentrés de l'État. Leur rôle est souvent financier, mais ce sont aussi des partenaires opérationnels.

- **Les partenaires financiers** : ce sont les partenaires qui apportent une contribution financière. Il s'agit souvent de partenaires institutionnels ou parfois d'entreprises privées.
- **Les partenaires opérationnels** interviennent dans la réalisation des actions faisant l'objet du partenariat.
- **Les partenaires de projet** : ce sont les partenaires qui interviennent dans la mise en œuvre d'un projet en tant que partenaires opérationnels et/ou financiers.

Dans une relation partenariale, un même acteur peut assumer plusieurs responsabilités, par exemple sur un plan financier et opérationnel.

3. La formalisation du partenariat

Elle consiste à préciser par écrit les engagements des différents partenaires dans une convention ou une charte. La portée juridique et le contenu de ces deux documents sont sensiblement différents (voir fiche 89).

Le recours à la convention ou à la charte n'est pas une obligation, mais il présente l'intérêt de sécuriser la relation partenariale et donc de favoriser sa pérennisation.

B Le partenariat : les raisons de son développement et ses intérêts

1. Les raisons du développement du partenariat

La part importante occupée par le partenariat dans le secteur médico-social s'explique par différentes raisons. Les vagues de décentralisation ont confié aux collectivités territoriales de nombreuses compétences, en particulier aux départements. Ces derniers ont dû s'appuyer sur des acteurs compétents, souvent des associations bien implantées, pour mettre en œuvre ces compétences.

Dans le domaine de l'aide sociale à l'enfance, les départements développent des partenariats avec de nombreuses associations qui gèrent, par exemple, des établissements d'accueil. En matière d'insertion, autre domaine de compétence du département, le conseil départemental a recours au partenariat pour assumer ses missions.

Le développement du partenariat s'explique également par des raisons financières car il permet de réaliser des économies en s'appuyant sur des acteurs en place compétents et donc déjà opérationnels.

2. Les intérêts du partenariat

Le partenariat induit par la rencontre et par l'échange un regard croisé sur une réalité sociale qui permet de mieux appréhender les problématiques et d'élaborer des réponses plus appropriées. C'est le cas lorsqu'un conseil départemental développe une relation partenariale avec une structure d'insertion par l'activité économique dont le personnel connaît les problématiques liées à l'insertion. Le partenariat permet de mutualiser les savoirs et les efforts pour une meilleure prise en charge.

C Le partenariat : enjeux et limites

1. Les enjeux du partenariat

Un des enjeux essentiels est lié au pouvoir. Participer à une relation partenariale, c'est accepter l'idée d'un partage de l'information et d'un échange qui limite par nature le pouvoir de décision de chacun.

Le partenariat peut donc être perçu comme un facteur de perte d'influence, ce qui peut expliquer les tiraillements dans certaines relations partenariales pour conserver sa part de pouvoir de décisions.
Un autre enjeu est lié à la reconnaissance d'une structure et parfois à la pérennisation de sa présence dans le secteur médico-social. C'est le cas lorsqu'une association dépend quasi-totalement d'un partenariat financier pour assurer ses activités et sans lequel elle ne peut poursuivre.

2. Les limites du partenariat

Deux critiques sont traditionnellement adressées au partenariat. La première consiste à dire que les résultats obtenus ne sont pas toujours en adéquation avec le temps consacré en réunions et l'énergie déployée pour mobiliser les acteurs. La seconde est liée au risque d'enlisement de réunions multiples qui paralysent la capacité d'action et limitent l'efficacité sur le terrain.

2 Le travail en réseau

A Réseau et partenariat : différences et similitudes

→ Le partenariat au sens classique concerne des relations entre des organisations ou des institutions différentes qui font le choix de collaborer dans la poursuite d'objectifs communs. La relation est donc de nature interinstitutionnelle.

Dans le cas du réseau, il s'agit le plus souvent de professionnels présents sur un même territoire qui choisissent de développer des relations de travail au profit de la prise en charge d'un public. Il s'agit non pas de relations interinstitutionnelles mais plutôt de relations de personnes à personnes, souvent des professionnels de formations différentes.
Le caractère interdisciplinaire du réseau permet un accompagnement et une prise en charge de meilleure qualité pour l'usager. Le réseau fonctionne sur l'idée de la complémentarité alors que le partenariat au sens classique fonctionne sur l'idée de la réciprocité. Cette différence explique que les relations en réseau soient formalisées par une charte plutôt que par une convention. Le fonctionnement du réseau est plus souple et souvent plus réactif que celui du partenariat entre deux institutions. Chacun des membres du réseau peut décrocher son téléphone pour contacter un autre professionnel du réseau et échanger à propos d'une personne accompagnée par le réseau.
Au-delà de ces différences, le travail en réseau est une modalité particulière du travail en partenariat, autrement dit c'est une façon particulière de travailler en partenariat. On peut considérer que les membres d'un réseau sont des partenaires qui ont choisi un mode de relation basée sur la complémentarité.
En pratique, de nombreuses institutions travaillent en réseau, ce qui permet aux professionnels d'échanger des informations, sans que nécessairement les institutions respectives aient développé des relations partenariales « classiques ».

B La question de la formalisation du travail en réseau

Tous les professionnels du secteur médico-social évoluent dans un réseau le plus souvent non formalisé et qui se caractérise par des échanges plus ou moins développés.
Quand des professionnels souhaitent formaliser leurs relations dans le cadre d'un réseau, ils ont recours à une charte. Construite à partir d'une série de principes, elle incarne l'idée de complémentarité.

C La diversité des réseaux

Outre les réseaux informels, de nombreux réseaux bien organisés et formalisés se sont développés dans le champ médico-social. C'est le cas des réseaux d'écoute, d'appui et d'accompagnement des parents (REAAP). Ces réseaux réunissent des professionnels divers du domaine médico-social dans un accompagnement à la fonction parentale. Ainsi, un médecin membre du réseau peut orienter des parents vers un psychologue ou un travailleur social également membre du réseau.
Dans le domaine de la santé, les réseaux destinés à faciliter les liens entre l'hôpital et la médecine de ville ont également connu un essor important.

86 La négociation

Le travailleur social peut être en position de médiateur quand il facilite une négociation ou en position de négociateur quand il représente l'une des parties qui négocie.

1 Définitions

La négociation est l'ensemble des démarches et des processus de communication ayant pour but de confronter les positions, points de vue, intérêts et attentes de plusieurs parties dans le but de parvenir à un accord tout en permettant de créer, maintenir ou développer une relation.

DIFFÉRENCE ENTRE MÉDIATION ET NÉGOCIATION

La **négociation** est un processus dans lequel les parties acceptent de résoudre le problème, et trouvent la solution par elles-mêmes.
La **médiation** est un processus formel où il faut un médiateur (facilitateur neutre) qui conduit les différentes parties à un accord mutuel. C'est une négociation assistée.

2 Négociation et travail social

En intervention sociale d'aide à la personne (ISAP)	Élaboration du contrat de travail social entre le travailleur social et la personne aidée.
En intervention sociale d'intérêt collectif (ISIC)	Mise en place de projets avec des groupes.
En travail partenarial	La capacité à négocier est une aptitude très importante chez un gestionnaire de projet. La négociation est utilisée pendant toutes les phases du projet et avec tous les protagonistes : les partenaires financiers et opérationnels, les autorités nationales et locales, l'équipe projet, les bénéficiaires.

3 Les étapes de la négociation dans le cadre d'un suivi individuel

- **1re étape : l'entretien**

Cela suppose une relation particulière, une relation d'aide, qui débute par une compréhension de la situation, le recueil de données et le repérage d'une demande. La personne doit être mise en confiance pour exposer sa situation. L'empathie et l'écoute de la personne sont essentielles pour la comprendre, en particulier pour cerner la raison de ses réticences. Elle a besoin d'être accompagnée, d'être aidée psychologiquement.

La perception de la réalité est soumise à certains filtres qu'il est important d'analyser :
- le filtre biologique : la pathologie et ses conséquences parfois ;
- le filtre émotionnel : les émotions (angoisse, peur...). Une réaction émotionnelle importante (colère, révolte, agressivité, déni...) provoque une filtration et une déformation des informations. Cette réaction émotionnelle peut aussi rendre l'écoute difficile, voire impossible ;
- le filtre cognitif : il prend en compte le langage utilisé dans les deux sens. Il faut comprendre les mots qui ont été utilisés et s'assurer en retour que la réponse est comprise ;
- le filtre expérientiel : il faut explorer l'expérience de la personne vis-à-vis d'autres suivis antérieurs ;
- le filtre contextuel : l'institution. Chacun, selon sa personnalité et son histoire, vit l'institution, le travailleur social d'une manière ou d'une autre.

- **2e étape : l'analyse de la situation**

Il s'agit d'évaluer le contexte, de se poser des questions, de trouver des liens de cause à effet, de rapprocher des éléments passés et présents, etc.

- **3e étape : l'évaluation diagnostique**

Les démarches suivantes sont nécessaires :
- évaluer les capacités de la personne, ses points forts, ses points faibles, dans le but de trouver, avec elle, des leviers permettant d'engager une action ;
- hiérarchiser les problèmes avec la personne ;
- informer, réajuster les informations.

- **4e étape : l'élaboration d'un projet opérationnel et des objectifs**

Le projet est élaboré « avec » la personne pour construire avec elle un contrat et négocier les engagements réciproques en :
- distinguant les moyens mis en œuvre par la personne, et ceux mis en œuvre par le travailleur social ;
- élaborant des objectifs : buts à atteindre avec la personne pour un changement en un temps donné ;
- établissant un contrat avec la personne : la personne s'engage à respecter les termes de ce contrat.

- **5e étape : l'évaluation**

Il faut évaluer les processus (attitude, comportement, motivation...), les résultats (atteinte ou non des objectifs) et vérifier avec la personne les résultats de l'action : y a-t-il eu changement, amélioration de la situation ? Des capacités nouvelles ont-elles été acquises ?

4 La stratégie de négociation en ISIC ou en travail partenarial

A La préparation des négociations

Différents points sont essentiels dans cette préparation :
- repérer et mobiliser les partenaires ressources et leurs missions en fonction du projet à élaborer ;
- fixer des objectifs clairs : aussi précis que possible, faciles à comprendre, mesurables et opportuns. Il est utile de prévoir un objectif maximum (le meilleur résultat possible), un objectif minimum (l'objectif le plus bas acceptable) et un objectif cible (avec réalisme) ;
- repérer ce qui est négociable (objectifs, actions, qui fait quoi, organisation dans le temps, etc.) de ce qui n'est pas négociable (souvent, ce qui relève de la réglementation – lois, décrets,

règlements, recommandations, commande précise du commanditaire de projet comme un conseil départemental);
- anticiper les réclamations et les réactions de l'autre (des autres parties) et préparer des arguments;
- développer une stratégie et un mode de négociation coopératif.

B Le mode de négociation coopératif

Le mode de négociation coopératif, ou négociation raisonnée ou négociation gagnant-gagnant, est celui qui est principalement retenu dans le cadre du travail social.
Il permet la recherche d'une meilleure solution s'appuyant sur un processus logique de prise de décision, la satisfaction des besoins des parties comme critère de succès, une plus grande facilité d'exécution, compte tenu de l'engagement des partenaires dans la recherche de la meilleure solution, le maintien et l'amélioration d'une relation interpersonnelle continue (ne pas compromettre des relations futures).

C Les éléments clés de la méthode de négociation coopérative

1. Tenir compte de la sensibilité psychologique des personnes

Il s'agit d'être ouvert aux logiques des autres parties et tenter de les comprendre, éviter tout jugement hâtif, échanger ses impressions, ne pas projeter ses propres préjugés et s'assurer d'avoir bien compris en reformulant leurs propos. Il est nécessaire de garder la maîtrise de ses émotions (pas d'agressivité, d'ironie, d'agacement ou de nervosité…), d'éviter de répondre aux explosions de colère et de faire preuve d'empathie et de bienveillance.
On ne peut pas évacuer l'affectivité dans une négociation: il faut donc permettre aux autres de se défouler quand cela est nécessaire, surtout si cela permet de mieux comprendre leur vécu, tout en évitant la violence.
La relation de respect mutuel se construit dans le temps. Il faut montrer la reconnaissance, les marques d'intérêt portés aux partenaires, intéresser l'autre en le faisant participer au maximum à toutes les étapes de la négociation: s'il est partie prenante, il est plus facilement d'accord.
Poser ensemble le cadre du travail partenarial est indispensable (valeur, finalités et principes d'action de l'action sociale, méthodologie…), tout comme construire les relations de travail: prendre un temps pour développer l'interconnaissance des partenaires, détendre l'atmosphère.
Il est aussi important de créer un climat de partenariat (ensemble à la recherche d'une solution commune) mais garder cependant à l'esprit que l'objectif est de trouver une solution acceptable par tous, et non de réconcilier les personnes ni d'obtenir de chacun une adhésion sur tout.

2. Baser la négociation sur des besoins, des intérêts et non des positions

Il est préférable d'éviter les positions telles que «je veux» ou «je ne veux pas», car il y a un risque d'enfermement sur les positions en question. On arrive plus facilement à s'accorder sur un intérêt commun bien compris en accord avec un constat commun d'un besoin ou d'une situation: par exemple, la nécessité de développer l'accueil de jour plutôt que l'hébergement face à un constat de manque dans ce domaine.

3. Imaginer un grand éventail de solutions avant de prendre une décision

Il ne faut pas choisir une solution trop tôt car cela ne permet pas de considérer d'autres alternatives. Des techniques comme le «remue-méninges» peuvent favoriser la créativité.

4. Rechercher des solutions gagnant-gagnant

Il est nécessaire de chercher des solutions dans lesquelles les intérêts sont partagés en repérant les éléments qui sont secondaires pour soi mais qui apportent beaucoup de bénéfices à l'autre partie, et vice versa.

5. Favoriser la communication

Des techniques telles que l'écoute active, les questions ouvertes, la reformulation, la distribution de la parole favorisent la communication. On peut également recourir, si besoin, à des réflexions ou des productions en petits groupes et à des séances plénières pour la mise en commun.

6. Séparer les phases de la négociation

Il est nécessaire de bien les séparer, notamment pour se concentrer à chaque fois sur un objectif précis et être plus efficace, mais aussi pour ménager une phase préliminaire dans laquelle on se met d'accord sur l'identification du problème pour ensuite aborder plus sereinement la phase délicate qui consiste à trouver une solution (d'où l'importance d'associer les partenaires dès la phase diagnostic d'un montage de projet).
Procéder par étapes permet de produire des comptes rendus à chaque étape avec l'énoncé des décisions prises collectivement. Quatre phases sont classiquement distinguées.

Cadrage de la situation	Informations sur le contexte et analyse des données (recueil des analyses de chacun, enjeux identifiés, analyse du problème dans ses différentes dimensions). Il est utile de fournir aux partenaires des données synthétisées sur un territoire pour fonder leur réflexion et leurs prises de position. Il est judicieux aussi de faire appel à l'expérience et à la vision de chacun pour enrichir les indicateurs et pour que chacun se sente pris en compte et impliqué dès le diagnostic. L'intégration du public cible dans le processus partenarial dès le démarrage d'un projet est particulièrement important.
Exposé des besoins et intérêts de chacun	Objectifs et enjeux de la négociation.
Recherche de solutions	Elle peut prendre la forme de brainstorming, recherches documentaires. Laisser dans un premier temps libre cours à l'imagination, pas de jugement, pas d'autocensure pour favoriser l'émergence des idées. Ne pas choisir une solution trop tôt car cela ne permet pas de considérer d'autres alternatives.
Choix	Prise de positions et acceptations de concessions mutuelles : Examen des solutions : acceptabilité par les parties concernées, faisabilité, coût, pertinence, réalisme, en accord avec le diagnostic initial, en accord avec les contraintes institutionnelles et les dispositifs légaux... Formalisation de l'accord (convention, charte). Mise en place d'un dispositif de suivi ou d'évaluation.

Il faut également se mettre d'accord sur des critères objectifs de résultats et veiller à ce que l'accord soit jugé équitable et accepté par chacun après réflexion, et non sous la pression, et que les valeurs représentées par les critères soient communes.
Pour bien terminer la négociation, il est souhaitable de reformuler le but du départ, mettre en évidence les points d'accords mais aussi les désaccords qui pourraient faire l'objet d'une future négociation, s'assurer que les parties respectent l'accord : rencontres futures à prévoir pour faire le point, ou pour évoluer si les conditions changent. Il peut être intéressant d'avoir une même vision des résultats sur des éléments concrets (par exemple avec la réalisation de fiches action).

87 La médiation

Le mot médiation est apparu dans les années 1970-80 aux États-Unis, au Canada puis en Angleterre dans les domaines de la consommation, de la justice et de la famille, par rapport à la gestion de conflits. Puis il s'est répandu dans de nombreux secteurs de la société, l'utilisation et le succès de ce terme l'ont fait évoluer vers un sens beaucoup plus large.

1 Qu'est ce que la médiation ?

On trouve cette notion notamment dans les référentiels de compétence des travailleurs sociaux: «assurer une fonction de médiation». Le terme n'est pas entendu là au sens strict purement juridique de prévention et gestion de conflits, il a un sens beaucoup plus large.

→ Il s'agit du positionnement du travailleur social **qui fait le lien**, qui **joue le rôle d'intermédiaire** et qui, par ses compétences, **permet l'avancement des situations**.

Les définitions de médiation que l'on peut retenir sont celles du dictionnaire (Robert 2013): « Le fait de servir d'intermédiaire », ou du *Nouveau Dictionnaire critique d'action sociale* (J.-Y. Barreyre et B. Bouquet, Éditions Bayard, 2006): «La médiation peut se définir comme une action accomplie par un tiers, entre des personnes ou des groupes qui y consentent librement, y participent et auxquels appartiendra la décision finale. La médiation est un processus souvent formel par lequel le tiers tente, à travers l'organisation d'échanges entre les parties, de permettre à celles-ci de confronter leurs points de vue et de rechercher une solution.»

2 La médiation et le travail social : les situations de médiation

Ainsi le travailleur social assure une fonction de médiation quand:

- il facilite la circulation d'informations;
- il facilite une relation;
- il établit ou rétablit la communication;
- il permet la compréhension d'une situation;
- il rétablit une relation de confiance, il restaure un processus de communication;
- il aide une ou des personnes à envisager des perspectives, à redevenir actrice(s) en redonnant l'estime de soi et en valorisant les compétences: il s'agit là de médiation entre une personne et ses difficultés;
- il modifie l'image associée aux institutions et démystifie celle-ci, mais il fait aussi connaître aux populations concernées les exigences et contraintes des institutions;
- lors d'un montage de projet, il travaille avec les partenaires, les associe le plus possible, en amont pour le diagnostic, analyse les ressources, les incompréhensions, déconstruit ce qui bloque. Il tient compte des différentes cultures professionnelles, des représentations;
- il favorise la participation des usagers;

• il détecte des personnes en situation de précarité, d'isolement, de rupture de liens sociaux ou familiaux, avant que leurs difficultés ne s'aggravent ;
• il fait remonter les besoins, les difficultés auprès des institutions, afin que celles-ci non seulement interrogent la gestion administrative de leurs dispositifs, mais adaptent celle-ci aux populations les plus fragilisées. Il sensibilise les institutions aux spécificités, et notamment aux approches culturelles différentes de certains publics ;
• il favorise l'accès aux droits, permet à la personne de connaître ses droits. Il oriente vers les dispositifs, accompagne dans les démarches avec une implication plus ou moins forte selon le besoin de l'usager et la complexité de la situation ;
• il est vecteur d'informations socio-administratives ;
• il facilite l'utilisation des services publics, donne des explications sur les services des partenaires, accompagne pour la rédaction de courriers ou encore aide à remplir des dossiers ou des formulaires administratifs ou contacte téléphoniquement ;
• il motive, mobilise pour participer ;
• il permet à chacun d'exposer sa version des faits, son vécu, ses souhaits pour faire émerger progressivement des perceptions et une compréhension réciproque afin de résoudre le problème ou le conflit rencontré ;
• il organise des échanges, questionne, structure les échanges entre des parties pour confronter les points de vue et dégager des solutions (cadre de mise en place d'un projet par exemple) ;
• il développe les solidarités civiles et réduit les tensions sociales ;
• il utilise des techniques de dynamique de groupe qui favorisent la médiation : il favorise l'écoute active, l'alternance du dialogue, pousse les personnes à développer leur argumentation, gère l'émotionnel, explore toutes les pistes possibles dans le champ des solutions ;
• il est, à la demande des institutions ou des personnes, un intermédiaire, voire un facilitateur entre différents interlocuteurs : professionnels-professionnels, usagers-professionnels... ;
• il favorise la reconnaissance de la personne par ses pairs, par les institutions, par les professionnels ;
• il participe à l'amélioration ou à la préservation du cadre de vie.

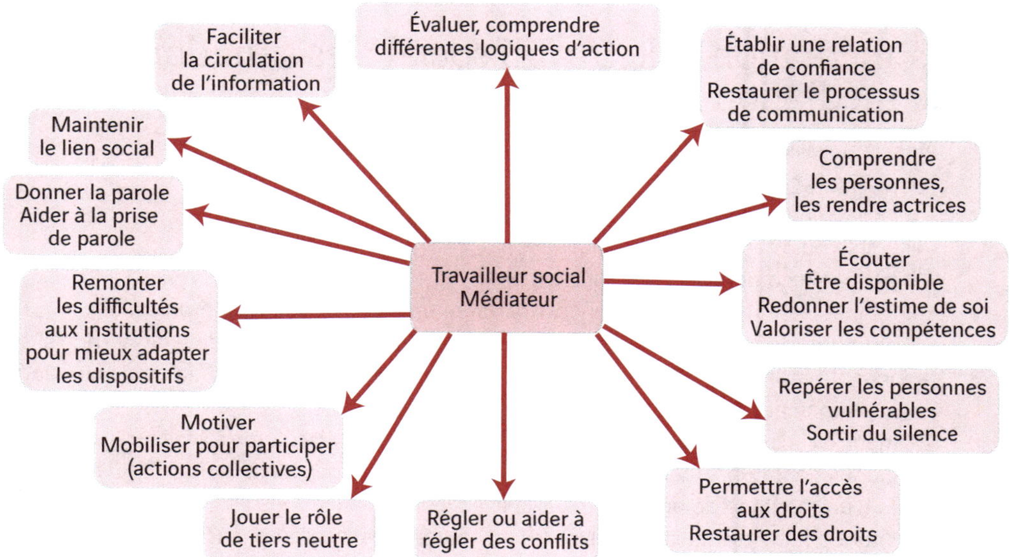

Figure 87.1 Schéma synthétique de la médiation du travailleur social

3 Les compétences en médiation du travailleur social

- Il connaît les caractéristiques de la population qu'il suit par sa connaissance du terrain et par des études statistiques.
- Il sait évaluer une situation et la décoder.
- Il connaît les partenaires et le travail en réseau.
- Il connaît les particularités des administrations ou des institutions qu'il côtoie.
- Il comprend les langages qui s'entrecroisent et les logiques de chaque partie (celles de l'usager et de l'institution par exemple).
- Il a des qualités de pédagogie et des qualités relationnelles d'accueil et d'écoute.
- Il assure une présence humaine rassurante et garantit l'égalité des usagers dans l'usage de l'espace public et des droits communs ou spécifiques.
- Il a une certaine empathie, écoute et soutien.
- Il sait comment communiquer pour faire évoluer les situations en faisant émerger les solutions possibles face à un problème spécifique.
- Il a une approche distanciée et décentrée par rapport à ses propres repères identitaires (références religieuses, système familial, etc.).

4 Les stratégies ou techniques de médiation

Elles sont à mettre en œuvre de la façon suivante :

- informer, faire connaître, communiquer pour casser l'isolement et favoriser la participation (tract, affiche...) ;
- créer des intermédiaires (adultes relais, parents plus actifs...) ;
- organiser le processus (réunions en comité restreint puis en plus grand groupe, choix des dates de réunion et horaires qui favorisent la participation de tous) ;
- anticiper les freins et prévoir des solutions. Par exemple, le public concerné n'ose pas venir ou a du mal à s'exprimer lors d'une réunion de partenaires : un travail préliminaire d'explication et de préparation est donc nécessaire avec ce public ;
- préparer les réunions : ordre du jour, objectifs, aspect matériel, prévoir des documents de travail envoyés à l'avance éventuellement ;
- lors des réunions, prévoir l'animation, la présentation de chacun, la distribution de la parole, la valorisation de ceux qui sont plus en retrait (par exemple, les non-professionnels), demander à chacune des parties d'exposer rapidement son point de vue ;
- faire preuve d'empathie pour mieux décoder les situations ;
- établir les conditions ou règles de communication : mettre en place les règles précises de discussion, clarifier les rôles de chacun, se fait reconnaître et accepter dans son rôle de médiateur ;
- partager le temps de parole, alterner le dialogue entre les personnes, se positionner en écoute active, reformuler ce qui se dit, éclaircir certains points : questionner les personnes, rappeler les faits, proposer des résumés ou des synthèses, structurer les échanges, favoriser l'écoute de chacun ;
- face à des professionnels, aider les usagers à s'affirmer (préparation en amont, distribution de la parole, vigilance de l'écoute) ;
- favoriser l'émergence des idées (*brainstorming*) : demander aux parties de proposer toutes les solutions imaginables en précisant bien qu'un choix sera ensuite fait (par elles) ;
- gérer l'émotionnel et favoriser la communication, faire baisser la température émotionnelle tout en permettant l'expression des sentiments si nécessaire ;
- synthétiser, faire le point pour continuer à avancer ;

- motiver ou remotiver;
- dégager les points d'accord et les points de divergence;
- préciser ce qui est négociable, ce qui ne l'est pas;
- faire un compte rendu de ce qui a été décidé;
- rédiger éventuellement la charte ou le contrat final et recueillir l'adhésion de tous;
- savoir doser et alterner directivité et non-directivité;

Les techniques de médiation rejoignent les techniques de négociation et de dynamique de groupe.

5 Les droits humains et valeurs revendiqués par la médiation

- La solidarité et le respect de l'altérité.
- La liberté, l'autonomie et la volonté des participants en dehors de toute idée d'autorité.
- La présence d'un tiers neutre et autonome, sans pouvoir, mais formé aux techniques de la médiation et soucieux de confidentialité.

6 La médiation spécialisée

À coté des travailleurs sociaux qui assurent des fonctions de médiation, il existe de nombreux professionnels spécialisés dans des domaines plus spécifiques.

La médiation judiciaire	**Les conciliateurs de justice** interviennent en cas de conflit avec un particulier ou un organisme. Ce sont des auxiliaires de justice dont la mission est de désengorger les services de la justice. Ils ont pour mission de favoriser et de constater le règlement à l'amiable des différends.
	Le Défenseur des droits a remplacé **le médiateur de la République** par la loi du 23 juillet 2008. Il a pour mission de venir en aide aux administrés quand ils sont en conflit avec une administration.
La médiation familiale	– « La médiation familiale est un processus de construction ou de reconstruction du lien familial axé sur l'autonomie et la responsabilité des personnes concernées par des situations de rupture ou de séparation dans lequel un tiers impartial, indépendant, qualifié et sans pouvoir de décision – le médiateur familial – favorise, à travers l'organisation d'entretiens confidentiels, leur communication, la gestion de leur conflit dans le domaine familial entendu dans sa diversité et dans son évolution. » (Conseil national consultatif de la médiation familiale, 2002). – Le médiateur familial est un professionnel qualifié doté de compétences en psychologie et en droit (diplôme d'État depuis 2003). Il exerce en libéral ou au sein d'un service de médiation familiale (associations à caractère familial, CIDFF, associations de services de médiation familiale, associations au sein des tribunaux, services gérés par les CAF ou MSA ou collectivités territoriales). – La médiation familiale peut être prise en charge par la CNAF. Elle peut être conventionnelle, sollicitée directement par les familles, ou judiciaire, acceptée par les parties à la suite d'une proposition du juge dans le cadre d'une procédure.
La médiation scolaire	Le médiateur de l'Éducation nationale, les médiateurs académiques et leurs correspondants départementaux reçoivent les réclamations individuelles concernant le fonctionnement du service public de l'Éducation nationale dans ses relations avec les usagers ou les agents.
La médiation sociale	C'est un mode de résolution des tensions et de mise en relation entre les populations des quartiers et les institutions. Quelques exemples d'emplois existants : médiateurs socioculturels, correspondants de nuit, agents d'ambiance, adultes relais, etc.

88 La délégation de service public (DSP)

La DSP est un procédé qui permet à des collectivités territoriales telles que les départements ou les communes de confier, pour une durée limitée, à des associations la prise en charge d'une activité relevant de leurs compétences. Ainsi, les conseils départementaux ont recours à la DSP dans le cadre de partenariats qu'ils développent avec des associations qui assument en partie leurs compétences. Cette technique permet d'associer à l'action médico-sociale des acteurs de terrain compétents. Le recours à la DSP s'inscrit donc dans la stratégie organisationnelle de certaines collectivités publiques qui répondent ainsi à leur logique institutionnelle.

1 Les caractéristiques de la délégation de service public

→ La délégation de service public est un contrat par lequel une autorité délégante (un service de l'État ou bien une collectivité territoriale) confie la gestion d'une activité de service public à une autre personne morale qui en assumera la responsabilité, cette autre personne morale étant appelée « délégataire ».

Dans le domaine médico-social, le délégataire est souvent une association ; dans le cadre de la DSP, il supporte les risques financiers de l'activité qui lui est confiée. Par conséquent, le délégataire peut recevoir une aide financière de l'autorité délégante, mais il doit prioritairement dégager par ses activités les ressources nécessaires à son fonctionnement, son activité doit donc dégager suffisamment de ressources. Il faut distinguer la DSP du cas dans lequel un conseil départemental, par exemple, verse une subvention à une association pour que celle-ci puisse assurer ses activités. Dans cette situation, une convention est rendue obligatoire par la loi à partir d'un certain montant.

2 Les conventions de subvention

Cette convention permet de préciser les relations entre la collectivité et l'association. Elle précise l'objet, le montant des subventions et les modalités de contrôle de l'association ainsi que les obligations des deux parties. En signant cette convention, l'association s'oblige à utiliser l'aide perçue pour la réalisation de l'objectif défini. Cette convention s'impose aux collectivités qui allouent une subvention dont le montant annuel dépasse 23 000 euros. En dessous de cette somme, la rédaction d'une convention n'est pas imposée par la loi mais représente une garantie juridique non négligeable.
Pour éviter les risques de gestion de fait, l'association doit disposer d'une réelle autonomie en matière financière et décisionnelle par rapport à la collectivité qui l'a subventionnée.

3 Des exemples de délégations de services publics

A L'exemple de PAM 93

PAM 93 est un service public de transport collectif à la demande, destiné aux personnes en situation de handicap de Seine-Saint-Denis.

Il est exploité par FlexCité 93 pour le compte du conseil départemental dans le cadre d'une délégation de service public. Il bénéficie du soutien financier du conseil départemental de Seine-Saint-Denis, mais également du conseil régional d'Île-de-France et du Syndicat des transports d'Île-de-France.

Ce service de transports est accessible à toute personne résidant en Seine-Saint-Denis et présentant une invalidité au taux de 80 % minimum. Il suppose une inscription préalable, puis une réservation effectuée au moins la veille du déplacement prévu. À la date convenue, et à l'heure prévue, un conducteur se rend au domicile de la personne en situation de handicap ou à une autre adresse indiquée pour la conduire à la destination prévue.

Dans ce cas de figure, le partenariat mis en place entre le conseil départemental et FlexCité permet au département d'assumer, pour partie, ses responsabilités en lien avec son domaine de compétences relatif au handicap. Le partenariat apparaît bien comme un outil de mise en œuvre des politiques sociales à un échelon local, la délégation de service public constituant ici le cadre juridique de ce partenariat.

B Autres exemples de délégations de service public

La ville de Bastia en Corse a opté pour la délégation de service public pour la gestion d'une crèche familiale ainsi que pour la gestion d'un accueil de loisirs sans hébergement. Comme dans le cas du département de Seine-Saint-Denis, la commune de Bastia fait le choix du recours à la DSP pour assurer une mise en œuvre de ses compétences.

Les communes peuvent aussi faire le choix de confier la gestion de leurs centres sociaux à des associations dans le cadre d'une délégation de service public. C'est le cas de la ville d'Arles dans le département des Bouches-du-Rhône.

89 Conventions et chartes

Les relations partenariales entre organisations ou entre professionnels peuvent faire l'objet d'une formalisation, c'est-à-dire d'un recours à l'écrit précisant certains aspects auxquels les partenaires veulent donner un poids particulier. Le choix de l'outil de la formalisation dépend de la nature de la relation partenariale et des attentes de chacun des partenaires.

1 Les conventions de partenariat : aspects essentiels

A La sécurisation d'engagements interinstitutionnels

1. Préciser les engagements respectifs

La convention a pour objet de préciser les engagements de chacun, les modalités du partenariat et sa durée. Sa rédaction, obligatoire dans le cas de subventions dépassant 23 000 euros annuels, versés par une collectivité publique à une association, n'est donc pas une obligation systématique.

2. Donner un poids supplémentaire aux engagements

Dans une tradition de droit écrit comme c'est le cas en France, la convention donne un poids supplémentaire aux engagements pris par les partenaires, ce qui est de nature à favoriser la bonne marche du partenariat et sa longévité.

3. Offrir une sécurité juridique

Enfin, s'il y a litige, la convention peut être produite devant les tribunaux qui pourront s'appuyer sur son contenu pour déterminer d'éventuelles responsabilités en cas de non-respect d'engagements.

B L'expression d'une réciprocité

La convention, en précisant les engagements de chacun, se situe sur le terrain de la réciprocité. Chaque partenaire apporte sa contribution, mais attend en contrepartie celle de l'autre.

C L'expression d'objectifs et de valeurs communes

La convention est fondée sur la poursuite d'objectifs communs qui poussent des acteurs à se rapprocher pour impulser une nouvelle dynamique et donner une dimension supplémentaire à leur travail. Pour autant, chacun des signataires poursuit aussi des objectifs qui lui sont propres. Mais la convention incarne un espace d'entente qui, au-delà d'objectifs communs, doit s'appuyer sur des valeurs communes.

2 L'exemple d'une convention entre EDF et des CCAS

Certains centres communaux d'action sociale établissent des conventions avec EDF aux termes desquelles EDF s'engage à informer le CCAS de situations d'impayés de clients résidents sur le territoire de la commune du CCAS. Ce dernier s'engage quant à lui à proposer, si la situation de la personne le permet, un échéancier de remboursement de la dette à EDF dans le cadre d'un suivi de cette personne. On voit, au travers de cet exemple, une illustration des aspects essentiels de la convention.

3 La charte

A Les aspects essentiels de la charte

Le choix d'un recours à la charte pour formaliser des relations partenariales répond à une logique différente de celle incarnée par la convention.

1. Une dimension éthique forte

La charte se situe d'abord sur le terrain du positionnement professionnel. Elle précise des orientations éthiques reposant sur des valeurs partagées par les professionnels signataires de la charte.

2. L'expression d'une complémentarité

Alors que la convention précise ce que chacun peut attendre de l'autre, la charte n'induit pas de réciprocité. Il ne s'agit pas de préciser les contreparties attendues par chacun, mais plus globalement le comportement à adopter sans attendre des autres signataires un « retour » pour soi.

3. Une absence de dimension juridique

La charte engage son signataire sur le terrain de l'éthique et repose sur la confiance comme ciment de l'engagement, donc en dehors de l'engagement juridique.

B Une illustration : la charte des réseaux, d'écoute, d'appui et d'accompagnement des parents (REAAP)

Cette charte pose huit principes dont les trois premiers sont les suivants :
- valoriser prioritairement les rôles et les compétences des parents : responsabilité et autorité, confiance en soi, transmission de l'histoire familiale, élaboration de repères, protection et développement de l'enfant… ;
- veiller à la prise en compte de la diversité des structures familiales, des formes d'exercice de la fonction parentale et de la reconnaissance de la place de chacun des parents en tant qu'éducateur de son enfant ;
- favoriser la relation entre les parents et, dans cet objectif, privilégier tous les supports où les parents sont présents, en particulier le cadre associatif.

On voit que l'exigence de la charte se situe bien au niveau des attentes sur le plan du positionnement professionnel.

90 Labellisation et accréditation

Ces deux procédés, issus du commerce et de l'industrie, ont aujourd'hui une place reconnue en matière d'action sociale et de santé.

1 La labellisation

A Les aspects essentiels

→ D'une manière générale, la labellisation est un processus de reconnaissance de la qualité particulière d'un produit ou d'un service par rapport à certains critères définis par un cahier des charges.

Très développée dans l'industrie et le commerce, la labellisation est aujourd'hui également présente dans le secteur médico-social. L'obtention d'un label suppose d'entrer dans une démarche qualité de façon à répondre aux attentes du cahier des charges défini par l'organisme qui attribue le label.

L'Agence française de normalisation (AFNOR) définit des normes de qualité et certifie des labels, y compris dans le secteur médico-social. Ainsi, le centre d'action sociale du 5e arrondissement de Paris a obtenu le label QualiPARIS, certifié par l'AFNOR. Ce label, propre à la Ville de Paris, est remis après un contrôle par un organisme de certification extérieur agréé aux services publics parisiens ayant amélioré la qualité d'accueil et de service rendu à l'usager ainsi que le traitement des dossiers. L'obtention de ce label nécessite d'entamer une démarche qualité en termes d'accueil, d'écoute, d'accès et d'information pour répondre au cahier des charges. La labellisation est donc bien une démarche qui consiste à répondre à des exigences de qualité posées dans un cahier des charges donnant droit à l'affichage du label, reconnaissance de la qualité d'un service ou d'un produit.

B L'exemple du label « Bien vieillir-vivre ensemble »

Ce label, délivré par le ministère des Affaires sociales, s'inscrit dans le cadre du plan national « Bien vieillir » et de la démarche « Les villes amies des aînés » de l'OMS. Ce label est une démarche qui s'inscrit dans le temps. Il représente pour les villes labellisées un engagement important puisqu'elles élaborent un plan d'action sur 5 ans pour répondre aux enjeux liés à la place des aînés dans les villes et créer des structures adaptées dans les domaines des transports, de l'habitat, de l'urbanisme, du logement, des prestations de services et du renforcement du lien social. Les villes qui reçoivent le label s'engagent sur un cahier des charges précis et pour un cycle de 5 ans.

- **Première année** : effectuer un audit de la commune réalisé par un comité de pilotage.
- **Deuxième année** : élaborer un plan d'action sur 3 ans à partir des résultats de l'audit ; mettre au point des indicateurs de référence pour mesurer la mise en œuvre du programme.

- **Troisième et quatrième année** : lancer un plan d'action sur 3 ans.
- **Cinquième année** : évaluer les actions mises en œuvre durant ces 3 années.

L'exemple de ce label nous montre bien comment la labellisation, pour être crédible, doit être une démarche rigoureuse sur le plan méthodologique.

C L'exemple du label « régie de quartier »

La régie de quartier est une structure qui est porteuse d'un projet de territoire. Son objet est d'intervenir au quotidien en matière de gestion urbaine de proximité pour améliorer le cadre de vie des habitants d'un quartier, en développant le lien social. La régie de quartier doit permettre aux habitants du quartier de s'impliquer dans des activités au profit de leur cadre de vie, par exemple en matière d'entretien des parties communes d'immeubles.

Le label « régie de quartier » est déposé depuis 1991 à l'Institut national de la propriété industrielle. C'est une marque privée dont le Comité national de liaison des régies de quartier (CNLRQ) est propriétaire. C'est le CNLRQ qui a la responsabilité d'attribuer ce label. Une association implantée ne peut donc pas librement décider de s'appeler « régie de quartier ». Comme dans l'exemple précédent, l'obtention du label suppose une démarche volontaire. En l'occurrence, parmi les formalités à respecter, l'adhésion à la charte nationale des régies de quartier est un point important. Cette charte positionne les régies de quartier en termes de fonctionnement et de finalités. L'article 3 précise : « Les régies de quartier s'engagent sur la participation effective des habitants au projet, à tous les niveaux (salariés, usagers, administrateurs) au démarrage ou à terme (cette dernière notion s'entend comme la nécessité de prévoir, et d'organiser avec les moyens appropriés cette participation même si son accomplissement se fait progressivement) ». L'adhésion à la charte constitue bien une étape indispensable à l'obtention du label.

2 L'accréditation

L'accréditation est l'attestation et la reconnaissance de la compétence d'un établissement au regard des normes en vigueur à exercer certaines activités. Cette procédure occupe une place importante dans le domaine de la santé. La Haute Autorité de santé (HAS) joue en la matière un rôle important pour les établissements de santé.

91 Habilitation, autorisation et agrément

Le secteur médico-social est soumis à des exigences de qualité bien légitimes au regard de l'importance de ses missions. Plusieurs procédures existent aujourd'hui pour permettre aux collectivités publiques responsables de l'action sociale et médico-sociale de limiter les risques de dysfonctionnements dont les usagers sont toujours les premières victimes.

1 L'habilitation : l'exemple de l'ANESM

La loi du 2 janvier 2002 de rénovation de l'action sociale et médico-sociale impose aux établissements et services sociaux et médico-sociaux (ESSMS) de procéder à l'évaluation de leurs activités selon une procédure d'évaluation interne et d'évaluation externe menée par un organisme indépendant. C'est dans le cadre de cette évaluation externe qu'intervient l'habilitation qui est délivrée par l'Agence nationale de l'évaluation et de la qualité des services sociaux et médico-sociaux (ANESM). L'habilitation est une autorisation administrative nécessaire pour procéder à l'évaluation externe des activités et de la qualité des prestations des établissements et services sociaux et médico-sociaux. Elle est formalisée par l'envoi d'un certificat d'habilitation. Elle ne concerne donc que les activités d'évaluation externe. Elle est valable sur l'ensemble du territoire national. Un établissement habilité par l'ANESM peut participer aux appels d'offre lancés par les établissements médico-sociaux pour faire procéder à leur évaluation externe.

2 L'autorisation et l'agrément

A L'autorisation

En vertu de la loi du 2 janvier 2002, l'ouverture, la transformation ou encore l'augmentation de la capacité d'accueil d'un établissement ou d'un service social ou médico-social répondent à une procédure d'autorisation précise. L'autorisation est délivrée par le président du conseil départemental et/ou le préfet en fonction des établissements. L'avis du comité régional de l'organisation sociale et médico-sociale (CROSMS) est obligatoire pour toute demande de création d'établissement ou de service.

L'autorisation initiale ne peut être accordée que si le projet respecte certaines conditions. Il doit d'abord être compatible avec les objectifs et les besoins sociaux et médico-sociaux déterminés par le schéma d'organisation sociale et médico-sociale du département qui est fixé par le président du conseil départemental. La demande doit donc présenter un intérêt réel au regard des besoins du territoire et des perspectives d'évolution. La demande doit également présenter toutes les garanties de respect des règles d'évaluation interne et externe posées par la loi. Le coût de fonctionnement doit être en proportion avec le service rendu et enfin l'ouverture envisagée doit être compatible avec le programme interdépartemental d'accompagnement des handicaps et de la perte d'autonomie (PRIAC) fixé par le préfet de région qui met en cohérence, au niveau de la région, les programmes départementaux cités plus haut. Au-delà de l'autorisation initiale d'ouverture, les établissements doivent respecter les obligations d'évaluation de la loi du 2 janvier 2002 pour obtenir le renouvellement de leur autorisation.

Pour les établissements d'hébergement pour personnes âgées dépendantes (EHPAD), l'autorisation est soumise à la signature d'une convention tripartite entre l'assurance maladie, le conseil départemental et le représentant de l'établissement.

Aujourd'hui, les autorisations sont délivrées dans le cadre d'une procédure d'appel à projet. Ainsi, le conseil départemental associé à l'agence régionale de santé (ARS) lance des appels à projet pour la création par exemple de places en EHPAD auquel les acteurs intéressés doivent répondre en présentant leur projet.

B L'agrément : l'exemple de la PMI

Les centres de la protection maternelle infantile (PMI) ont pour mission, pour le compte du conseil départemental, d'évaluer les demandes d'agrément des personnes qui souhaitent devenir assistante maternelle pour garder des enfants à domicile. La procédure d'agrément repose sur des d'entretiens individuels ainsi que sur des visites au logement de la personne et une rencontre avec le conjoint. Les centres de protection maternelle infantile ont aussi pour mission d'assurer le suivi des assistantes maternelles agréées et de vérifier que les conditions d'accueil restent durablement conformes aux exigences posées par l'agrément.

3 Un contrôle légitime des collectivités publiques

Les procédures d'habilitation, d'autorisation et d'agrément, chacune selon des modalités différentes, permettent aux collectivités publiques d'assurer une forme de contrôle sur des activités essentielles à la cohésion sociale. Ce contrôle trouve sa légitimité à plusieurs niveaux. D'abord, il s'agit d'activités relevant de la responsabilité des collectivités publiques qui ont intérêt à veiller à la qualité de ces activités. Ensuite, le public pris en charge est souvent en situation de fragilité ou de dépendance, ce qui l'expose à des risques de négligence ou de maltraitance caractérisée. Enfin, le secteur médico-social fonctionne en grande partie avec des fonds publics alimentés par les impôts des citoyens. Le contrôle est aussi une exigence démocratique dans une société responsable.

92 L'appel à projet

Le secteur médico-social est aujourd'hui touché de plein fouet par les difficultés économiques que rencontrent les collectivités territoriales. Dans le contexte de crise actuelle, la procédure de l'appel à projet vise à permettre aux pouvoirs publics d'assumer leurs responsabilités dans des conditions compatibles avec leurs contraintes financières.

1 Le fondement juridique de l'appel à projet

L'appel à projet est défini par la circulaire du 18 janvier 2010 relative aux relations entre les pouvoirs publics et les associations : conventions d'objectifs et simplification des démarches relatives aux procédures d'agrément. Il y a appel à projet lorsque l'administration identifie une problématique mais ne définit pas la solution attendue. Les associations sont invitées à présenter un projet en s'inscrivant dans le cadre fixé par l'administration. Cette dernière retient l'association dont le projet lui semble le mieux répondre à ses besoins.

2 Le principe de l'appel à projet

Depuis l'entrée en vigueur de la loi hôpital, patient, santé, territoire du 21 juillet 2009 (dite loi HPST), la création et les transformations et extensions des établissements sociaux et médico-sociaux (ESMS) sont soumises à une procédure d'appel à projet.

Cette procédure s'est généralisée au-delà de la création d'établissements et de services, les collectivités y ont recours pour confier aux acteurs de terrain, souvent des associations, des activités relevant de leurs compétences. L'appel à projet est devenu une procédure de mise en place de partenariats à un niveau local. Les collectivités rédigent un cahier des charges à partir duquel elles comparent les projets concurrents et prennent leur décision. Chaque collectivité doit mettre en place une commission de sélection des appels à projet dans laquelle une participation des représentants des usagers est prévue par la loi. Ces représentants disposent d'une voix délibérative à parité avec les représentants de l'administration. Ces représentants sont nommés pour 3 ans par le président du conseil départemental et le directeur de l'agence régionale de santé ; ils participent au vote qui propose un classement des projets. Les représentants d'usagers en question sont des représentants d'associations en lien avec le secteur médico-social.

3 Illustrations de l'appel à projet

A Exemples d'appels à projet de l'ARS Nord-Pas-de-Calais

- Appel à projet médico-social n° 2015-05 relatif à la création de quatre équipes mobiles pour enfants et adolescents en situation complexe adossées à un internat en IME ou ITEP – Projet expérimental-A.
- Appel à projet médico social n° 2015-04 : création ou extension de 8 lits halte soins santé (LHSS).

- Appel à projet médico social n°2015-03 : création d'un centre de soins résidentiel pour femmes consommatrices de produits psycho-actifs enceintes ou avec enfants adossé à un CSAPA avec hébergement.
- Appel à projet médico-social n° 2015-02 relatif à la création de 16 places de maison d'accueil spécialisé pour adultes en situation de handicaps rares, dans le département du Nord (territoire Métropole Flandre intérieure).

ARS	Région
Alimentation, activité physique (ALAP) et risques cardiovasculaires	Addictions
	Alimentation, activité physique et bien-être
Bien naître et grandir (SEJ)	Cancers
Bien vieillir	Santé des jeunes et des jeunes adultes
Cancers	Santé environnement-travail
Programme d'accès à la prévention et aux soins	
Pratiques addictives	
Promotion de la santé en milieu pénitentiaire	
Santé-environnement	
Santé mentale	
Santé-travail	
VIH-sida-hépatite	

B Un appel à projet du département du Morbihan

Le projet doit permettre la mise en place d'un atelier qui s'appuiera sur la complémentarité entre la participation à des actions collectives et l'accompagnement individuel en lien avec un référent. Le public visé est constitué de personnes en difficulté d'insertion (bénéficiaires de minima sociaux, chômeurs de longue durée, jeunes en difficulté d'insertion), pour lesquelles la participation à une action collective peut constituer une étape pour rompre l'isolement et relancer le projet de vie.

Les objectifs attendus pour les personnes accompagnées sont les suivants :
- rompre l'isolement et rétablir les liens sociaux ;
- favoriser une prise en charge des besoins en santé ;
- développer les capacités d'organisation ;
- développer les compétences, les capacités d'expression ;
- construire un projet et s'inscrire dans un parcours d'insertion sociale et/ou professionnelle.

L'appel à projet met donc en évidence la commande passée par le conseil départemental du Morbihan, qui définit le public, les modalités de travail et les objectifs assignés au projet. Il constitue un outil au service de la mise en œuvre des choix opérés par les responsables de l'action sociale, en l'occurrence les services du conseil départemental.

93 Les structures ressources

Les structures ressources se sont inscrites et affirmées dans le paysage de l'action sociale et médico-sociale en jouant un rôle aujourd'hui reconnu. Il s'agit pour ces structures mises en place, pour chacune d'elles, autour d'une thématique centrale, de recueillir de l'information, de fédérer des professionnels et de favoriser l'émergence et la diffusion de réflexions.

1 Les centres de ressources

A Les centres de ressources régionaux pour la politique de la ville

1. Présentation générale

C'est à partir de 1998 que les centres de ressources régionaux se sont réellement développés sur le modèle de centres déjà existant mais peu nombreux. L'objectif était et demeure de renforcer et d'appuyer les politiques locales en lien avec les orientations de la politique de la ville. Aujourd'hui, il y a 19 centres de ressources régionaux.

Les centres de ressources n'ont pas uniquement comme fonction de proposer des services d'information et de documentation. Leur mission principale est de contribuer à la qualification collective des acteurs de la politique de la ville. C'est la raison pour laquelle ils développent des outils permettant d'observer les territoires sensibles, d'analyser les pratiques et de débattre.

Ils s'adressent aux acteurs de la politique de la ville. Il s'agit des chefs de projet, des agents des services de l'État et des collectivités locales, des agents d'organismes publics, des élus locaux et responsables associatifs.

L'objectif est notamment de confronter les pratiques entre acteurs impliqués dans la politique de la ville, mais aussi de produire une culture commune. Pour cela, les séminaires, les analyses d'expériences et la constitution d'une banque d'informations ont un rôle important à jouer. Les lettres mensuelles et les sites Internet créés par la majorité des centres jouent également un grand rôle.

Les sources de financement sont très variées en fonction des centres de ressources. Les collectivités territoriales ou l'Agence nationale pour la cohésion sociale et l'égalité des chances (ACSÉ) interviennent le plus souvent. Les centres de ressources forment un réseau animé par le centre de ressources du secrétariat général à la Ville. L'existence du réseau permet de mutualiser et de partager les expériences

2. L'exemple de Profession Banlieue

Profession Banlieue (www.professionbanlieue.org) est le centre de ressources dédié à la politique de la ville pour le département de Seine-Saint-Denis.

B Un centre de ressources au profit de l'économie sociale et solidaire

L'Atelier, centre de ressources régional de l'économie sociale et solidaire, est une association implantée en région parisienne et qui regroupe les acteurs de l'économie sociale et solidaire de la région Île-de-France. Il a pour but de favoriser le développement du secteur

de l'économie sociale et solidaire en Île-de-France en favorisant l'échange d'informations. Les statuts de l'association montrent clairement ses orientations :
- favoriser la lisibilité et la visibilité de l'économie sociale et solidaire en Île-de-France ;
- favoriser la création de nouvelles activités et la consolidation d'activités existantes en orientant les porteurs de projets vers les réseaux d'accompagnement et en soutenant la professionnalisation de ces réseaux ;
- appuyer les acteurs de l'économie sociale et solidaire et encourager l'articulation entre les différents réseaux ;
- sensibiliser les Franciliens à l'économie sociale et solidaire ;
- stimuler la recherche sur l'économie sociale et solidaire ;
- rendre accessible l'information sur l'économie sociale et solidaire en Île-de-France en s'appuyant sur des lieux décentralisés.

Si l'Atelier est un centre documentaire sur l'économie sociale et solidaire, il va donc bien au-delà en développant des activités destinées à favoriser une meilleure connaissance de l'économie sociale et solidaire et une plus grande implantation de celle-ci.

C Le Centre de ressources autisme Ile-de-France (CRAIF)

Le Centre de ressources autisme de la région Île-de-France (CRAIF) a plusieurs objectifs essentiels. D'abord, mettre en place des critères d'évaluation de l'autisme communs à tous les centres de diagnostic de l'autisme en France. Ensuite, travailler en réseau avec les autres centres déjà existants. Enfin, informer les parents, former les professionnels et coordonner la recherche dans le domaine de l'autisme.

2 Les observatoires

Les observatoires sont aujourd'hui très nombreux ; on peut en donner deux exemples.

A L'Observatoire des inégalités

L'Observatoire des inégalités est un organisme indépendant qui produit des connaissances et des analyses sur les inégalités. Il est animé par une équipe permanente, mais il s'appuie sur un réseau de citoyens sensibilisés par la question des inégalités. L'Observatoire des inégalités cherche à dresser un état des lieux des inégalités et à diffuser des analyses sur le sujet pour participer à une meilleure compréhension de sa réalité et des mécanismes qui la sous-tendent. Il souhaite s'adresser à un public divers, pas uniquement composé de spécialistes, et permettre le débat autour de ses analyses. La volonté d'indépendance à l'égard des partis politiques, des syndicats et des entreprises est clairement affichée par l'Observatoire. Cette indépendance constitue une condition indispensable sur le plan de la crédibilité.

B Les observatoires de la vie associative

Ces observatoires, dont la création a été impulsée par les collectivités territoriales et les directions régionales de le jeunesse et des sports et de la cohésion sociale (DRJSCS), se sont développés ces dernières années avec comme ambition de mieux connaître la réalité du monde associatif dans toute sa diversité. Des enquêtes ont été lancées par certains de ces observatoires afin de mieux comprendre les activités associatives, les publics concernés et l'implication des bénévoles comme des salariés. Les données quantitatives et qualitatives issues de ces enquêtes présentent un intérêt réel pour les responsables des politiques sociales à l'échelle des territoires. Le monde associatif représente, en effet, un relais essentiel dans la mise en œuvre des politiques sociales sur le plan local.

94 Les réseaux de santé

Les réseaux de santé apportent une réponse complémentaire à celle des acteurs traditionnels de la santé publique.

1 Les réseaux de santé : ce que dit la loi

L'article L6321-1 du code de la santé publique définit les réseaux de soins. Extraits : « Les réseaux de santé ont pour objet de favoriser l'accès aux soins, la coordination, la continuité ou l'interdisciplinarité des prises en charge sanitaires, notamment de celles qui sont spécifiques à certaines populations, pathologies ou activités sanitaires. Ils assurent une prise en charge adaptée aux besoins de la personne tant sur le plan de l'éducation à la santé, de la prévention, du diagnostic que des soins (...) ». « (...) Les réseaux de santé qui satisfont à des critères de qualité ainsi qu'à des conditions d'organisation, de fonctionnement et d'évaluation fixés par décret peuvent bénéficier de subventions de l'État, dans la limite des crédits inscrits à cet effet chaque année dans la loi de finances, de subventions des collectivités territoriales ou de l'assurance maladie ainsi que de financements des régimes obligatoires de base d'assurance maladie pris en compte dans l'objectif national de dépenses d'assurance maladie visé au 4° du I de l'article LO 111-3 du code de la sécurité sociale (...) »

2 Les réseaux de santé : de quoi parle-t-on ?

A Présentation générale

Un réseau de soins, c'est la collaboration, sur la base du volontariat, de professionnels de santé de disciplines différentes mais également, selon les réseaux, de travailleurs sociaux et de psychologues. Parmi les professionnels de santé, on trouve en fonction du réseau des médecins hospitaliers, des médecins libéraux, des généralistes et/ou des spécialistes, des pharmaciens, des infirmiers, des kinésithérapeutes. Les réseaux s'inscrivant dans une réalité locale, leur taille ainsi que leur composition sont nécessairement variables même si l'on parvient aisément à dégager des points communs. Les professionnels d'un réseau de soins sont impliqués dans la prise en charge de patients souffrant de problèmes de santé auxquels le réseau souhaite apporter des réponses allant au-delà des réponses traditionnelles du système de santé parfois jugées trop cloisonnées. Les réseaux de soins sont donc thématiques, c'est-à-dire spécialisés dans la prise en charge d'une pathologie particulière. C'est ainsi qu'il existe des réseaux liés au diabète, aux cancers ou autres maladies chroniques lourdes telles que le VIH. Des réseaux existent pour la prise en charge et l'accompagnement des différentes formes de toxicomanies. C'est le cas, par exemple, de l'alcoolisme.

B Qu'est-ce qui caractérise un réseau de soins ?

1. Une meilleure visibilité territoriale des professionnels de santé

L'idée centrale d'un réseau, qu'il s'agisse de santé ou d'action sociale, est celle du « maillage territoriale » par des professionnels. Cela signifie que, dans un territoire donné (un département, une ville, une région, un quartier), des professionnels différents mais tous concernés par une problématique de santé font le choix de collaborer en vue d'améliorer l'accompagnement de patients eux-mêmes d'accord pour être pris en charge dans ce cadre.
Que faut-il entendre par collaboration ? Il faut bien comprendre que chacun des professionnels impliqués a sa propre activité. Ainsi, un psychologue impliqué dans un réseau relatif à une toxicomanie va poursuivre son activité de façon classique, mais pour certaines des personnes qu'il suit il s'appuiera sur le réseau si nécessaire. Le psychologue pourra alors orienter une personne vers un médecin hospitalier appartenant au réseau. Le réseau repose donc d'abord sur des relations entre professionnels qui ont le souci, au niveau d'un territoire, d'être mieux coordonnés au profit du patient.

2. Des exigences de partage de l'information et de principes

Ce type de fonctionnements suppose nécessairement un partage et une circulation de l'information entre les professionnels auxquels les personnes prises en charge doivent adhérer. Ce partage de l'information, qui constitue une condition indispensable à la bonne coordination des professionnels, est un principe essentiel qui fonde l'idée de réseau. Les professionnels doivent mettre au point la circulation de cette information en assurant sa protection. Les professionnels ont souvent recours à un dossier médical partagé circulant par voie informatique. Au-delà du partage de l'information, les professionnels impliqués dans un réseau doivent s'entendre sur le plan des principes liés à la prise en charge des patients. Il s'agit du cadre éthique du réseau, qui peut être formalisé par une charte à laquelle professionnels et patients doivent adhérer.

3. Une continuité des soins renforcée pour une plus grande qualité de prise en charge

L'échange d'informations permet un gain de temps considérable en évitant de faire à plusieurs reprises des examens identiques. Le fait que des professionnels se soient bien identifiés sur un territoire accélère l'orientation du patient qui, en outre, n'est pas seul devant la complexité de l'offre de soins à devoir repérer les professionnels ou les établissements susceptibles de pouvoir répondre à ses besoins.

95 L'exemple d'un réseau ville-hôpital

Il existe différents types de réseaux de santé dont les réseaux ville-hôpital. Ils ont néanmoins en commun le fait d'être une forme de réponse coordonnée dans un territoire entre des professionnels et/ou des établissements, intervenant sur une problématique santé et tentant de répondre au mieux aux besoins des individus. Le réseau ville-hôpital, quant à lui, tend à développer l'articulation ville-hôpital pour un meilleur suivi des patients.

1 Le réseau ville-hôpital dans la diversité des réseaux

Parmi les réseaux de santé, les réseaux d'établissements sont constitués entre établissements et n'ont pas pour objet la coordination entre la ville et l'hôpital.

Les réseaux de santé de proximité concernent des populations à l'échelle d'un quartier ou d'une ville. Dans ces réseaux, différents acteurs comme des professionnels de santé, des travailleurs sociaux, des enseignants et des associations se coordonnent dans un même territoire, autour de projets de diagnostic, de prévention et de formation. Ces réseaux ont, en principe, un statut d'association.

Les réseaux ville-hôpital sont constitués entre des professionnels de la ville et de l'hôpital et concernent en général la prise en charge d'une pathologie. Ces réseaux se sont d'abord développés pour la prise en charge des personnes atteintes du VIH et des toxicomanes et aussi pour d'autres pathologies (cancer, hépatite C...). D'un point de vue juridique, les réseaux ville-hôpital ont le plus souvent un statut d'association loi 1901.

Ils peuvent bénéficier d'un financement prévu par le Fonds d'intervention pour la qualité et la coordination des soins (FIQCS) qui est alimenté par l'assurance maladie et géré par l'agence régionale de santé (ARS). Ce fonds, créé par la loi de financement de la sécurité sociale de 1997, permet de soutenir financièrement les projets qui visent à améliorer la continuité des soins, notamment entre l'hôpital et la ville. Tous les réseaux de santé, comme les établissements de soins, doivent faire l'objet d'une accréditation de l'agence régionale de santé pour être autorisés à fonctionner.

2 L'exemple du réseau ville-hôpital ToxEnVille

Le réseau ToxEnVille (www3.chu-rouen.fr/Internet/professionnelSante/reseaux/ville_hop) a le statut d'association loi 1901.

Il a pour mission générale d'améliorer la santé physique et psychique des usagers de drogues en optimisant les possibilités de suivi dans le cadre de la médecine de ville et en permettant une meilleure coordination entre les différents intervenants. Le réseau souhaite favoriser la pluralité des approches et des pratiques envers les usagers de drogues. Le réseau ToxEnVille est implanté dans l'agglomération rouennaise qui est son territoire d'intervention. Il permet à des professionnels de santé de formations différentes d'intervenir auprès des usagers de drogues. Les différentes

→→→

→ → →

spécialités présentes dans le réseau sont les suivantes : gastro-entérologie (hépatites), maladies infectieuses (VIH), psychiatrie, maternité.

Les objectifs affichés sur le site du réseau mettent en évidence la démarche entreprise au profit des usagers de drogues :

- favoriser l'accès aux soins des toxicomanes sans systématiquement le baser sur l'abstinence ;
- favoriser la prise en compte des pathologies psychiatriques sous-jacentes fréquemment rencontrées dans la population des toxicomanes en développant les relations avec le secteur psychiatrique ;
- optimiser l'accueil des toxicomanes par la prise en compte de la demande là où elle s'exprime en premier lieu (chez les différents intervenants appelés à accueillir, soigner, orienter ces patients à un moment donné de leurs parcours), tout en favorisant un premier contact plus précoce avec le système de soins spécialisés ;
- développer les compétences des médecins de ville dans la prise en charge des toxicomanes. Ceci nécessite l'augmentation du nombre des généralistes acceptant d'assurer le suivi et la prise en charge des toxicomanes. Il s'agit d'un dispositif local, structuré, s'appuyant sur le centre spécialisé de soins et le plateau technique hospitalier (cures de sevrage, traitements de substitution, gestion des problèmes somatiques...) ;
- optimiser l'accès aux soins et le suivi des toxicomanes en formalisant le partenariat entre les différents acteurs sanitaires et sociaux pour une prise en charge globale et concrète des usagers de drogues ;
- favoriser la circulation de l'information et des connaissances relatives à la toxicomanie, à l'infection par le VIH, aux hépatites B et C et autres troubles liés à la consommation de drogues ;
- développer de façon concertée une politique locale de prévention des risques encourus par les usagers de drogues.

Le cinquième objectif (précisant la nécessité de formaliser des partenariats entre les différents acteurs sanitaires et sociaux pour un meilleur suivi et une prise en charge globale) illustre bien l'idée du réseau ville-hôpital dont une des vocations est de décloisonner le sanitaire et le social.

96 Les réseaux gérontologiques

Dans un contexte de vieillissement de la population, de nombreuses personnes âgées cumulent à leur domicile des problèmes qui se traduisent par un isolement plus ou moins marqué et des difficultés à réaliser les tâches du quotidien. Face à cette situation, les personnes âgées et leurs proches ont du mal à repérer les interlocuteurs compétents qui peuvent évaluer de façon globale la situation d'une personne âgée et organiser une réponse adaptée. Dans ce contexte, le fonctionnement en réseau présente un intérêt particulier en permettant une approche globale et pluridisciplinaire.

1 Coordonner l'intervention des professionnels sur le territoire

Un réseau gérontologique regroupe différents intervenants autour d'une personne âgée dépendante. Il s'agit de professionnels dont les compétences sont complémentaires et qui, sur une base territoriale, par exemple au niveau d'une ville, vont coordonner leur action en vue d'assurer une prise en charge optimale de la personne âgée dépendante. Comme pour les autres formes de réseaux, le réseau gérontologique trouve son intérêt dans sa capacité à décloisonner le sanitaire et le social par son caractère interdisciplinaire. La complémentarité des professionnels, tant sur le plan du diagnostic que de la prise en charge, est un principe fort de l'idée de réseau qui trouve également à s'appliquer dans le champ des politiques sociales relatives aux personnes âgées.

2 Une pluralité de professionnels

La composition des réseaux varie en fonction de leur importance et des professionnels ainsi que des établissements présents sur le territoire et prêts à s'impliquer. Un réseau de gérontologie peut donc comprendre aussi bien des personnes physiques que des personnes morales. D'une façon générale, on peut trouver dans un réseau de gérontologie :
- des médecins libéraux,
- des infirmiers libéraux,
- des kinésithérapeutes libéraux,
- des travailleurs sociaux,
- des établissements de santé (centre hospitalier, hôpital local),
- des services de soins infirmiers à domicile (SSIAD),
- le conseil départemental,
- des centres locaux d'information et de coordination (CLIC),
- des services d'aide à domicile (auxiliaires de vie, portage de repas, téléassistance...),
- des établissements hébergeant des personnes âgées (EHPAD),
- des réseaux de bénévoles.

3 Une finalité : favoriser le maintien à domicile pour les personnes âgées dépendantes

→ Le public pris en charge est variable en fonction du projet du réseau, de la réalité locale et des besoins du territoire. Ainsi, certains réseaux sont destinés uniquement aux plus de 75 ans et à leurs aidants. Néanmoins, il s'agit d'une façon générale de personnes de plus de 60 ans, souvent dépendantes ou qui présentent des difficultés nécessitant un suivi. Il s'agit enfin de personnes vivant à domicile. Le réseau de gérontologie se caractérise par sa capacité à mobiliser des professionnels en mesure d'intervenir au domicile de la personne âgée.

Ces interventions poursuivent deux objectifs essentiels : évaluer la situation de la personne âgée chez elle et organiser son maintien à domicile si les conditions le permettent.

A L'évaluation

Il s'agit, dans un premier temps, de procéder à l'évaluation des conditions d'habitat, des problématiques de santé et des relations sociales de la personne âgée chez elle. Ce travail d'évaluation repose sur le regard croisé des différents professionnels impliqués dans le réseau. Les médecins, mais aussi les travailleurs sociaux et les professionnels paramédicaux, analysent la situation de la personne âgée chez elle avec leur expertise respective de façon à produire une évaluation incluant les aspects essentiels du quotidien de la personne âgée. Il s'agit d'évaluer la situation globale de la personne âgée tant sur un plan médical que paramédical ou social. L'interdisciplinarité du réseau constitue un atout considérable pour une compréhension des situations personnelles dans toute leur diversité.

B Les réponses appropriées

Au-delà de l'évaluation des besoins de la personne âgée chez elle, la pertinence du réseau repose sur sa capacité à élaborer des réponses adaptées aux besoins de la personne en lien avec son entourage. Le choix du maintien à domicile nécessite de coordonner les démarches administratives, nécessaires à l'ouverture des droits (APA), avec les démarches des services et des professionnels qui interviendront au domicile. Le principe d'un fonctionnement en réseau, qui repose sur une mobilisation réactive de ses différents membres, permet un gain de temps considérable dans la mise en place des réponses. Quand le maintien à domicile ne constitue pas la réponse adaptée, la présence dans le réseau de représentants d'établissements de santé ou d'hébergement facilite l'orientation de la personne.

La mise en place d'un réseau repose sur une volonté locale de professionnels et d'établissements pour travailler ensemble à une meilleure prise en charge d'un public. Cette dynamique, qui ne s'est pas généralisée à l'ensemble du territoire, explique qu'à l'heure actuelle moins de 150 réseaux couvrent le territoire national, créant ainsi une inégalité dans l'accompagnement des personnes âgées à domicile.

97 L'exemple d'un réseau précarité

La précarité énergétique correspond à la situation dans laquelle une personne ou une famille rencontre des difficultés dans son logement pour répondre à ses besoins élémentaires en matière de fourniture énergétique en raison de ses conditions d'habitat ou d'un niveau de ressources insuffisant. Très concrètement, il s'agit de la difficulté voire de l'impossibilité pour une personne de se chauffer chez elle. Le réseau peut constituer une réponse pertinente dans la prise en charge de cette problématique.

1 Le Réseau des acteurs de la pauvreté et de la précarité dans le logement (RAPPEL)

Ce réseau (www.precarite-energie.org) regroupe un ensemble d'acteurs et de professionnels différents mais concernés par les problématiques de la précarité énergétique. Parmi ces acteurs, on trouve des professionnels de l'action sociale, du secteur du logement et de l'énergie. L'objectif central du réseau est d'aider et de mettre en relation les différents acteurs qui interviennent dans le domaine de la précarité énergétique pour mettre en place des solutions. On retrouve au travers de cet objectif une constante de toutes formes de réseaux: la volonté de décloisonner et de faire du lien pour davantage d'efficacité. La construction de liens entre différents acteurs permet d'une part de mutualiser les expériences et d'autre part aux membres du réseau d'accéder à des outils opérationnels dans leur lutte contre la précarité énergétique.

Le réseau a été créé à l'initiative de la fondation Abbé Pierre et de l'Agence de l'environnement et de la maîtrise de l'énergie (ADEME). Il est financé par GDF-SUEZ, EDF et la Fondation Nicolas Hulot. Chacune de ces organisations est impliquée à des degrés divers dans la lutte contre le mal-logement et la question de la maîtrise de l'énergie. La création du réseau RAPPEL leur permet d'échanger sur leurs interventions respectives en matière de précarité énergétique, de faire connaître leurs actions et de donner davantage de visibilité à cette problématique. Le site Internet, qui constitue la vitrine du réseau, permet au grand public et aux professionnels, notamment les travailleurs sociaux, un accès à l'information. Ainsi, l'actualité de l'Agence nationale pour l'amélioration de l'habitat en matière d'aides à la rénovation est facilement accessible.

2 Des réseaux locaux articulés au réseau national

Le réseau régional énergie précarité (RREP) en PACA (www.precarite-energie.org/-Reseau-Regional-Energie-Precarite-.html) a été créé en 2008. L'objectif poursuivi est de même nature que pour le réseau national. Il s'agit, à l'échelle de la région, de capitaliser et de mutualiser les expériences menées dans la région PACA pour élaborer un programme d'actions et améliorer de façon générale la prise en compte de la précarité énergétique dans les politiques publiques. Le réseau a été créé par différentes associations associées pour l'occasion à un laboratoire de recherche du CNRS et à l'École des hautes études en sciences sociales. Le réseau est soutenu par l'ADEME, le conseil régional et le ministère chargé du Développement durable.

Le réseau « préca-énergie 33 »

Dans le département de la Gironde, à partir du constat du cloisonnement, de la dispersion et de l'isolement des acteurs, le centre régional d'écoénergétique d'Aquitaine (CREAQ) a créé, en 2009, le réseau Préca Energie (33 www.preca-energie.org) qui rassemble des travailleurs sociaux, des professionnels du bâti, des opérateurs financiers, des collectivités territoriales et des services de l'État. Le CREAQ, à l'origine du réseau, est une association qui a notamment pour objet la promotion de l'habitat économe en énergie et en eau.
Cette association développe des actions spécifiques adaptées aux ménages fragiles en situation de surconsommation énergétique ou d'absence de confort minimal. L'association est aussi membre du réseau RAPPEL. Le réseau qu'elle a impulsé au niveau local poursuit trois objectifs. D'abord, permettre un meilleur accompagnement des familles. En l'occurrence, il peut s'agir d'une aide au diagnostic et au montage financier des travaux. Ensuite, créer un centre de ressources, c'est-à-dire recueillir de l'information pour la mettre à disposition, ce qui exige un travail de veille important. Enfin, rendre compte des problématiques de terrain pour accompagner au mieux les politiques publiques.

3 Pourquoi créer un réseau en matière de précarité énergétique ?

Mettre les acteurs en réseau permet la réalisation de diagnostics et le lancement de travaux de rénovation de manière efficiente en faisant le lien entre toutes les interventions techniques, juridiques et financières sur lesquelles repose la lutte conte la précarité énergétique. La plus-value d'un réseau est d'autant plus intéressante que les opérations sont complexes et le nombre d'intervenants important, ce qui est le cas dans la lutte contre la précarité économique. Si le réseau peut donc constituer une réponse efficace, il ne peut fonctionner et se pérenniser qu'à la condition que la dynamique partenariale soit entretenue : c'est la responsabilité de la personne ou de l'instance coordinatrice du réseau.

98 Un exemple de DSL en lien avec la famille

Le développement social local (DSL) vise le mieux-être des habitants en agissant sur leur lieu de vie pour une amélioration du quotidien et en s'appuyant sur toutes les richesses du territoire. Le DSL se traduit par un développement des solidarités et du lien social en permettant aux individus de devenir acteurs de leur vie et du développement du territoire dans une dynamique de projet. La famille est au cœur de certaines démarches de DSL, cet exemple illustrant comment une démarche de cette nature peut accompagner des adultes dans l'exercice de leur parentalité.

1 Une ludothèque implantée dans le quartier prioritaire des Alouettes

Description

Ouverte depuis novembre 2010, la ludothèque accueille du public toute l'année, avec une moyenne de 600 personnes par mois. Durant la période scolaire comme lors des vacances, la ludothèque est ouverte aux familles, aux enfants des crèches, des écoles, des centres de loisirs, du programme de réussite éducative, d'un IME, mais aussi aux aînés de la résidence pour personnes âgées.

En plus de ses créneaux d'ouverture habituels, la ludothèque des Alouettes développe différentes actions favorisant le lien social entre les publics :

- fête du jeu ;
- soirées jeux en famille ;
- ateliers mémoires à la résidence des personnes âgées ;
- goûters partagés entre aînés et enfants ;
- pique-niques ludiques dans les parcs municipaux...

La ludothèque sert également de lieu de formation et reçoit régulièrement un organisme de formation.

1) Les créneaux d'ouverture

- Créneaux d'accueil des familles : il s'agit de familles de la ville, principalement du quartier des Alouettes, avec des enfants de 0 à 17 ans. Et depuis peu, des adultes désirant s'inscrire seuls ;
- créneaux du projet de réussite éducative : il s'agit de familles du quartier des Alouettes, avec des enfants de 0 à 12 ans ;
- créneaux des accueils de loisirs : il s'agit d'enfants de 3 à 16 ans inscrits dans différents centres de loisirs de la ville (maternels et élémentaires). Une priorité a été donnée aux animations de quartier (quartier des Alouettes) et au PAJ (point accueil jeunes) ;
- créneaux d'accueil des écoles : il s'agit de cinq écoles maternelles et élémentaires. Certaines écoles de la ville sont éloignées du quartier des Alouettes et ne bénéficient pas de transport, ce qui implique qu'elles ne peuvent pas venir à la ludothèque, le coût d'un transport en bus étant trop important pour le budget des écoles ;
- créneaux du relais assistantes maternelles : il s'agit d'assistantes maternelles libérales venant avec

→ → →

→→→ les enfants qui leurs sont confiés, qui ont entre 2 mois et 3 ans. Les assistantes maternelles sont inscrites au RAM et viennent en petits groupes, avec la coordinatrice du RAM ;
– créneaux de l'IME la Roseraie : il s'agit d'éducatrices spécialisées venant avec les enfants polyhandicapés qui leurs sont confiés, qui ont entre 6 et 12 ans.

2) Composition du fond de jeux

Après l'inventaire des jeux existants, les ludothécaires et les bénévoles analysent les besoins des différents publics accueillis. Puis, ils cherchent différents fournisseurs avec devis comparatifs, préparation et suivi des commandes, réception et préparation des jeux avant la mise à disposition au public (inventaire, consolidation des boîtes et création d'un code signalétique).
Par exemple, les ludothécaires ont noté que les enfants aimaient se déguiser et que le déguisement favorisait le langage, en particulier chez les enfants de 2 à 6 ans. Acquisition a donc été faite de différents déguisements pour favoriser ces échanges et cette verbalisation.

3) Formation du personnel encadrant

Les ludothécaires ont bénéficié en 2014 de plusieurs formations :
– « Concerto — logiciel Opus », avec la société Arpège (2 jours) ;
– « Mobilisation des parents », avec le réseau d'écoute et d'aide à la parentalité des Yvelines (1 jour) ;
– « Le jeu dans les établissements d'accueil du jeune enfant », avec le CNFPT (3 jours) ;
– « Prévention et secours civiques niveau 1 », avec la Croix-Rouge (1 jour).

4) Communication

Afin de s'adapter à la réforme des rythmes scolaires, la ludothèque a modifié ses horaires d'accueil au public. Dès la rentrée scolaire 2014, la nouvelle plaquette de la structure a été distribuée auprès de tous les enfants des écoles de la ville (soit 1 838 élèves) et des affiches ont été accrochées dans les lieux d'habitation et de vie du quartier des Alouettes (halls de bâtiments, accueils de loisirs, commerces de proximité, salles d'attente de médecins...). Les temps d'échanges informels avec les habitants et jeunes du quartier, mais aussi les familles et aînés de la ville, ont également été nombreux, afin de leur présenter les nouveaux horaires et jours d'ouverture de la ludothèque.

www.unccas.org/une-ludotheque-implantee-dans-le-quartier-prioritaire-des-alouettes

2 Commentaires

Cette expérience montre comment la mise en place d'une ludothèque qui s'adresse à une grande diversité de public sur un territoire participe au développement de celui-ci. Il s'agit d'une illustration d'une démarche de développement social local en faveur de la famille.

LEXIQUE

A

AAH : allocation adulte handicapé

ACI : ateliers et chantiers d'insertion

ACSÉ : Agence nationale pour la cohésion sociale et l'égalité des chances

AEEH : allocation d'éducation de l'enfant handicapé

AEMO : action éducative en milieu ouvert

AEP : action éducative préventive

Afnor : Agence française de normalisation

AGEFIPH : Association de gestion du fonds pour l'insertion des personnes handicapées

AGGIR : autonomie gérontologie groupe Iso ressources

AGIRC : Association générale des institutions de retraite des cadres

AI : associations intermédiaires

ALD : affection longue durée

ALMA : Allô maltraitance personnes âgées

ALS : allocation de logement social

ALSH : accueil de loisir sans hébergement

ANESM : Agence nationale de l'évaluation et de la qualité des établissements et services sociaux et médico-sociaux

ANRU : Agence nationale pour la rénovation urbaine

Anses : Agence nationale de sécurité sanitaire de l'alimentation, de l'environnement et du travail

ANSM : Agence nationale de sécurité du médicament et des produits de santé

APA : allocation personnalisée d'autonomie

APF : Association des paralysés de France

ARE : allocation d'aide au retour à l'emploi

ARRCO : Association pour le régime de retraite complémentaire des salariés

ARS : agence régionale de santé

ASE : aide sociale à l'enfance

ASLL : accompagnement social lié au logement

ASPA : allocation de solidarité aux personnes âgées

ASS : allocation de solidarité spécifique

ASV : atelier Santé Ville

AVS : auxiliaire de vie scolaire

C

CAE : contrat d'accompagnement dans l'emploi

CAF : caisse d'allocations familiales

CAMPS : centre d'action médico-sociale précoce

CARIF : centre d'animation, de recherche et d'information sur la formation

CARSAT : caisse d'assurance retraite et de santé au travail

CASF : code de l'action sociale et familiale

CCAS : centre communal d'action sociale

CCNE : Comité consultatif national d'éthique

CDAPH : Commission des droits et de l'autonomie des personnes handicapées

CEDH : Convention européenne des droits de l'Homme

CEL : compte épargne logement

CET : contribution économique territoriale

CFA : centre de formation d'apprentis

CHRS : centre d'hébergement et de réinsertion sociale

CHU : centre d'hébergement d'urgence

CIAS : centre intercommunal d'action sociale

CIBC : centre interinstitutionnel de bilan de compétences

CIE : contrat initiative emploi

CIV : Comité interministériel des villes

CIVIS : contrat d'insertion dans la vie locale

CLIC : centre local d'information et de coordination

CLLAJ : comité local pour le logement autonome des jeunes

CMPP : centre médico-psycho-pédagogique

CMU : couverture maladie universelle

CMUC : couverture maladie universelle complémentaire

CNAF : Caisse nationale des allocations familiales

CNAM : Caisse nationale d'assurance maladie

CNAMTS : Caisse nationale de l'assurance maladie des travailleurs salariés

CNCPH : Conseil national consultatif des personnes handicapées

CNIL : Commission nationale de l'informatique et des libertés

CNRPA : Comité national des retraités et des personnes âgées

CNSA : Caisse nationale de solidarité et d'autonomie

CODERPA : comité départemental des retraités et des personnes âgées

COMEX : commission exécutive

COREVIH : centre de coordination de la lutte contre le VIH

CPAM : caisse primaire d'assurance maladie

CROSMS : comité régional de l'organisation sociale et médico-sociale

CRUQPC : commission des relations avec les usagers et de la qualité de la prise en charge

CSG : contribution sociale généralisée

CSSS : contribution sociale de solidarité des sociétés

CSTS : Conseil supérieur du travail social

CUCS : contrat urbain de cohésion sociale

CUI : contrat unique d'insertion

CVS : conseil de vie sociale

D

DAL (association) : Droit au logement

DALO : droit au logement opposable

DDCS : direction départementale de la cohésion sociale

DDCSPP : direction départementale de la cohésion sociale et de la protection des populations

DIRECCTE : direction régionale des entreprises, de la concurrence, de la consommation, du travail et de l'emploi

DRJSCS : direction générale de la jeunesse, des sports et de la cohésion sociale

DROM : département et région d'outre-mer

DSL : développement social local

DSP : délégation de service public

E

EHPAD : établissement d'hébergement pour personnes âgées dépendantes

EI : entreprise d'insertion

ENL (loi) : loi d'engagement national pour le logement

EPCI : établissement public de coopération intercommunale

EPIC : établissement public intercommunal de coopération

ESAT : établissement et service d'aide par le travail

ESSMS : établissements et services sociaux et médico-sociaux

ETTI : entreprise de travail temporaire d'insertion

F

FAJ : fonds d'aide aux jeunes

FAM : foyer d'accueil médicalisé

FAP : Fondation Abbé Pierre

FIQCS : Fonds d'intervention pour la qualité et la coordination des soins

FSE : Fonds social européen

FSL : Fonds de solidarité logement

G

GEVA : grille d'évaluation de l'autonomie

GIP : groupement d'intérêt public

GIP : groupement d'intérêt public

GIR : groupe Iso-ressources

H

HAS : Haute Autorité de santé

HCVA : Haut Conseil à la vie associative

HLM : habitation à loyer modéré

HPST (loi) : hôpital, patients, santé, territoires

I

IAE : insertion par l'activité économique

IME : institut médico-éducatif

IMP : institut médico-professionnel

INJEP : Institut national de la jeunesse et de l'éducation populaire

L

LEAP : lieu d'accueil enfants-parents

M

MAS : maison d'accueil médicalisé

MDPH : maison départemental des personnes handicapées

MEF : maison de l'emploi et de la formation

MOLLE (loi) : loi de mobilisation pour le logement et la lutte contre l'exclusion

O

ODAS : Observatoire national de l'action sociale décentralisée

OMS : Organisation mondiale de la santé

ONFRIH : Observatoire national sur la formation, la recherche et l'innovation sur le handicap

ONIAM : Office national d'indemnisation des accidents médicaux

ONU : Organisation des Nations unies

ONZUS : Observatoire national des zones urbaines sensibles

OREF : observatoire régional de l'emploi et de la formation

P

PAIO : permanence d'accueil, d'information et d'orientation

PAJE : prestation d'accueil du jeune enfant

PARSA : plan d'action renforcé en direction des personnes sans abri

PAS : prêt d'accession sociale

PCH : prestation de compensation du handicap

PDAHI : plan départemental d'accueil, d'hébergement et d'insertion des personnes sans domicile

PDALPD : plan départemental d'action pour le logement des personnes défavorisées

PDALPD : plan départemental d'action pour le logement des personnes défavorisées

PDI : programme départemental d'insertion

PEL : plan d'épargne logement

PJJ : protection judiciaire de la jeunesse

PLH : plan local d'habitat

PLIE : plan local pluriannuel pour l'insertion et l'emploi

PLU : plan local d'urbanisme

PMI : protection maternelle et infantile

PPAE : projet personnalisé d'accès à l'emploi

PPCH : plan personnalisé de compensation du handicap

PRE : programme de réussite éducative

PRIAC : programme interdépartemental d'accompagnement des handicaps et de la perte d'autonomie

PRIAC : programme interdépartemental d'accompagnement des handicaps et de la perte d'autonomie

PSD : prestation spécifique dépendance

PTI : pacte territorial d'insertion

PTZ : prêt à taux zéro

R

REAAP : réseau d'écoute, d'appui et d'accompagnement des parents

RMI : revenu minimum d'insertion

RSA : revenu de solidarité active

S

SAMSAH : service d'accompagnement médico-social pour adultes handicapés

SAMSAH : service d'accueil médicalisé et de soins pour adultes handicapés

SAVS : service d'accompagnement à la vie sociale

SESSAD : service d'éducation spéciale et de soins à domicile

SIAE : structure d'insertion par l'activité économique

SIAO : service intégré de l'accueil et de l'orientation

SIEG : service d'intérêt économique général

SIG : service d'intérêt général

SINEG : service d'intérêt général non économique

SIVU : syndicat intercommunal à vocation unique

SMIC : salaire minimum de croissance

SNL (association) : solidarités nouvelles pour le logement

SRU (loi) : solidarité et renouvellement urbain

SSIAD : service de soins infirmiers à domicile

SSIG : service social d'intérêt général

U

UDAF : union départementale des associations familiales

UNAF : Union nationale des associations familiales

UNAPEI : Union nationale des associations de parents, de personnes handicapées mentales et de leurs amis

UNICEF : Fonds des Nations unies pour l'enfance

URSSAF : Union de recouvrement des cotisations de sécurité sociale d'allocations familiales

USLD : unité de soin de longue durée

V

VAE : validation des acquis de l'expérience

Z

ZUS : zone urbaine sensible

NOTES

NOTES

NOTES

NOTES

NOTES

FOUCHER

PAPIER À BASE DE
FIBRES CERTIFIÉES

s'engage pour l'environnement
en réduisant l'empreinte carbone
de ses livres.
Celle de cet exemplaire est de :
1,1kg éq. CO_2
Rendez-vous sur
www.editions-foucher-durable.fr

Maquette intérieure : Sylvie Huret/Fiat Lux
Mise en page : IDT
Paris- août 2017- dépôt légal n° 13380-2/03 – AF-CN/EP – N° 2594623C

Imprimé en France par Jouve